建築設計学講義

岡河　貢　著

鹿島出版会

まえがき

本書は、建築設計の学問としての書物とはなにかという問題に対して、私なりに近代から現代の建築設計を横断的に分析し、そこから建築の設計や思考の方法を浮かび上がらせ、これからの建築設計の可能性を考究した論考です。私は建築設計学という学問分野の独自性があるとすれば、現代の建築意匠学における歴史的な評価を問題にするだけでなく、建築設計の独自性と新たな可能性がどのような思考において方法化されているのか、という問題を追求することが必要だと考えています。

二〇世紀初頭、ルイス・サリヴァンの「形態は機能に従う」(form follows function)という言葉の初見は、自然界に存在する有機体の機能と形態についての論考でした。その後、モダニズムによる機能主義的近代建築が機械のメタファーとしての建築の追求において、その言葉は「機能」と「形態」の関数としての機械のメカニズムを、建築における空間と要素のメカニズムとしての関係を追求するときの目標として位置づけられることになりました。そして機能主義のテーゼとなっていき、近代建築の設計のドグマとなってしまいました。

二〇世紀半ば、ルイス・カーンの「形態は機能を喚起する」(form evokes function)という言葉以降、建築の「機能」と「形態」の関係についての探求はゲーデル的問題、つまり決定不能の状態となってしまいました。そのため二〇世紀後半になると、今日の現代建築は何を根拠とすべきかという問題についての様々な問いかけと試みと思考のパンドラの箱が開かれた状況を迎えることになりました。その状況と同時に、一方でグローバル経済の広がりと、私が「ジェネリックモダニズム」とよぶ、どこにでも誰にでもつくることができるモダニズムが、すでに理念も美学も失うことによってグローバルに広がってゆきました。そして、経済と技術と商品価値の関数としてのグローバルモダニズム建築が、人間を問題にすることなく世界に拡散する二一世紀を迎えている、というのが現在の建築界の置かれている状況でしょう。

本書では、モダニズム以降のパンドラの箱が開かれた今日の建築設計を学ぶ基礎として、日本の戦前の分離派の建築運動、つまり西欧のモダニズムの積極的な受容をコンポジション、コラージュという視点で設計方法を分析することから始めて、第二次世界大戦後の伝統論争のなかでの日本の戦後モダニズムをモンタージュという視点から理論を展開しています。さらに、一九六〇年代後半のモダニズム批判として、ポスト・モダニズムとよばれた建築設計の方法を広義の形式主義と記号操作という視点で、また近代に発見された無意識の世界の建築的現前、さらには二〇世紀終盤における建築空間のプログラミングという視点にまで及んでいます。そして、これら一連の流れに関わる代表的な一二人の建築家を取り上げ、それぞれの設計思想や哲学を分析し、それぞれの方法論を批評的に導きだしています。また読者の理解のために、＊印を付けた作品の写真映像についてはインターネットで検索しながら読むという試みがなされています。書物の情報とインターネットの情報とのコラボレーションによる二一世紀の情報環境のなかで、これからの建築設計の基礎として学んでください。

目次

一

コンポジション（構成）としてのコラージュ

堀口捨己

（一八九五―一九八四）

一九二〇年（大正九）に東京帝国大学（現東京大学）を卒業した石本喜久治、滝沢真弓、森田慶一、山田守、矢田茂とともに、日本で最初の近代建築運動として分離派建築会を結成した。佐野利器などの建築の工学的側面の強調に対する反発として建築の芸術性を主張したものだが、当初はオランダやドイツの表現派、ウィーンのゼセションの影響がある。そのなかで堀口は、日本の伝統建築の美学的再解釈を西欧近代の構成（コンポジション）の視点から行うことで、近代建築と日本の伝統のなかから抽出した日本的なるものを統合した近代建築をつくることを目指した。

茶室研究や数寄屋研究を通じて近代的な構成手法を数寄屋の手法として展開することで、日本的な近代建築手法としての独自な構成手法をつくり上げていった。耽美主義的近代建築としての日本的近代建築の美を創造した。

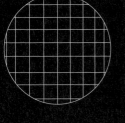

堀口捨己の卒業設計の図面*には、少なくとも日本的あるいは日本の伝統を思わせるものは全くない。「精神的な文明を来たらしめんが為に集る人々の中心建築への最初の試案」（一九二〇年）と題された卒業設計は、学生時代に旅行で見た青島のドイツ総督府に影響を受けたという説もあるが、直方体の結合した下部に縦長窓と放物線と半円形の開口部を配し、円形をモティーフとした複数の屋根が乗せられたデザインである。

モダンなというより、開口部や屋根形状に表現主義[注1]の影響が見られる建築にもかかわらず、これが日本人のデザインしたモダンなデザインであるという、どうしようもない日本的な何かがそこにはある。それはヨーロッパの新しいモダンな建築の動向に感銘を受けた学生がそれにあこがれて作品を設計しても、日本人であるかぎりそれは本質的にヨーロッパのモダンデザインとは別の日本的な何かを内包しているということを認めざるをえないという、一種の感慨を誘うものである。

同じ年に発表された「斎場」と題された分離派の展覧会カタログの表紙を飾る建築案ではウィーン・ゼセッション[注2]の影響が見られるが、この美的感覚に満ちたデザインも同じ思いにさせられるものがある。どこかそれは琳派の面的な美しさに通じる、日本的な平面性の美を内包するものを感じざるをえないのである。

堀口はその後ヨーロッパに研修に行ったときにギリシャを訪れ、パルテノン神殿の修理中の現場に横たえられていたドーリック・オーダー[注3、図1]を前にして、このようなヨーロッパの古典建築に対峙して、日本人としてこのようなものをつくることの不可能性

注1　表現主義：二〇世紀初頭にドイツに起こった芸術運動で、感情表現を造形的な問題とするという点で、建築においては曲面や多面体を造形的特徴とする。エリック・メンデルゾーン*のアインシュタイン塔は表現主義建築の顕著な例である。

注2　ウィーン・ゼセッション：一九世紀末から二〇世紀初頭にかけてウィーンで起こったゼセッション（分離派）グループを中心に展開された近代的装飾運動で、近代性と世紀末感の混在した独特の甘美な装飾芸術運動。画家のクリムト、建築家のオルブリッヒ、ウィーン工房のヨゼフ・ホフマンなどが活動した*。

注3　ドーリック・オーダー：古典主義建築の言語としてトスカナ式、ドーリス式、イオニア式、コリント式、コンポジット式として五つの基本単位とされたものの一つで、ドーリス式、コリント式はギリシャ建築で用いられ、イオニア式は小アジアに由来するとされるが東方起源とされ、ローマ建築ではドーリス式、イオニア式、コリント式が継承された。そのなかでドーリス式は最も単純で重厚な様式である。

を認めた。それ以降、身の丈にあった道を選ぶ決意をして日本の伝統である茶室の研究を通して日本人のモダニズムを追求することになった、というエピソードが伝えられている。

このパルテノン神殿でのエピソードが説得力をもっているのは、量塊的彫刻性という立体のもつ性格は日本人がつくってきた建築の性格には希薄であるという認識が、単に堀口の個人的な嗜好ではなく、一般化しうる一つの日本の芸術の性格であり、またこのような量塊を積み上げて建築をつくることは日本人の体質的な問題として、挑戦してみても不可能であることがモダニズムを目指す青年堀口に認識されたことである。

美あるいは芸術のカテゴリーとして、日本の文化には量塊的彫刻性とよぶべきものは希薄である。着目すべきはヨーロッパの近代建築に堀口捨己は不可能性を感じたのではなく、ヨーロッパの古典建築であるパルテノンに不可能性を感じたという点である。そのときヨーロッパの近代建築と古典建築の連続性としての量塊的彫刻性は堀口捨己には認識されていなかったのだろうか、そんなはずはありえない。堀口は、ヨーロッパのモダニズム建築がヨーロッパの古典建築の連続性の先に構築されたものであることを建築家の直感として認識していたはずである。この認識があるからこそ堀口のモダニズムは、日本のモダニズムという独自の創造的領域に向かって進まざるをえない進路を切り開かせたと考えるべきであろう。

つまり、ヨーロッパのモダニズム芸術のなかに見られる面のコンポジションという

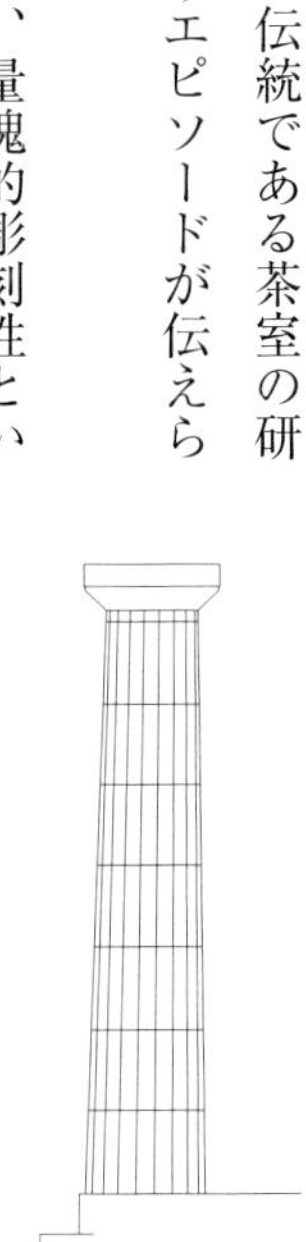

図1　ドーリック・オーダー　S=1:250

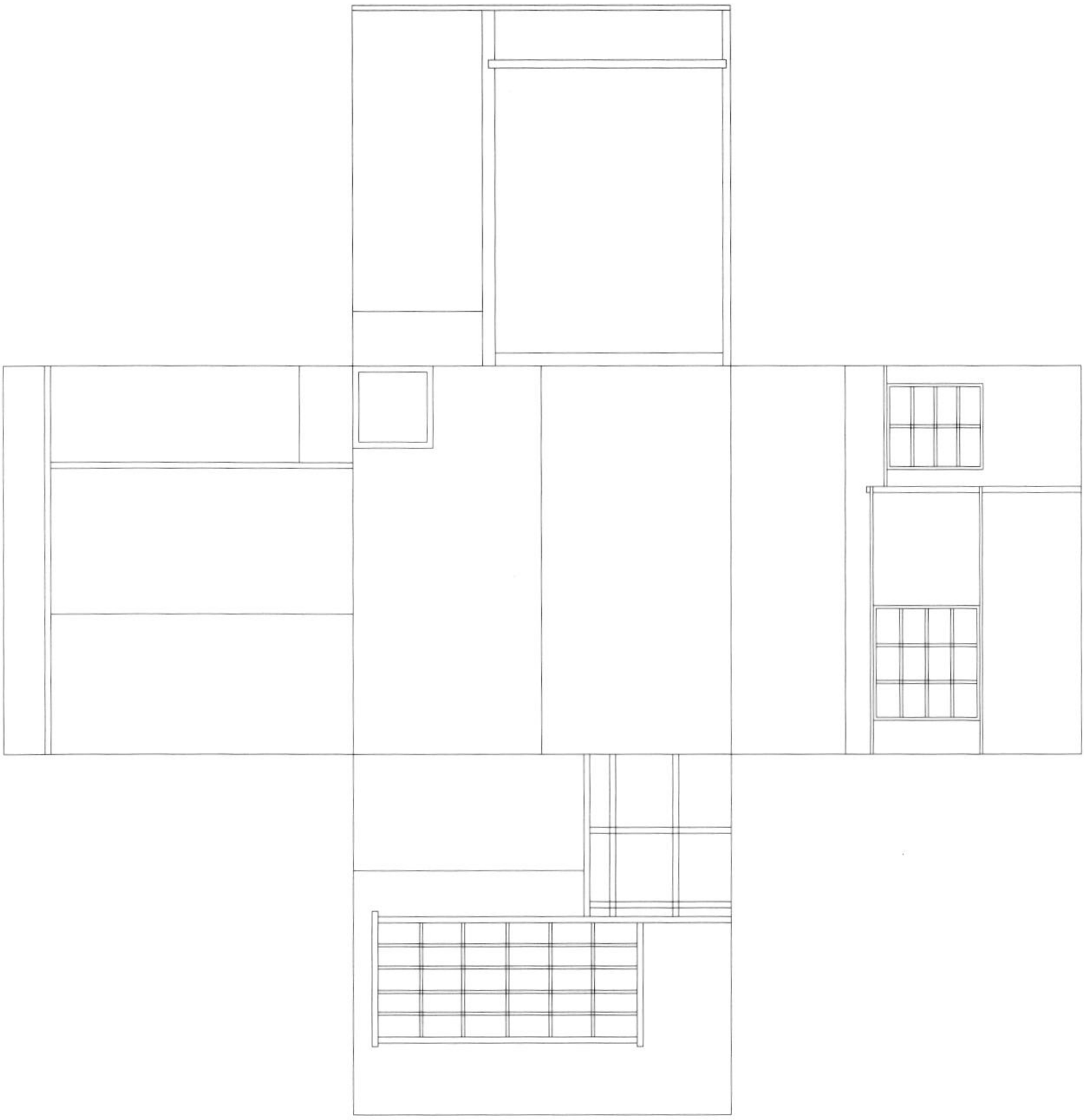

図2　茶室起こし絵（待庵）　S＝1:50

概念に基づいて日本の伝統建築を再構築しなおす作業のなかに、日本のモダン建築としての独創の可能性とリアリティを見出したということである。日本の伝統を面性に基づいて解釈することに、近代的視点で日本の伝統を再解釈するという問題設定が創造されている。茶室を起こし絵[図2]で記述することのなかに、建築を面という概念を基礎として組み立てるということから、近代的概念で日本の伝統建築を思考することを開始したのであろう。

しかし、日本の伝統建築に面的な構成的性格があるというのは、堀口における近代的抽象性とヨーロッパ的コンポジションを理解した目から見た日本の伝統解釈である。つまり近代的な目で見た日本の伝統解釈を通じて、近代建築と日本の伝統を結びつけるものとして堀口が表現主義やゼセッション、さらにモダニズムからの影響を単なるコピーではなく、独自のものとするための戦略として設定されたものであると考えることができる。

堀口捨己の処女作である《紫煙荘》[図3]によく似た方形の屋根とフラットルーフが組み合わされた模型を、分離派の展覧会のカタログにある堀口の作品にすでに見ることができる。表現主義的な近代性を当時の折衷的な建築デザインの状況に対する批判として提示した堀口らの分離派[注4]建築展の作品のなかでも、堀口の作品において特徴的な形態の組合せ、つまり日本の民族的あるいは風土的素材による形態としての屋根と近代的な屋根である。つまりフラットルーフと藁屋根の結合は堀口の建築に見られる分裂性をすでに内包している。

図3　《紫煙荘》立面図　S=1:200

注4　分離派：大正九年（一九二〇）に、東京帝国大学の卒業生石本喜久治、滝沢真弓、堀口捨己、森田慶一、山田守、矢田茂の六人で結成した建築運動で、近代建築の芸術性を目指す運動であった。*

堀口における分裂性については、《岡田邸》[図4]（一九三三年）に対して磯崎新が『建築における日本的なるもの』[注5]で指摘するように、分裂したままの日本建築とモダニズム建築の結合を示していると批評している。《岡田邸》では、和風の屋根をもった数寄屋風建築とモダニズム風の直方体の建築が一つの住宅として結合されているのである。[注6]ここで分裂と見えるものが、堀口においては全く矛盾していないのだろうかという疑問が残る。それはまさに、折衷、つまり異なった文脈の建築言語を結合させることであり、それこそが堀口たちの分離派の若い建築家たちが攻撃目標とした、上の世代の伊東忠太[注7]たちの方法であったはずである。

　堀口においては、分裂を矛盾せずに統合していく概念と方法が構成という言葉で示されていくと考えることができる。堀口の独自性は「構成」という言葉をヨーロッパの近代芸術の抽象形態のコンポジションという意味から拡張して、選択された要素すべてを「構成」として組み合わせることで異質なものも含めて統合する方法、しかもそれは折衷という異質な言語の具体的結合を回避する分裂的要素の抽象的概念上の統合概念として「構成」という方法が使われていると考えることができる。

　磯崎新は茶の湯の世界で使われる取り合わせ、「好み」という概念で分裂性の統合と日本の伝統的世界である茶の湯の世界の方法を論じている。「利休好み」「遠州好み」[注8]などという茶人の独特の感覚の茶道具取り合わせがある。茶の湯の世界では、取り合わせというのは茶の湯の道具の組合せを意味する。そして、それらの道具の選択感覚とその道具が統合された世界を「好み」という言葉が示している。したがって

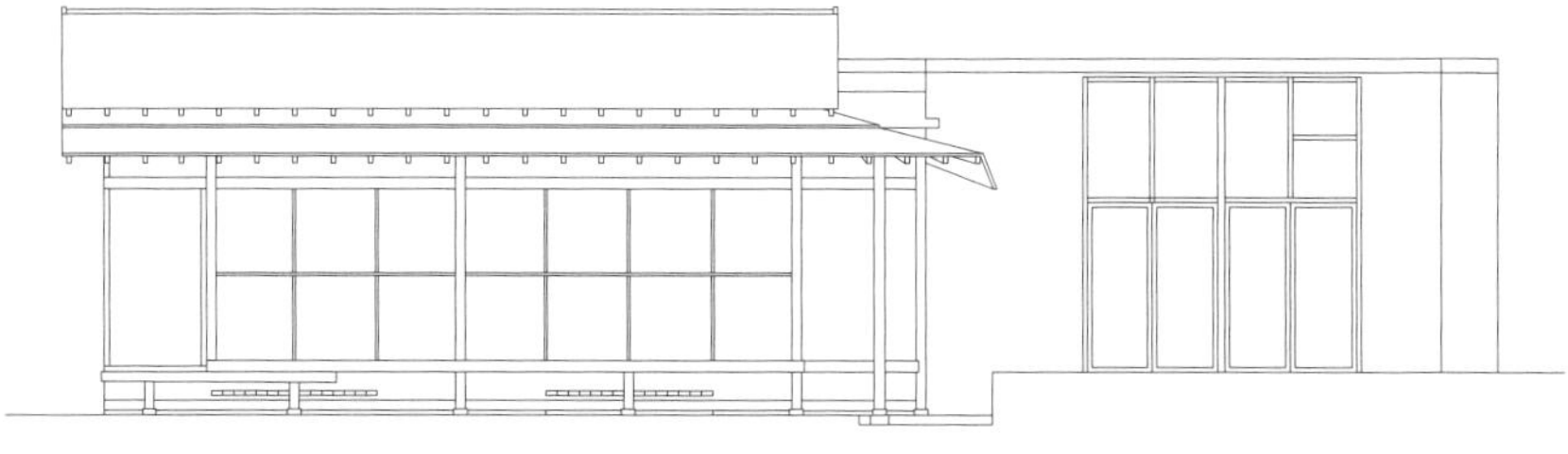

図4　《岡田邸》立面図　S=1:150

「好み」とは統合されたある世界が、それぞれの組合せをした茶匠の創造した世界ということになる。「好み」とはセンス、つまり感覚的な統合をつくる感性的な選択による組合せ世界という意味である。

分離派の活動は、堀口がまだ帝国大学建築学科の学生であった頃である。その後一九二六年に、堀口は《紫煙荘》を発表している。これを磯崎新は『建築における日本的なるもの』で「近代デザインと茶室的なるものの合体を意図しており、ひとつの流行として輸入されたアール・デコとは異なり国家的建築が採用する、正統的といわれていた折衷主義デザインに対する批評に基づいていた」と述べている。しかし、コンクリートの箱の上に寺院の屋根を冠した帝冠様式[注9]も白い箱の上に方形にむくりをつけた藁屋根を乗せた《紫煙荘》も屋根と箱のコラージュとして見ると、建築のヴォリューム全体を成り立たせている統合方法は同じである。

違いはコラージュされている建築言語が帝冠様式では寺院の屋根と《紫煙荘》では藁の屋根ということ。統合形式として採用されているのが帝冠様式では古典的なシンメトリー、《紫煙荘》では非対称。窓の形態が帝冠様式では古典的縦長窓の繰返し、《紫煙荘》では茶室の意匠をより幾何学的にした日本的アール・デコの数寄屋とでもいえる窓のコンポジション構成としての配置。帝冠様式が外壁の素材が石またはタイル張り、《紫煙荘》はコンクリートに模した漆喰の壁である。このような違いがあるとしても、帝冠様式にも《紫煙荘》にもどちらも屋根が機能としてよりも形態として乗せられている。これらは共通して建築言語における異質の形態のコラージュによっ

注5　『建築における日本的なるもの』：磯崎新著、新潮社、二〇〇三年

注6　数寄屋：日本の伝統的な住宅様式で、安土桃山時代の茶室における自由で軽妙な精神に基づく意匠の住宅。

注7　伊東忠太：明治から昭和の建築家、日本の建築史学を創設した。西洋建築の知識と日本を含むアジアの建築の知識を基礎とした、独特の折衷様式のデザインを行っている。

注8　「利休好み」「遠州好み」：茶の美学についての言葉で、茶器を含めた道具の取り合わせに茶匠の独自の美的世界を「好み」という言葉で説明する。

注9　帝冠様式：戦前の鉄筋コンクリート建築の上に屋根を乗せた折衷様式の建築で、昭和初期の一九三〇年代の国家主義のイメージを表象した建築とされている。

て、建築の外観がデザインされていると考えてよいであろう。

《紫煙荘》の藁屋根はむくりをつけられた正四角錐であり、フラットルーフは庇があり端部にはアールがつけられている。このような屋根もフラットルーフもヨーロッパに研修したときに堀口が見て、その後『現代オランダ建築』[注10]として編集された著書のなかの写真にも見ることができない。モティーフは現代オランダ建築のなかに取り上げられている藁屋根の住宅と同じものであるが、堀口の形態操作はオランダ建築的ではなく茶室的ということができるのだろうか?

《紫煙荘》にはあきらかに日本的であるという建築要素も存在しない。それなのに何がこの建物を日本的にしているのだろうか? それは異質な文化を組み合わせることそのものに日本的な方法が存在するのである。和服を着てハイヒールを履き、レースの手袋をはめ、ネックレスをしてパナマで編んだ帽子をかぶったハイカラなモダンガール、そんな女性がこの住宅には週末に訪れているのではないか、というイメージを喚起させるものがこの住宅にはある。異質の文化のコラージュ、つまり日本と西洋のコラージュは昭和初期の日本のモダンに共通するデザインである。ここで折衷とコラージュの差異とは何かという問題が浮かび上がってくる。本質的には異質な言語の結合という方法は同じものである。

磯崎新の『建築における日本的なるもの』によると、一九三〇年代の始め頃から国家主義的なものへの関心が高まっていくなかで、堀口は建築家としてこれに積極的に参加したとされている。「現代建築に表われたる日本趣味について」「茶室の思想的

注10 『現代オランダ建築』:堀口捨己著、岩波書店、一九二四年

注11 「現代建築に表われたる日本趣味について」「茶室の思想的背景と其構成」「建築における日本的なもの」:堀口捨己著作集『建築論叢』に収録、鹿島出版会、一九七八年

注12 ル・コルビュジエ:近代建築の巨匠で、最も大きな影響力のある言説と作品を生み続けた。「住宅は住むための機械である」などの言説や近代建築の五つの原則などにより、近代建築におけるコンクリートによる造形の基礎をつくりあげると同時に、晩年までその展開を世界中で実践し、普遍主義から地域主義までの広い範囲における建築の近代性を追求した。一八八七~一九六五年。

注13 トラセ・レギュラトゥール:ル・コルビュジエの黄金比による比例分析に基づく建築の比例の方式。

注14 「比例の芳香」:『堀口捨己』に収録、鹿島出版会、一九八三年

背景と其構成」「建築における日本的なもの」[注11]、これらがその頃書かれた論考である。堀口の戦前の住宅作品である《若狭邸》[図5]（一九三九年）の外観は、面性における建築の芸術として当時のヨーロッパのモダニズムを凌駕する。面（プール）と面（ファサード）のコンポジションの美しさが、非日常の生活の場（本宅ではなく、妾宅）として設計されたこの住宅においては極限まで探究されている。

この住宅は戦争準備のために建設資材の供給が制限されていくという状況のなかで、地下とプールだけがコンクリートでつくられている。地上部分が木造という事情は、面のコンポジションとしてのファサードの表現に日本的モダニズムの構成として独特の、西洋のモダニズムにはない立面のプロポーションを美として提示していると解釈できる。ヨーロッパのモダニズムに流れるギリシャからの古典的美としての立面の黄金比は、たとえばル・コルビュジエ[注12]においてはトラセ・レギュラトゥール[注13、*]（基準線）としてデザインの方法化されたものである。しかし、ここでは比例は堀口個人の感覚的なものによって決定されている。

この感覚によるプロポーションの決定の結果の美が、堀口の日本的な感覚であることに堀口の独自性と独創性とともに限界があると考えることができる。そしてそこにあるのはパラドキシカル（逆説的）なモダニズムの芸術としての建築の魅力である。つまり、プロポーションの構成による数寄屋として、この建物は日本的であるということである。

富永譲が「比例の芳香」[注14]と題する文章をよせている。芳香と表現しているのは、

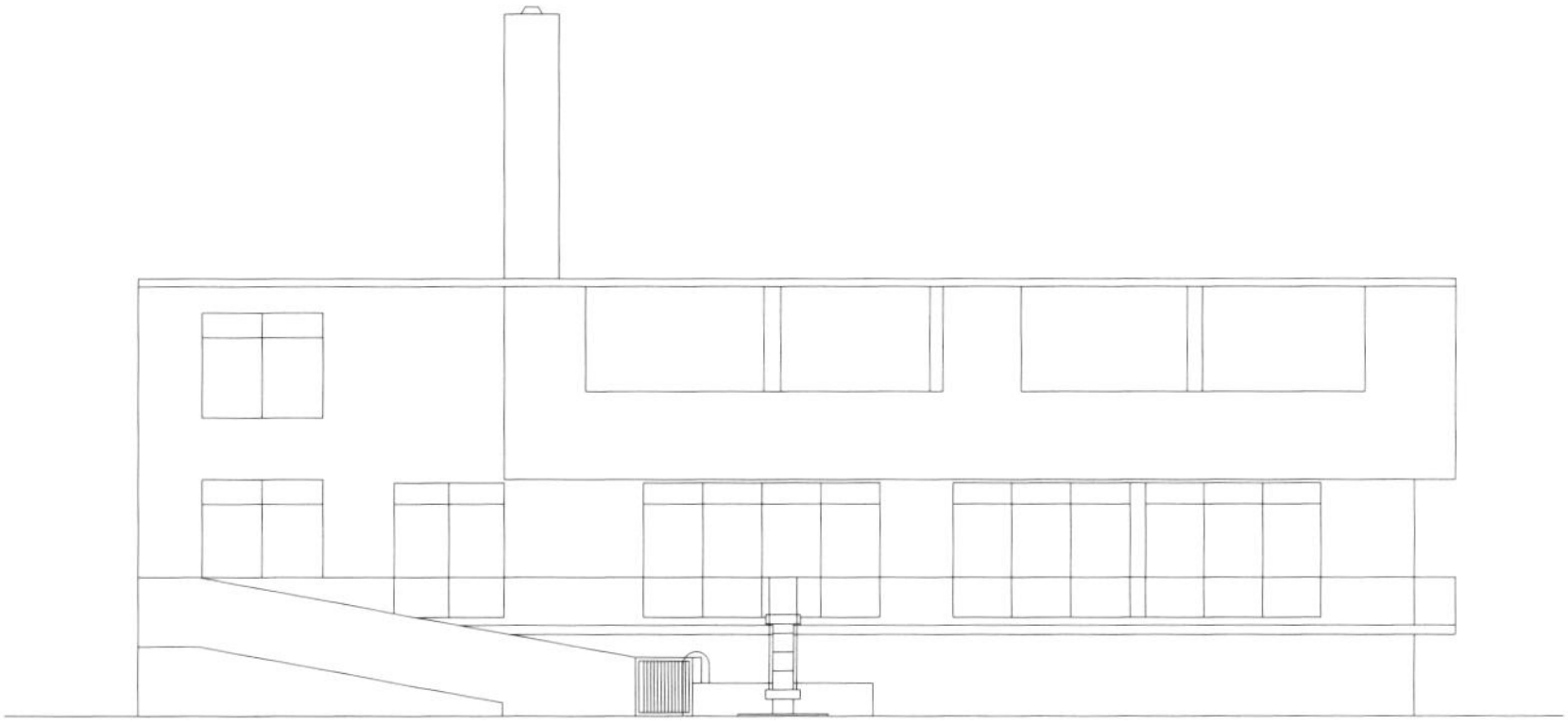

図5　《若狭邸》立面図　S=1:200

堀口による比例の非合理的な判断基準に基づく美の感覚のことである。しかしこの住宅には、堀口が日本的なるものとした無装飾と非相称という性格は見られるが、素材の美の尊重、庭との連続性という性格は見られない。平面や構造が簡素明快という性格に対しては矛盾した西洋的生活のための平面であり、虚構の構造として木構造でつくられたコンクリートのような平滑な壁面のコンポジションによる立面である。

「日本趣味」の発露として推す折衷主義的デザインを好んでいた支配層に向かって、近代デザインに基づく「日本的」な表現が可能であると抗議したという堀口は、日本的なるものと矛盾するモダニズムの工業技術的問題については設備としての暖房設備をこの住宅では取り入れている。しかし、ボイラーの煙突を建築美の構成要素とすることのほうにより興味があったように見える。

　本来モダニズム建築はコンクリート、鉄、ガラスという近代の工業技術が大量に生産することを可能にした建築材料による新しい建築の探究であった。この建築の地上部分は、その意味では全く近代建築の構成美だけが木造による大壁でつくられた実物大模型、つまりモックアップである。しかし日本においてコンクリートとガラスによって近代建築の構成美を追求したとすると、この建物のファサードの二階部分のような細い柱による立面をつくることはできない。それはその後、戦後になって堀口捨己によって設計された《岩波邸》図6（一九五七年）の面としてプロポーションが調整された柱と腰壁とパラペットによる面の構成美を追求していかざるをえない。地震国である日本のコンクリートの柱、梁構造の構成美の限界と特質が明らかになる。堀口捨己の

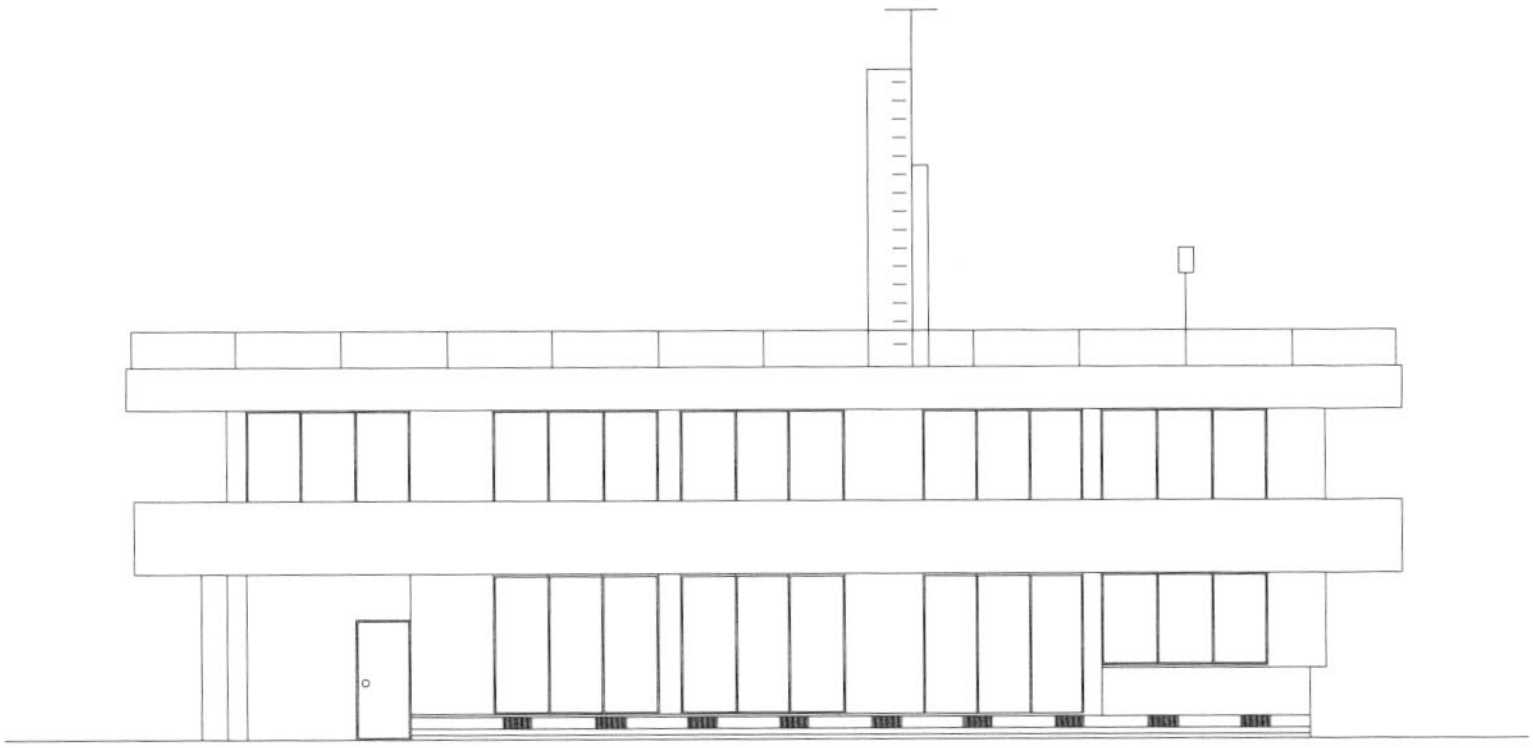

図6　《岩波邸》立面図　S=1:300

一貫した構成美としての最も純粋な美的探求がこの木造の《若狭邸》で実現していることは、堀口の美学のもう一つのパラドックス（逆説）である。

したがって、これは木造でつくられたモダニズム建築における外観の抽象化された面の比例の美を追求した実物大のモダニズムの最も美しいフィクションの実現であると解釈できる。虚構としてのモダニズムという問題は、堀口にとっての個人的な問題というより、日本人においてモダニズムというのは芸術の虚構の美として実現されるべき問題であったということではないだろうか。ここに戦前の日本におけるモダニズムの美の本質的問題がひそんでいる。

この住宅は非日常としての家族生活の場である。正妻でない女性との虚構の家庭として微妙な耽美的退廃感のあるエロティシズムを内包しているのは、この住宅の施主の個人的な嗜好ということだけではないだろう。堀口の戦前のモダニズムが当時の上流階層の人々にとってモダンな快楽のための装置であったという日本のモダニズムの特殊な成立条件に起因している。それがある背徳感をもっているのだ。戦争へ突き進む国家に対して個人の美的快楽の自由を追求するモダニストとしての堀口の時代への反逆と隠された戦いである。戦争中を通じて茶室の研究へ突き進むことになる。あくまで個人における美の追求であるところに、堀口がまさに近代人としての個人を建築美の探求者として生きるゆえんであると解釈できる。その意味で、堀口はまぎれもなく日本の近代人である。

同じ時代を生きた小説家の谷崎潤一郎が戦中『細雪』[注15]を書きつづけ、原稿を防空

注15　『細雪』：大阪の上流商人の戦前のモダニズムの生活と大阪の船場の商人文化の崩壊過程を美的にとらえ、その日常を描いている。

壕に避難させていた行動を思い出す。そのことだけでなく谷崎の嗜好と堀口の嗜好には、共通する日本の戦前から戦後を生きたモダニストの快楽としてのエロティシズムへの誘惑に満ちた探求がある。堀口捨己においてモダニズム建築の創造は、美の存在様式としての建築の構成（コンポジション）におけるエロティシズムの探求ということになるのであろう。

二

資本主義社会における建築の形而上学の探求

村野藤吾

（一八九一―一九八四）

福岡県小倉工業学校機械科を卒業後、八幡製鐵所、その後早稲田大学理工学部電気工学科から建築学科に転科して、一九一八年渡辺節事務所に入所。《ダイビル本館》《綿業会館》を担当する。一九二九年村野建築事務所を開設。一九四九年村野・森建築事務所に改称する。一九三〇年代には表現派風建築、構成主義的建築、モダニズム建築などの近代のあらゆる建築表現を試みるなどの時期を経て、独特の建築形態の扱いと、素材の扱い、装飾性をもちながらも近代的な村野藤吾独自の手法に基づいた建築を設計し続ける。

　戦後の技術的表現を主題とする日本の近代建築の大勢のなかで、現場の職人とのやり取りのなかで自身も最終的な決定を現場での作業を通じてなしとげながら、村野流とよばれるほどの卓越した様々な建築をつくり続けた。自在な建築の造形処理として日本の伝統的な建築の扱いとしての数寄屋の自由さを近代の建築のなかに成立させているという意味で、日本における近代建築を世界に類例のない形で創造した。

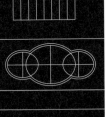

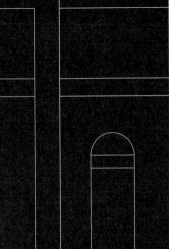

日本人は漢字を大陸の文字文化から輸入し、そこから創意して仮名を発明し、雅やかな和様の文字を生み出した。そのような日本人の文化の独特の創造性を凝縮した設計方法を多様に展開した近代建築家として村野藤吾という存在がある。村野藤吾はおそらく世界の建築設計者を歴史的に眺めてみたとき、どのようなビルディングタイプの建築に対しても極めて優れた独自のデザインの設計をしつづけたという意味では、空前絶後の建築設計者といえるであろう。どのように歴史的に優れた建築家も、自分の建築しかつくれない。しかし村野藤吾はどのような建築も、自分の建築としてつくることができた類い稀な建築家である。

それは彼が設計者として修行した戦前の大阪で、商品としての建築設計という経験がこのように特異で多様な優れた作品の展開を可能にしたと考えることができる。大阪という商業都市の資本主義リアリズムの経済環境が、近代における建築の形而上学を追求した戦いを生き抜いた村野藤吾という建築家を育てた。そして彼は建築史上希有な、いかなる種類の建築設計においてもデザイン的に優れた建築を生み出した。商業都市大阪という土地での村野藤吾の人間讃歌《ヒューマニズム》の建築は、いかにしてつくられているのだろうか。優れたデザインの商品をつくるだけでなく、資本主義社会のなかで建築の形而上学を貫き通したのが村野藤吾の建築家としての生涯であるといえる。

村野藤吾は自著のなかで、学生時代の佐藤功一[注1]のルネッサンスの講義と、渡辺節[注2]事務所でのスタイリッシュ（様式的）建築の修行が自分の建築の基礎をつくったと書いている。しかし、村野は最初期の論文「様式の上にあれ」において、オーダーやその

注1　佐藤功一：建築家。早稲田大学建築学科の創設者で、作品に《大隈講堂》がある。一八七八～一九四一年。

注2　渡辺節：建築家。東京帝国大学卒業後、鉄道院で《京都駅》などを設計した後、大阪で設計事務所を開く。古典主義を基本とした商業建築を多く残している。一八八四～一九六七年。

プロポーションを問題とする様式建築の設計方法を時代にそぐわないものとして否定している。ここではその後、東京大学の学生たちによる分離派建築宣言（→p.11）における様式建築否定と内容においては同じように見えるが、村野藤吾においては巨大なビルという二〇世紀建築におけるスケールにおいて、古典様式のプロポーションが過密な都市空間のなかで人々がそれを見るかという問題として否定している。都市の現実の空間のなかでの建築の視覚的問題において否定するという、現実主義の立場からのオーダーの否定なのである。一見「様式の上にあれ」の論旨とその後の渡辺節事務所における様式建築の修行は矛盾しているように見えるが、現実主義における設計の問題として建築が都市のなかでどのように見えるかというリアルな問題は、一貫して村野藤吾の建築に対する姿勢なのである。

戦前、村野はアメリカやヨーロッパに赴いて当時の新しい建築を見ることや建築家に会うことから、理念を超えた現実の建築の意味を追求することを学んだと考えることができる。現実から建築を学ぶことは村野の根本的な姿勢であり、村野の建築はすべての建築様式を受け入れ近代の経済的、技術的現実を受け入れながら、村野様式の建築として生み出されたものだといえるであろう。『村野藤吾著作集』[注3]のなかで、村野藤吾は東京よりも戦前の大阪に、より自由な可能性を感じて渡辺節事務所での修行を決心したと語っている。また、大阪出身の友人との交流を通じて、大阪の生活文化に魅力を感じていたとも語っている。国家主義的近代化のなかでの近代建築の移入という、日本の独特な近代化のなかでは古典主義の権威性が国家を表象する官の建築

注3　『村野藤吾著作集』：同朋舎出版、一九九一年。

には必要とされていた。しかし村野藤吾は、様式の権威性に対する反発を学生時代からの建築の追求の問題点としている。

それは国家の様式としての官学の建築デザインが、古典主義による権威に支配された不自由な現実に対して、村野はスタイリッシュな建築という意味で「様式の上にあれ」という論文で反発している。さらに村野藤吾は、大阪を仕事の拠点とする資本家たちのなかに、ルネッサンス的な人間性の表現としての建築の可能性を感じたと考えることができる。それでも村野藤吾は、資本主義という社会制度は建築にとっては残酷なものだと主張し、さらに建築設計というものは商品であるだけではだめで、形而上学がなければならないと書いている。村野藤吾が生み出したのは、今日のような二一世紀のシステム化した資本主義以前の、まだ個人の存在としての生き方や美意識の表現が可能であった当時の大阪の資本家との人間的な関係のなかから生み出された建築であると考えられる。資本主義と国家、この二つの力が二〇世紀の建築を成立させる条件であることを村野ははっきりと認識しているといえる。

村野は、国家でなく資本主義の力で建築を成立させ、そのなかで建築の形而上学の生存を戦い抜いた建築家であったといえる。なぜ村野が経済について研究し思考しつづけながら建築家として活動したかということは、資本主義を受け入れながらそのなかで建築性が創造可能なのかという問いかけである。つまり、商品としての建築を設計しながら商品を越えた建築を問題としているという意味で、村野の建築は建築の形而上学を追求しようとするのである。それはどのように商品として成立しているか、そしてどのように商品を超えているかについて考察する。

商品としての建築と最も遠い宗教建築のデザインを分析してみることで、村野藤吾における建築の形而上学について考察してみる。それは村野における近代の建築の形而上学を思考するためである。村野藤吾は最晩年にはクリスチャンとして洗礼を受けたといわれている。このことは近代人としての村野について考察する重要な問題を含んでいると考えられる。なぜなら建築を商品として冷徹に分析し建築経済について最も早い時期から論考をスタートしている点において、さらにマルクスの資本論における労働と商品の問題を基礎にして建築のデザインの成立を思考している点において村野は近代人以外のなにものでもない。

しかし近代を思想的な問題として考えるとき、ニーチェの哲学的論考においての「神の死」以後と資本論を基礎とした経済活動としての労働の商品化を生きるのが近代人である。村野はまさに近代における矛盾した存在を生き続けたと考えられる。芸術の領域において村野自身が共感しているフランスの近代以降最大の宗教画家といわれるジョルジュ・ルオーもまた近代つまり「神の死」の後にも、近代的理性と近代における芸術生産としての労働に対して村野と同じ矛盾する思想をもちながら宗教画を描いた画家である。ルオーにおいては絵画芸術を、村野においては近代の建築芸術を、矛盾を抱えながら追求した点が二人には共通しているといえる。ルオーは神の死んだ近代に宗教画を描き、村野は宗教建築をつくる。

村野藤吾の最初の宗教建築である被爆地広島の《カトリック世界平和記念聖堂》図1に

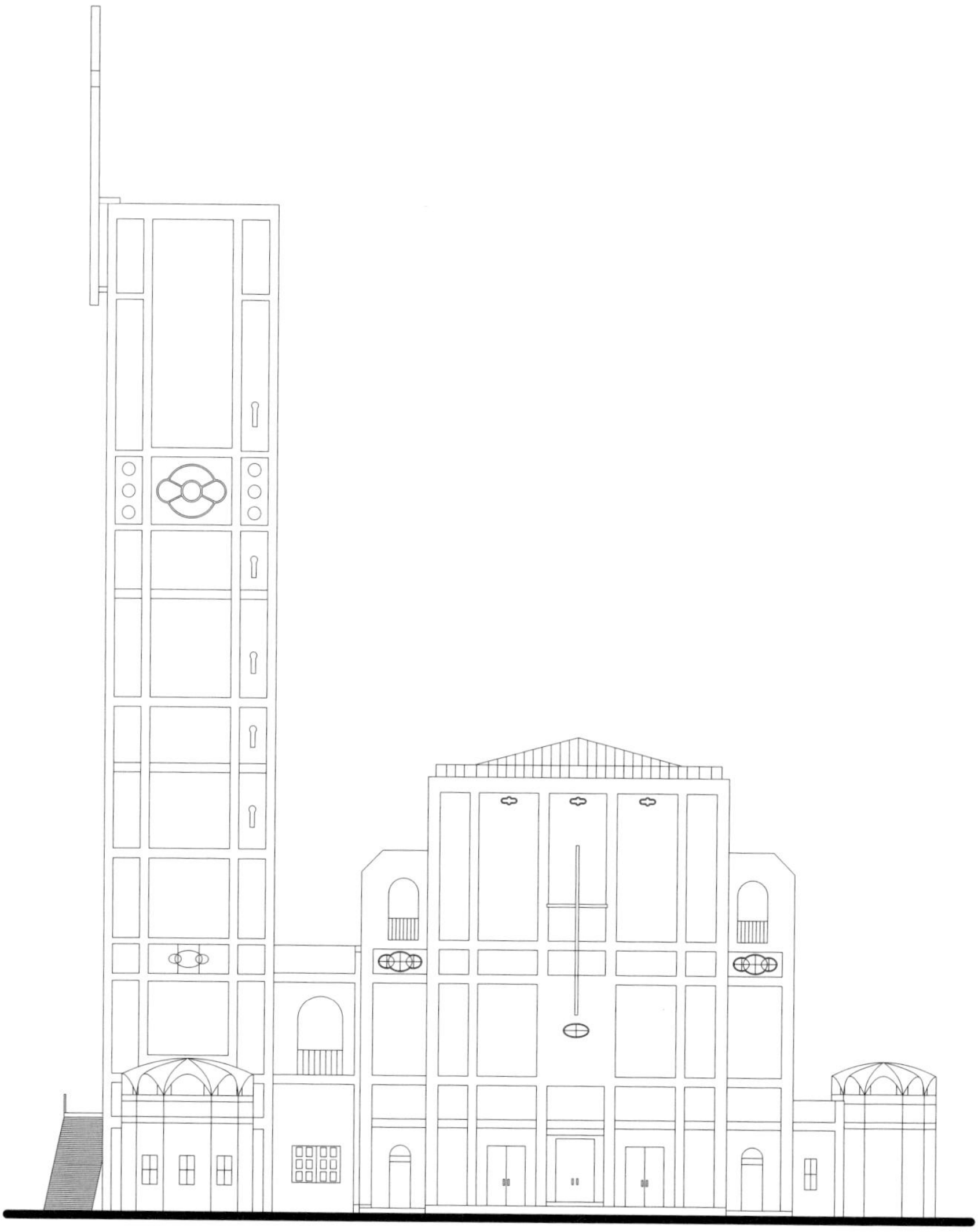

図1《カトリック世界平和記念聖堂》
S=1:200

は、最初その設計競技の審査委員として関わることになる。このとき戦後の日本における近代建築のデザインを牽引していくことになる丹下健三、前川國男、菊竹清訓らの案を入選として評価しながら、一等案なしという設計競技としては異例な結果となる。最終的には審査員であった村野藤吾が設計することになる。ところで、コンクリートのキリスト教建築は戦前すでにフランスでオーギュスト・ペレー[注4]により《ランシーの教会》*（一九二二〜二三年）において、コンクリートによる教会建築の解答ともいえる完成度を実現している。

《カトリック世界平和記念聖堂》の設計競技での前川國男案は、《ランシーの教会》に肉薄しようとするコンクリートによる宗教建築への挑戦である。コンクリートのシェルの片持ち庇部分に、雨の多い日本におけるコンクリートの宗教建築を提示しようとする前川の合理性と、コンクリートによる建築への信頼を確立しようとする真摯な表現が見られる佳作である。が、これはあくまで合理主義者としての建築であり、そこに宗教的空間としての近代性としてはペレーによってランシーで提示されたもの以上の何かを提示できているのかという問題が残る。丹下健三案*は、コンクリートのパラボラ・ボールトのシェル構造による建築を提案している。コンクリートによる構造技術の応用としての近代の宗教建築がここではスタディされているが、後に東京の目白に完成する《東京カテドラル聖マリア大聖堂》のＨＰシェルの組合せの構造にステンレスの光る外装を用いた解法に比較すると、パラボラ・ボールトのこの案は丹下健三の作品としては造形的に切れ味に欠けるものがある。もしこの案が実現していて

注4　オーギュスト・ペレー：フランスの建築家で、コンクリートによる実験的な建築を実現する。代表的な作品としてほかに《フランクリン街のアパート》などがある。一八七四〜一九五四年。

も、近代技術による空間造形の建築作品としては丹下健三の代表作にはならなかったと思われる。

このような基本的には近代技術の表現としての建築に対して、村野藤吾の広島の作品では近代技術そのものは表現の対象ではなく手段とし、提示しようとするものは宗教的な空間であると考えることができる。コンクリートのラーメン構造は、フライング・バットレスのように外壁に対して用いることにより、ロマネスク風の内部空間を成立させている。側廊の高窓には梅型の日本的な造形がデザインされたステンドグラスを配して、伝統的な西欧の教会建築が光を重視した空間であることから、それを踏襲しながら日本的な情感がそこはかとなく漂う教会建築にしようとしている。

外壁にはコンクリートのラーメン構造のフレームをそのまま用いているが、そのフレームのなかにセメントの煉瓦状ブロックを積みながら充填することで、人間が石を一つひとつ積むことによって成立する神への労働の痕跡としての教会建築という西欧の教会建築の本質を、近代の職人がブロックを積みその目地を手で押さえる、という建築作業として表現している。宗教建築が無償の神への労働の成果による空間であったことを近代の建設作業のなかでさりげなくしかも見事に実現している。ここには建築のなかに表現された近代の人間に対するメッセージとしての宗教建築の深さがある。これが村野藤吾の建築の形而上学である。

村野藤吾は大阪の渡辺節事務所時代に、スタイリッシュなビルのファサードデザインのトレーニングを積んでいる。そのときファサードの窓の陰影の効果について感得したと述べている。その後、独立して初期の作品である《森五ビル》*は昭和初期のオフィスビルデザインとして特筆すべきものとされているが、それ以降もオフィスビルのファサードデザインにおいて近代建築史上特筆すべき領域を開拓している。近代建築、モダニズムはデザインの問題として、ファサードを成立させるという思考を欠落させることでモダニズムたり得たといえるであろう。機能を組み立てることによってそのまま外観は成立するというのが、モダニズムにおけるオフィスビルのファサードデザインの論理だからである。

たとえばル・コルビュジエは、「トラセ・レギュラトゥール」(→p.14)と名づけたファサードの幾何学的統合方法を提示しているが、これはファサードの輪郭に対する比例方法であって、ファサードそのものを成立させる要素である窓についても、水平連想窓の比例の古典的な数学的調和を導くことが彼にとっての近代的ファサードデザインであった。その意味では後にコーリン・ロウが「理想的ヴィラの数学」[注5]という論文で、平面においてル・コルビュジエのルネッサンス建築とのアンビヴァレントな設計方法を指摘しているがファサードにおいても同じことがいえる。ミース・ファン・デル・ローエは[注6]、戦後ニューヨークの《シーグラムビル》[図2]でガラスカーテンウォールのI型鋼によるマリオンでビルディングのファサードをデザインする方法を提出しているが、これは古典建築の付け柱のオーダーによる柱型が近代の工業製品であるI型鋼に置き換えられたものとも考えることができる。

村野藤吾に建築設計を依頼した当時の大阪の資本家たちはまだ個人としての資本家

注5　「理想的ヴィラの数学」：アメリカのコーネル大学美術学部教授コーリン・ロウの論文で、ル・コルビュジエの近代建築のなかにルネッサンス建築からの影響を指摘することで、ル・コルビュジエは古典建築（ルネッサンス建築）との連続性があるとする認識に大きな影響を与えた。

注6　ミース・ファン・デル・ローエ：ドイツ生まれの建築家で、モダニズム建築の巨匠の一人。バウハウス校長を務め、第二次大戦後アメリカに渡り、《ファンズワース邸》《シーグラムビル》《レイクショアドライブ・アパート》など鉄とガラスによる作品を完成させた。"less is more"（少ないほうがよい）とする美学を実践した。一八八六～一九六九年。

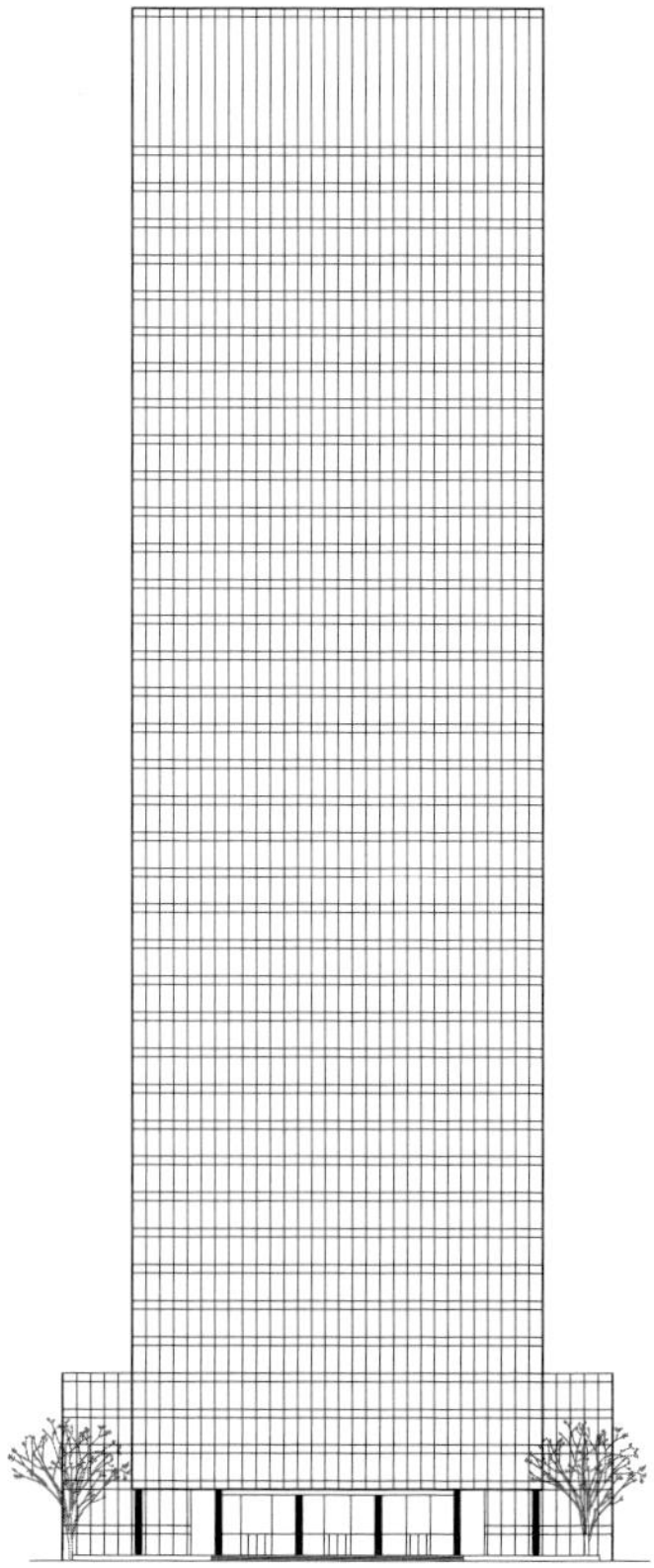

図2 《シーグラムビル》立面図 S=1:1500

であった。現代のようにシステムとしての資本主義が挙動するだけの時代ではなく、個人の資本家の辛抱と野望と遊びと夢と教養が資本主義のなかで生きていた。彼らにとっては、ビルもまた資本家としての彼らの個人としての存在の反映でなければならなかった。そうであるからビルのデザインを村野という個人の建築家に頼むのである。これはイタリアのルネッサンスにおけるパラッツォ図3のデザインに求められた条件と極めて似通った資本家たちの文化状況であったと考えることができる。イタリアのルネッサンスの原動力は、商業活動により力を獲得した人間の豊かさを基礎とした、人間としての自由な知による真理と美の探求としての文化といえる。これは中世の宗教的な真理、つまり神が世界の創造者であることに対して、人間が知に基づいて自由に真理を探求しようとした科学的思考の始まりであるとされるが、美の探求と表現についても中世の宗教の絶対性の枠組みから自由を獲得しはじめる人間的な美の探求が始まるといえる。

そのときルネッサンス建築においては、商業資本家の仕事場と住居であるパラッツォのデザインはそのファサードにおいて美と自由が表現されることが当然求められるのである。村野は大阪での事務所ビルのデザインにおいて、近代におけるパラッツォとしてのデザイン方法を創造することで大阪の資本家に対して応答したと考えられる。ここでは近代におけるルネッサンス建築の追求が行われている。村野のビルディングデザイン（《日本生命日比谷ビル》図4）の解答はモダニズムのデザイン方法に対しても、古典的ビルディングのデザイン方法のどちらに対しても批判的解答を提示している。単純にいうとモダニズムのなかに装飾性を否定していない。しかし古典主義のオーダー、ペディメントというデザイン言語を用いることはしていない。

一　三層構成

ルネッサンスの古典的構成形式をとることで、近代の均質な繰返しを基本とするファサードの立面構成に対して批判的デザインがなされている。

二　窓まわりと窓の分割

窓まわりに造形的な形態を用いること、窓を三分割するという手法を用いることで、近代のカーテンウォールとしての構造的な荷重から解放された立面でありながら、古典的な形式性をもちながら、しかし古典主義の言語であるオーダーを用いずに、その代わりに近代的な彫刻的表現を取り入れることで、近代における古典性を実現している。

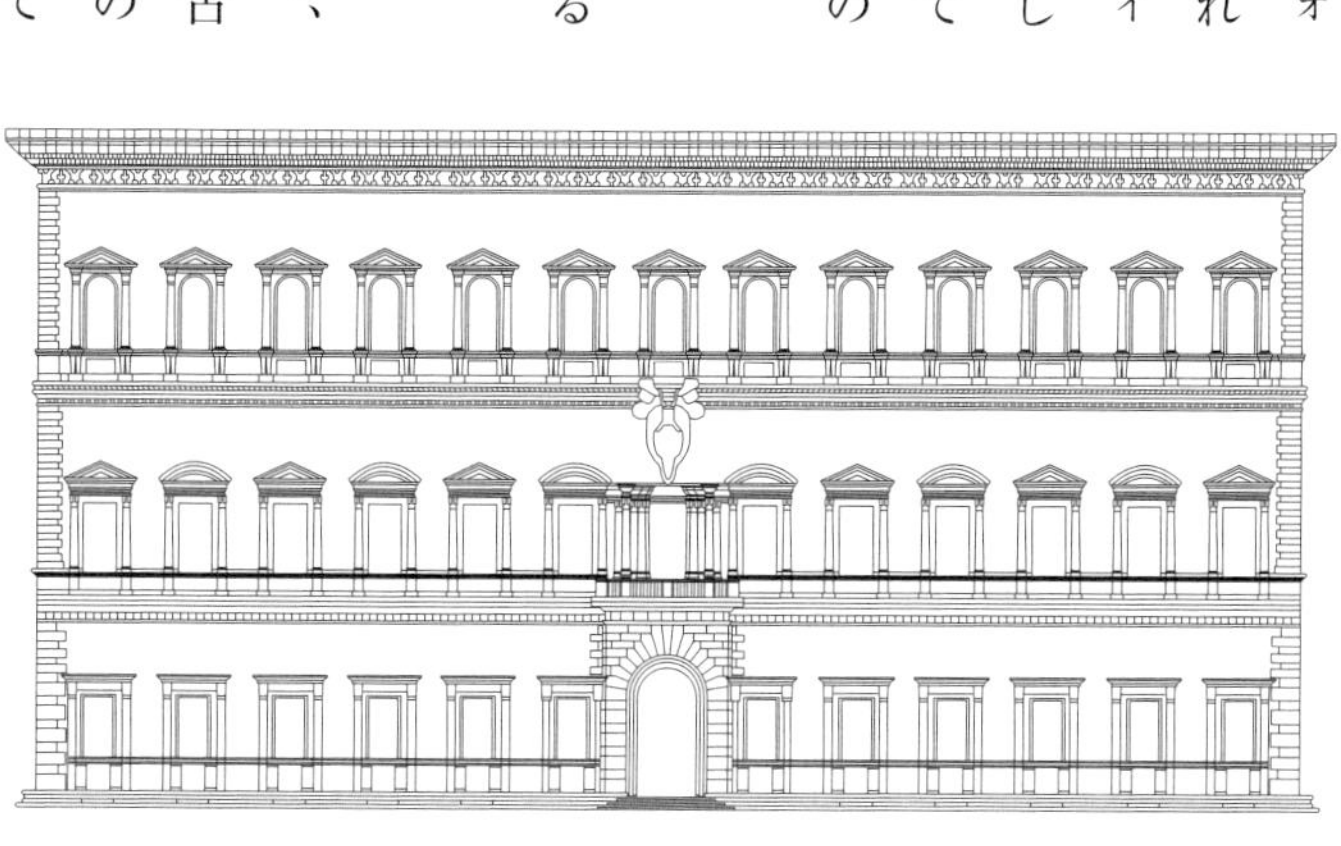

図3《パラッツォ・ファルネーゼ》立面図
S＝1：450

三　近代的工法と職人の作業の表現

ファサードを成立させる素材の工法のなかに、タイルを張ったり、ブロックを積んだり、石を張ったりという職人の手仕事による痕跡を表現して取り入れることで、工業部材のアッセンブルだけでつくられる近代的ファサードに対して、人間の労働としてのデザイン行為を表現している。

建築史家の藤森照信は「帰国後の村野のデザイン活動は昭和六年（一九三一）から始まり次々に質の高い作品を生み出してゆくことになるが、しかし、デザインの党派性という観点からみるとちょっと例のないことをしている。ほとんど同時並行的にさまざまな流派のデザインを試みているのである。たとえば、デビュー作となった昭和六年（一九三一）の森五ビルと大丸舎監の家*は、前者をモダニズムがかった表現派とすれば後者は明らかにアムステルダム派。昭和七年（一九三二）の加能合同銀行*は純ドイツ表現派で同年の中島商店*はデ・スティール。[注7] 昭和一〇年（一九三五）のそごうデパート*はロシア構成主義の流れに属し、昭和六年（一九三一）の大阪パンション*は純粋モダニズム。……一九二〇年代のさまざまなデザインをまるで復習でもするように一九三〇年代にはいってから体現しているのである。しかも村野は歴史主義を擁護しながらモダニズムを批判しながら自身の作品のどこに魅力を感じているかについては語っていない」と指摘している。そしてそれは「遅れにあった」としている。

村野は同時期、モダニズムだけではなく日本建築についても大阪の旦那衆による初期資本主義の文化的素養を通して受け入れている。村野にとってモダニズム成立直前

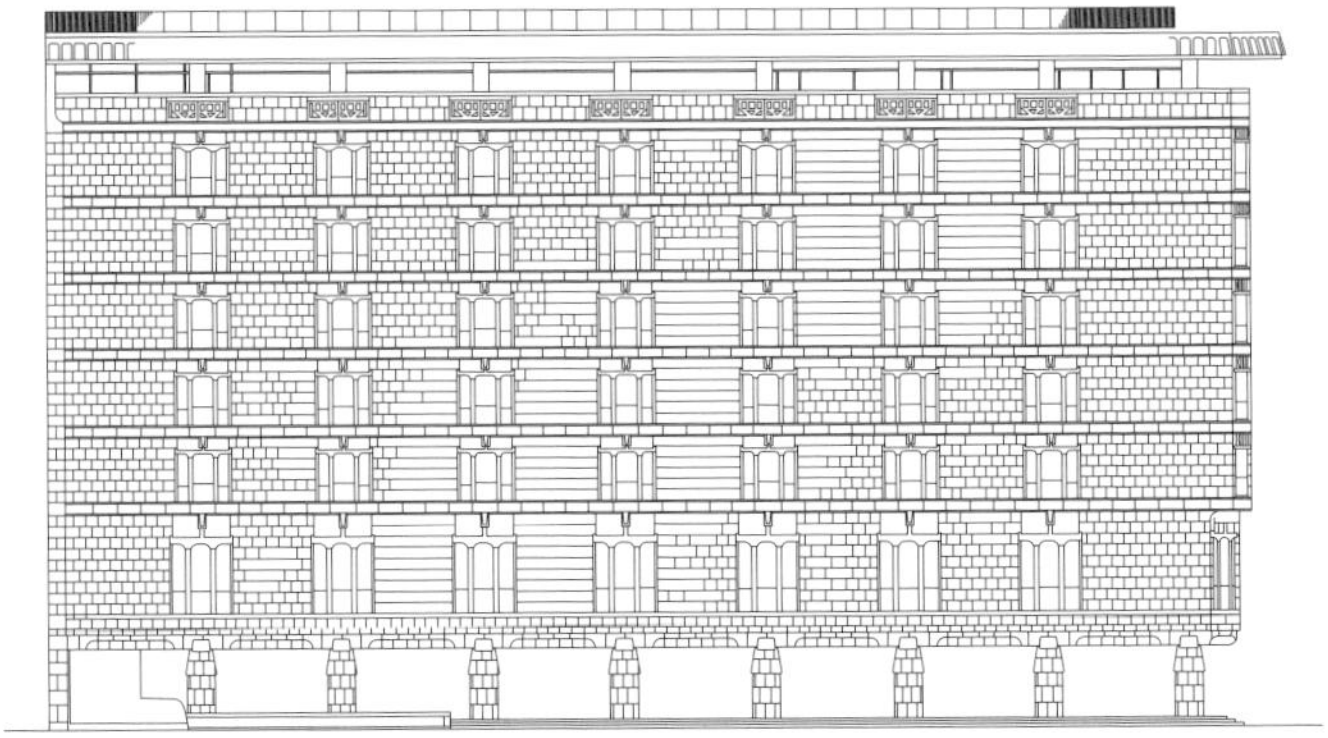

図4　《日本生命日比谷ビル》（日生劇場）
西側立面図　S=1:600

の様々なヨーロッパの建築運動は、すべて自分のデザイン戦略を構築するために試さなくてはならないものであったと考えることができる。そこではデザインにおける先端性としてのモダニズム建築家というスタンスは必要ではなかったのである。モダニズムのすべてのデザインを使いこなそうとしたのである。

村野藤吾が学生として建築を学んだ時期、つまりモダニズムの成立直前こそが最も多くの様式を一つの時代のなかで追求した時代ではなかったか、そのなかで資本主義と大衆こそが多くの様式を消費することを欲することを村野は見抜いていたのではなかったか。村野が建築を学んだ時期は、近代建築が成立する全プロセスであったといっていいだろう。そのなかで同時期に西洋からの新しい建築を学んだ多くの日本の建築家はその時代の先端を追う、あるいは一つの様式に収斂する、日本の伝統と近代の抽象性を止揚するといった方法をとるが、村野はすべてを方法として受け取り日本の現実のなかで試したと考えられないだろうか。それは、村野は資本主義と多くの様式を消費することを欲する大衆が消費したその後にも、なお生き残るものとしての建築の形而上学について探求するためと考えられないだろうか。

村野の時代、建築の情報は現代ほどメディアが発達していない時代であるが、海外の建築雑誌によってかなりの西欧の情報は入手できている。しかし、村野はおどろくほどのエネルギーをかけて実際に現地に行っている。これは建築設計者としての村野が、視覚的情報だけのメディアからだけでなく現場から学ぶという態度に基づいているということである。村野はその意味で、イデア・観念としての建築が物質によっ

注7　デ・スティール：一九一七年から雑誌『デ・スティール』を活動拠点としたオランダの造形運動グループで、テオ・ファン・ドースブルグを中心としてピエト・モンドリアンなども参加していた。抽象芸術やバウハウスの造形などに大きな影響を与えた。

て現実に組み立てられているということを、物質を操作することから生まれてくる建築的な効果として問題とする。その効果は観念を超えて人間に通じるものだけが大衆と資本家に通じるという現実のなかで、建築の形而上学を提示するためであったと考えることができる。

三

超現実主義モダニズム

白井晟一

（一九〇五―一九八三）

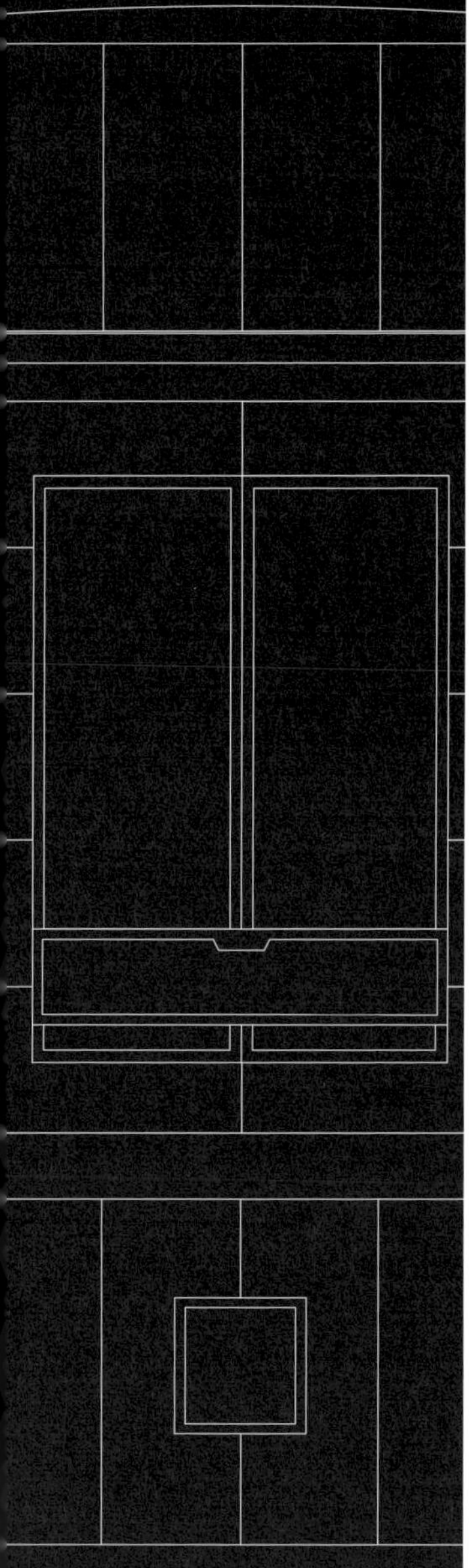

京都で学生時代に唯物論研究会を創立した哲学者戸坂潤や美学者の深田康算などに接し、建築の基礎として哲学を学ぶことを勧められる。義兄の日本画家近藤浩一路の後援を受け、ハイデルベルグやベルリンで哲学を学びながら建築は独学で学ぶ。留学中パリで林芙美子やアンドレ・マルローなどと出会う。ロシア経由で日本に帰り、戦前には一時民衆とともに活動をしていたともいわれる。戦後、秋田などの地方でモダニズムと一線を画した独自の建築を設計し、民衆の建築家として位置づけられる。

また、一九五〇年代に『新建築』誌上で繰り広げられた戦後初の建築論争である伝統論争で、丹下健三と『新建築』編集長川添登の提示した弥生的なるものと縄文的なるものを受けて、白井晟一は「縄文的なるもの―江川氏旧韮山邸について―」によって縄文的なる日本の伝統の根源性を提示する。一貫して国家的なモダニズムの建築家である丹下健三と対極的な存在として位置づけられた。

白井晟一は明治以降の日本の近代化政策による建設技術者養成プログラムとは全く異なる地点から建築を目指した。それは哲学から建築へというプロセスである。昭和初期に青春を過ごした日本人の若者の理想主義と、哲学的人生の探求というヨーロッパ的な知性と文化へのあこがれをもって生きた白井にはある種白樺派文学者に通じる面もあるが、建築へのアプローチはそれとも異なる独特な動機によっている。京都での学生時代、哲学者戸坂潤や京都大学の深田康算などの講義を聴講し、建築を目指す前に哲学を勉強することを勧められ戦前にドイツに留学した。そしてカール・ヤスパース[注1]をたずねたが、ヤスパースは番外の講義のようなものしかしていないので、リッケルトについて哲学を勉強しながら、建築はゴシックを独学で勉強したと述べている。戦前に《歓帰荘》*《嶋中山荘》*などの住宅や別荘を設計しているが、これらは剛健ではあるが北ヨーロッパや日本の民家への憧憬が感じられる素朴で文化的な香りの漂う作品である。

白井晟一の建築界への登場は、後にメタボリズム[注2]のプロデューサーを務めることになる『新建築』編集長の川添登[注3]による「伝統論争」[注4]のなかで、その建築哲学や表現が丹下健三による戦後の近代建築における伝統の問題に対するもう一つの極として位置づけられたことから始まる。「伝統論争」は一九五〇年代当時、最も多くの建築家を巻き込んだデザイン論争だった。日本の伝統の根源として、一九五〇年代の丹下健三は最初に弥生式土器の美を問題とする。丹下健三における日本の伝統は、戦前の《大東亜建設記念営造設計競技案》や《在バンコク日本館》では伊勢神宮、皇居紫宸殿な

注1　カール・ヤスパース：ドイツの哲学者、精神医学から哲学に転じた。ナチスによる強制収容の危機を経験し、自己存在の確信を得ることに向かう実存主義への思索を展開する。一八八三～一九六九年。

注2　メタボリズム：一九六〇年に日本で開催された世界デザイン会議に向けて、建築評論家・編集者の川添登のもと、丹下健三の周辺の次世代建築家たちが参集し提唱した。成長・変化する（メタボリズム＝新陳代謝）建築を指す。黒川紀章、菊竹清訓、槇文彦、大髙正人らが建築家として参加した。

注3　川添登：建築評論家・建築誌編集者。『新建築』編集長時代に丹下健三、白井晟一を中心に多くの建築家を巻き込んだ伝統論争から一九六〇～七〇年代に展開するメタボリズムグループの活動などをプロデュースした。一九二六～二〇一五年。

どの天皇家に関わる建築造形に求められるが、戦後に設計競技入賞案《広島平和記念公園》の実現のために広島で彫刻家イサム・ノグチ[注5]とともに働いたことにより、弥生的造形というより古代日本における造形を日本の伝統の問題とするようになったと考えることができる。

イサム・ノグチは、日本人の父とアメリカ人の母との間に生まれた日系アメリカ人である。彼はアメリカという歴史のない国でしかも日本人とアメリカ人の混血であるから、自身のアイデンティティの不在を克服することでしか芸術家として生きることはできないはずである。そのとき彼は、自身の血のなかに流れる日本で、外国人から見ても理解できる弥生式土器の造形にインターナショナリティと自身のアイデンティティを見出したと考えることができる。つまり、国際的な評価を受けることのできる日本の造形として弥生式を発見した。丹下健三はこれを見抜いて、受け入れたと考えられる。《広島平和記念公園》を国際的な日本の造形とするためである。それはこの作品は、平和国家日本の表象として国際社会のなかで評価されなければならないという命題を丹下健三は認識していたからである。

それに対して白井晟一は縄文的なるものという問題を提示する。ここにはより内面的、原理的に日本人の根源を追う姿勢がある。そして丹下健三もしだいに縄文的なるものに傾斜していくが、そこにはあくまで日本の近代建築における戦略としての伝統という、彼の戦前から一貫した姿勢が見え隠れすると同時に、見事な国際的建築家としての丹下健三のセンスがある。一九六〇年代の後半まで、白井晟一は秋田など

注4　「伝統論争」：『新建築』誌上で一九五〇年代の日本のモダニズムにおける伝統の問題を論点とした建築論争。『新建築』一九五五年一月号における丹下健三と川添登の対談がきっかけとなって開始され、その後白井晟一らも関与するとともに多くの建築家がこの論争に参加した。この対談のなかで丹下は建築と伝統の関係について、⑴伝統の形を第一に踏まえて伝えていく方法、⑵形態ではなく精神的なものを受け継いでいく方法を示し、自らは⑴の手法によるという立場を表明した。丹下は、その一方で日本の伝統の原型を縄文と弥生に区別した。「もののあわれ」や「風流」などの系譜に連なる伝統の洗練を批判し、竪穴式住居、伊勢神宮、民家などに象徴される原始的でディオニュソス的な力を称揚する岡本太郎の縄文論とも通底するとともに、ル・コルビュジエの五〇年のピュリズムからブルータリズムへの変化にも対応する。

注5　イサム・ノグチ：彫刻家、造園家、インテリアデザイナー。パリでブランクーシに師事した後、五〇年代の日本で弥生的造形のインスピレーションを与えることで、戦後の丹下健三のデザインに大きな影響を与える。一九〇四〜一九八八年。

の東北で《雄勝町役場》*や《旅館浮雲》*、東京では《善照寺》*などの設計をしている。これらは地方や民衆のための建物という白井の誠実な哲学による佳作群のように思える。このことも戦前、戦後を通じて国家のモニュメント作品に傑出した設計者であった丹下健三とは極めて対照的である。

　白井晟一が再び脚光を浴びるのは、一九七〇年代のいわゆるポストモダンとよばれる時代に設計した東京の《NOAビル》図1である。東京タワーのすぐ近く、飯倉の交差点に建つこのビルは、近代主義建築の論理では全く理解不能な超現実的な建築として出現した。《NOAビル》がポストモダン建築であるかどうかという問題は別として、非近代主義的建築であることには異論がないであろう。《NOAビル》は賃貸のオフィスビルでありながら、いわゆる最も近代主義的なビルディングタイプとして都市を構成する鉄とガラスとコンクリートによる箱型のステレオタイプから最も遠い、現実の近代都市のなかでは存在しえない、夢のなかにある都市のモニュメントのような建築物である。この建物の魅力は存在そのものが「謎めいた問い」であることである。哲学が存在を問う学問であるとすると、《NOAビル》は存在を問う誘惑に満ちた、しかもそれは永遠の問いが沈黙しているかのような建築である。ノアという旧約聖書に出てくる名前も、さらに効果をもっている。ノアの箱船によって、生物の種は大洪水というカタストロフィーから逃れることができた。

　原爆以降の人類の存在を問うという主題は《原爆堂計画》《NOAビル》、さらに白井晟一自邸の《虚白庵》*の原爆時代のシェルター注6としての無窓へと続く。これらは

注6　原爆時代のシェルター：白井晟一の自邸である《虚白庵》の閉じられた無窓の空間に対して批評された。《原爆堂計画》などの核の時代に抗する思想的建築家としての白井晟一に対するイメージと自邸の閉じた空間性がこの言葉により結びつけられた。

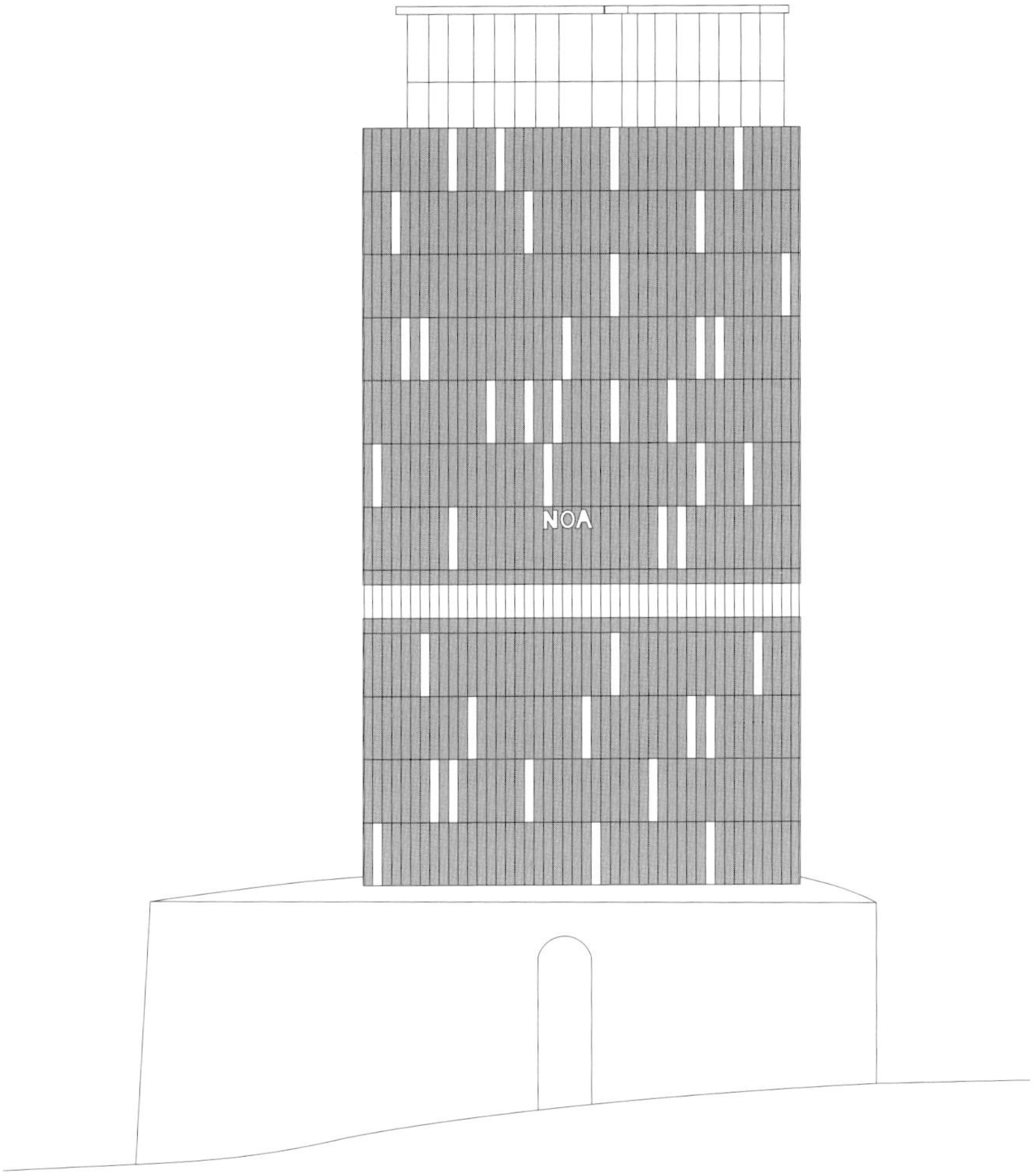

図1　《NOAビル》立面図　S=1:500

暗号のように技術文明が人類自らに課す核爆弾による絶滅へのカタストロフィーに対する沈黙の問いとしたら、建築装飾をファッションとしてよみがえらせただけのポストモダンのあまたの建築をはるかに超越した、技術文明の帰結としての建築表現に対する黙示録かもしれないという推察が白井晟一の一連の作業には存在する。

一九七〇年代、近代への批判が建築の主題であった時期、白井晟一は磯崎新のポストモダン建築の方法としての近代のマニエリスム[注7]として分析の対象にされている。ポストモダンという言葉をジャーナリズム紙上で仕掛けた磯崎新は、七〇年代に丹下健三の建築デザインの引力圏から自らを軌道修正するためのもう一つの方法として白井晟一のデザインを問題とする。磯崎新は白井晟一の方法を「好み」という言葉を使い、日本の伝統的な文化である茶道の千利休を引用しながら説明している。これは磯崎新自らの建築の方法である「引用と暗喩」[注8]に引き寄せた解釈であるが、白井晟一の方法を「利休の好み」のように様々な文化的文脈のなかから引用することによって、それらの組合せがつくる「晟一好み」[注9]という言葉で説明している。

自邸《虚白庵》には龍安寺のような土をコンクリートの表面に塗った土壁で囲われた庭に白い砂が敷かれ、そこにはコリント様式の柱頭が龍安寺の石の代わりに一つ置かれ、一本のしだれ桜がそこに植えられている。庭に面してガラスの開口部をもつ室内には、ミースのバルセロナチェアが置かれている。このことに限れば、利休が朝鮮の茶碗や長次郎の茶碗をルソンの壷と取り合わせたのと方法は同じである。しかし、ここまではファッション雑誌のスタイリストという人たちの作業と同じである。雑誌

注7
マニエリスム：ルネッサンス後期のイタリアの美術に見られる操作性の高い造形形式で、盛期ルネッサンスの古典的整合性とバロックの変形性の中間に位置づけられる。

注8
「引用と暗喩」：磯崎新が七〇年代の自己の建築の方法として提示した概念で、近代主義建築以後の建築の方法として、アイロニカルな知的操作としての現代建築の方法として示された。

注9
「晟一好み」：磯崎新が指摘した白井晟一の建築手法を説明する言葉で、千利休や小堀遠州などの茶人による道具の組立てを「好み」とすることからこの言葉を用いた。

のためにモデルに着せる洋服、靴、小物をブランドのなかから選び組み合わせる美的センスと時代感覚を能力とする職業である。

白井晟一においては、選択眼としてのセンスのみではとどまらない問題について、近代建築に対する批判的方法としてさらなる論考が必要になる。白井晟一に建築界が注目したのは、一九五〇年代の戦後の建築界の最も重要な論争である伝統論争において、地方の公共建築を民衆の建築として実践し、近代合理主義という当時の主流の建築家たちとは一線を画した存在であったことだ。白井が問題としたのは、縄文的な日本の伝統の提示とそのなかにある日本人の質素で力強い生活の合理性を受け継ぐ近代の低コストの建築であった。

この時期の白井の作品である試作小住宅などは、日本人の意識の深層のなかの問題としての縄文的なるものではなく、地についた合理的で健全な力強い民衆の生活空間の原型として縄文的なるものが追求されているように思われる。その意味では伝統論争の時期は異なった起源の断片が集められ、白井晟一的な世界が現前するという方法は取られていない。形態と機能のあり得るべき日本における関係が追求されているといえる。しかし一九六〇年代から始まる白井晟一の代表作である一連の《親和銀行》*の建築は、宗教的空間としてのロマネスクやバロック、禅宗の空間の断片が銀行という機能と結びつけられる。

機能と形態の一元的関係という、近代建築が基本的な問題として目指した建築のありようへの追求と全く異なった方法が展開されていく。シニフィアンとシニフィエ、意味するものと意味されるもの、空間の形と建築の機能の結合としてこの建築を見ると、ここで示されている宗教的雰囲気をたたえたバロック的空間は銀行の営業室としての機能が与えられているのである。つまりこの結びつきは、建築の空間形態は機能との関係によってつくられることをドグマとした機能主義、あるいは近代主義建築の形と機能の無根拠性を示しながら、意味するもの、つまりシニフィアンの圧倒的な空間性、物質性の優位性を示している。

これは戦前の白井晟一の西洋的建築への文化的なあこがれが、日本人の理想主義と結びついた時期の建築の方法とも異なっている。その意味で建築言語の折衷的な組合せではなく、形態と機能の異質な接合が行われることにより建築の自律した力が機能から開放されて展開する。そこに白井晟一の世界が現前するという意味で、純粋に建築が夢のなかで見られるように映像のシークエンスとして白井晟一の世界として物質が構築されて現前しているのである。

伝統論争のなかでの白井は、日本の伝統として縄文的なるものに注目した建築家として、弥生的なるものを代表する丹下健三に対峙する建築家として川添によって位置づけられる。そして一方の極である丹下健三も、伝統論争のなかでやがて縄文的なるものとしての日本の伝統へとシフトしていくが、丹下健三の場合は同時にル・コルビュジエの後期のブルータリズム[注10]への接近とも連動する。

そもそも日本における建築の伝統についての論争は、建築の概念と近代技術を西欧から輸入した明治の国家建築家たちが、ひと通り西欧建築の様式の学習が修了し、様

注10　ブルータリズム：一九五〇年代に見られるようになった荒々しいコンクリートによる表現の建築形式で、機能主義の原点に立ち返る表現としてスミッソンらによって主唱された。

式の折衷的混合が西欧におけるエクレクティシズムと相似した状況となる二〇世紀初頭に、「国家の様式をいかにすべきか」[注11]という論争に端を発している。帝国主義日本のアイデンティティの問題という、近代固有の日本の独自性としての建築様式の探求から始まる。

帝冠様式とよばれるコンクリートのビルにコンクリートでつくられた寺院の屋根を乗せる建築スタイルを東洋式とよんで、帝国主義日本における建築のアイデンティティとした戦前の折衷主義建築家のデザインに対して、より若い世代のモダニズム建築の受容者であり、東京帝国大学建築学科という国家の表象としての建築デザインを担うというプログラムで教育を受けた前川國男たちはあくまでフラットルーフというモダニズムの様式としての形態の表象性を建築表現の主題の一つとしていた。戦前の丹下健三の大学院時代における設計競技の勝利は、日本における天皇家の造形のなかから神道、具体的には《大東亜記念造営計画》では伊勢神宮の屋根形態をモダニズム、ル・コルビュジエの《ソヴィエトパレス》の平面の上に重ねるという戦略によって勝ち得たものである。

この戦略は丹下健三の大学院時代の恩師である岸田日出刀[注12]の、日本の過去の建築のなかからモダニズムの構成原理と視覚的に相似形の部分を写真のフレームワークによって切り取ることで、モダニズムの造形を日本の過去の建築造形と結びつけるという視覚操作とデザインの政治戦略のなかから学びとったものであると考えることができる。岸田日出刀の『過去の構成』[注13]と名づけられて発表された建築写真集は丹下健

注11　「国家の様式をいかにすべきか」：一九一〇年（明治四三）に開催された日本国家のデザインに関する討論。司会は当時の建築学会長辰野金吾が務めた。主論者は、伊東忠太、関野貞、長野宇平治、三橋四郎。伊東と関野は東京帝国大教授、長野と三橋は建築家。国家のアイコンとしての建築デザインに関する討論であった。

注12　岸田日出刀：東京帝国大学教授、前川國男、丹下健三、立原道造、浜口隆一が研究室に在籍した。日本の伝統建築について近代からの視点による読取りを提示し、モダニズムと伝統の表現において丹下健三に大きな影響を与える。一八九九～一九六六年。

注13　『過去の構成』：岸田日出刀のエッセイ付き写真集。相模書房、一九三八年。写真のトリミングにより伝統建築の部分を近代的構成美として再定義している。

三の戦略の指南書である。これは日本の伝統建築のなかから切り取られてモダニズムの構成としてトリミングされた建築写真である。

戦前における岸田日出刀と丹下健三の戦略は、太平洋戦争の敗北を経験した後の戦後には奇跡的な逆説により新たな民主主義日本の再生の表象としての建築を造形する意味をもつことになる。これは昭和天皇が民主国家日本の象徴として再生することと同相の道が、戦後建築において展開されることと連動する。物語は終戦の間際に原子爆弾の落とされた広島の廃墟において始まる。《広島平和記念公園》の設計競技は、民主主義に生まれ変わった平和国家日本を世界に示すプロジェクトであったといえる。審査委員長は岸田日出刀である。このとき提出された丹下健三の案は、敗戦を生き延びた《大東亜記念造営計画》の造形の戦後民主主義と平和国家の表象としての再生である。ここでは未来の日本に向かう近代性と日本の伝統が同時に実現されなければならなかった。

丹下はここでもル・コルビュジエと伊勢神宮を結びつける。しかし戦前の《大東亜記念造営》のときには伊勢の屋根が選びとられ、デフォルメされて本殿としてデザインされ、台形と逆台形を一対とした《ソヴィエトパレス》と相似形の平面の軸線の中心に据えられたが、《広島平和記念公園》では軸線上には原爆ドームの廃墟が置かれ、原爆資料館には伊勢神宮の高床が選びとられた。ピロティに支えられたコンクリートのフラットルーフの伊勢神宮としてつくられた原爆資料館展示室は、原爆ドームの廃墟を本殿とする軸線上の鳥居として提出されていると読み取ることも可能である。

一九五〇年代の「伝統論争」は、戦前の大日本帝国の建築様式としてのアイデンティティを問うた「国家の様式」の延長と連続し、帝国主義から戦後民主主義社会の「国民の様式」を問う問題へとシフトしながら、戦後の近代性と日本のアイデンティティを同時に実現する建築を模索することにおいて同じ位相の展開である。《広島平和記念公園》で丹下健三と協働したイサム・ノグチの造形的探求は、その後の日本における伝統論争を準備する造形のための重要な役割を担うことになる。

丹下健三はコンクリートという戦後の日本の近代をつくりあげる建築材料による造形を模索していた。戦前、すでに丹下健三は日本の伝統的な建築として伊勢神宮や紫宸殿から学んだ日本における近代建築のデザインを模索していた。戦後、《広島平和記念公園》でのイサム・ノグチとの協働から、より古い日本の伝統の造形的な源へと探求の論理を進化させる。それが弥生的なるものという言葉で示されることになる。桂離宮*、伊勢神宮*、弥生式土器*の造形が弥生的なるものという概念でコンクリートの造形として一つの線で結ばれる。

しかし白井晟一は、より古い日本の造形である縄文的なるものという言葉で貴族的、支配者的概念でなく、当時の言葉を借りればより民衆的、土着的な概念を伝統の問題として提示する建築家として丹下健三に対峙する存在として位置づけられる。その舞台は『新建築』であり、仕掛人は当時の編集長の川添登である。

丹下健三の《広島平和記念公園》（一九五五年完成）に対峙するように、白井晟一による《原爆堂計画》図2（一九五五年）が『新建築』四月号誌上に発表される。これら

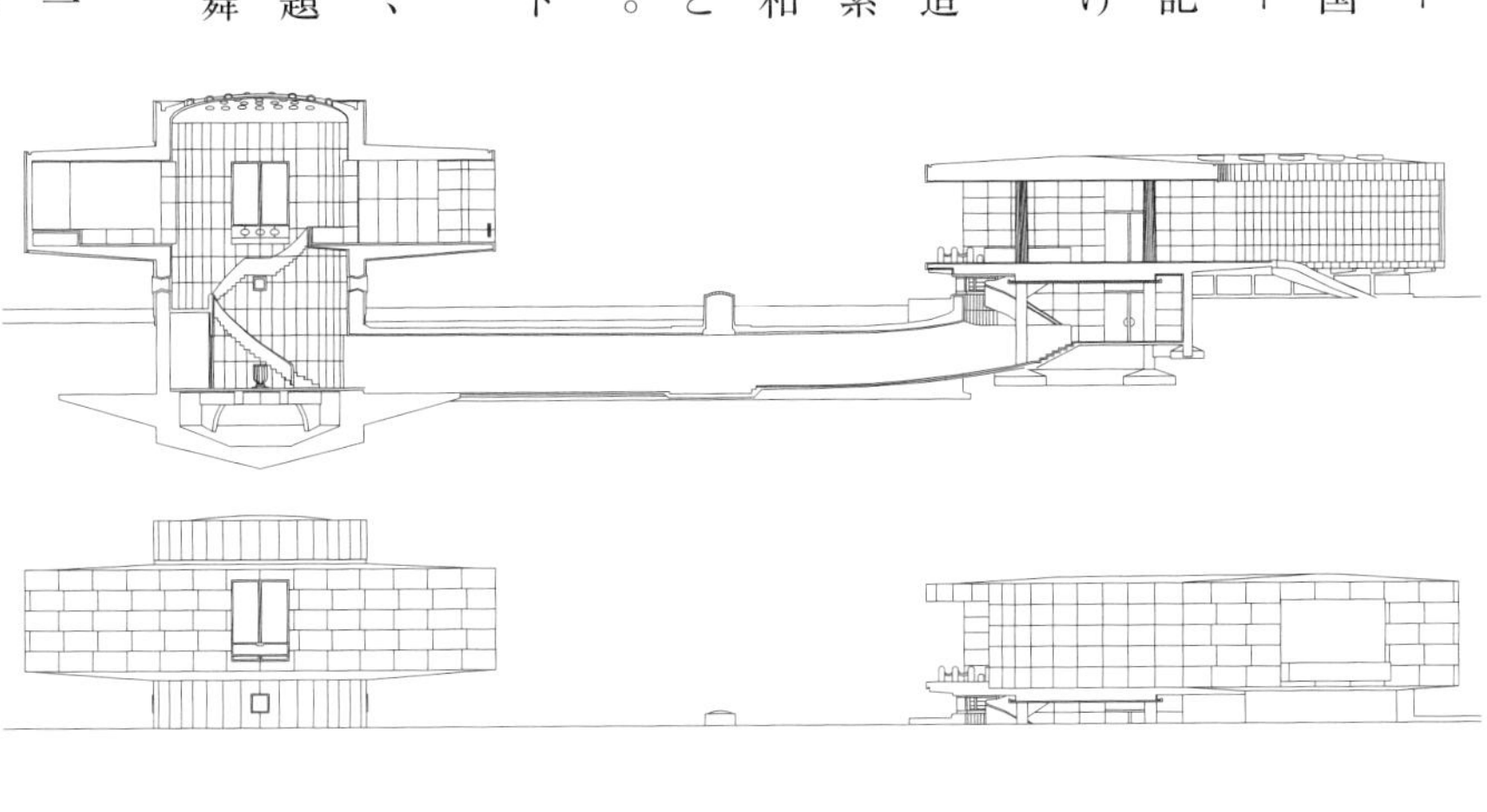

図2　《原爆堂計画》断・立面図　S=1:600

は原爆の図を描いた丸木夫妻の作品を展示する施設の計画に共感してつくられたということになっているが、建設される敷地も目的も定かではない架空の計画である。一九四五年の広島、長崎の原爆投下後九年目の一九五四年三月一日に、アメリカが南太平洋のビキニ環礁で行った水爆実験は、広島のウラニウムを用いた原爆の一〇〇〇倍の威力のある水爆であった。この実験によって日本人は再び原子力の被害を受ける。実験海域の近くで操業していた焼津の第五福竜丸に乗ったマグロ漁船の乗組員二三人が太平洋上で被爆するのである。

《原爆堂》は現実に建てられた建築ではなく計画案であることが、より純粋に白井晟一の建築の思想と方法を描き出していると考えることができる。まずこの建物は大きく三つの部分からなっている。一つはエントランス部分の建物、二つめは地下の通路、三つめはメインの建築である。《原爆堂計画》について白井晟一は短い文章を残している。

「TEMPLE ATOMIC CATASTOROPHIESは一九五四年からの計画である。私ははじめ不毛の曠野にたつ蒼然たる堂のイメージを逐っていた。残虐の記憶、荒蕪な廃墟の聴想からであろう、だが構想を重ねてゆくうちに畢竟は説話的なこのような考え方をでて自分に与えられた構想力の、アプリオリな可能性だけをおいつめてゆくよりないと思うようになった。概念や偏執から自由になることはそのころの自分にとって難しい、大きな作業であったが、悲劇のメモリイを定着する譬喩としてだけではなく、永続的な共存期待の象徴をのぞむには、貧しくともまず、かつて人々の眼前に表れた

注14　「原爆堂について」『無窓』筑摩書房、一九七九年。

ことのない造形のピュリティがなによりも大切だと考えたからにちがいない。堂は直径九米程の円筒が、目にみえぬほど静かに流れる清明な水の中から、一辺二十三米の方錐を貫通するという形をとった。そして軸のシリンダアと梁と壁をいくつかのキャストに分け、これを求心的に風呂桶の箍で引き締めてゆくといった工法を、力学の最も原理的で素樸な方程式で追求してゆくことであった」[注14]

アプリオリ、論理的なものに先立つ構想の可能性を追い詰めた、象徴性としてのかつて人々の前に現れたことのない造形の純粋性としての形が、水のなかから円筒が方錐を貫通する形態であると説明し、工法だけを追求することであった、と説明している。

一九五二年一一月一日に、アメリカはエニウェトク環礁で人類初の水爆実験に成功する。一九五四年のビキニ環礁での爆発の瞬間の映像を見ると、水のなかから巨大なキノコ雲が出現し、円柱が円錐を貫通している。もしもこの爆発の瞬間を永遠に石の塊として凍結させ制止させたとすると、その造形こそが白井晟一の構想した《原爆堂計画》の姿と重なる。

《原爆堂》の論理的な形態の説明を白井晟一はいっさいしていない。それは構想のアプリオリな可能性、つまり論理的なものに先立つ可能性と語られている。この説明はこの建築について何も語っていない。であるが故に、解読への誘惑を喚起させる。これがかりに広島の街に建てられたとする。解読への誘惑をさらに進めてみる。

この《原爆堂》を訪れた人は、戦争が終わり復興した平和な広島の街からまずパルテノン神殿のような柱に支えられた前堂としての入り口にたどりつく。ここから地下に降りて、池の下に設けられた地下道を歩き、《原爆堂》の地下の円筒のシャフトに入る。《原爆堂》の内部をめぐって再び地下道を通り、地上に上がってパルテノン神殿のような入り口に再び戻り広島の街へ。パルテノン神殿は西欧の知の造形のオリジンとして象徴化された建築と考えることができる。西欧の知の残酷な到達の果てとして知が獲得したテクノロジーの極限としての核爆発の瞬間が石の塊として造形化され凍結されている。地下の通路はここでは二つの意味をもつ。

一つはギリシャから現代へ続いた文明の時間である。もう一つは時間を原爆の投下時に逆戻りする体験である。訪問者にとって地下道の闇のなかをくぐり抜ける体験は、この世、つまり現実の広島の風景から原爆の図の示す被曝直後の広島へ時間を逆回転する経験となる。それは《原爆堂》の内部に展開されている原爆の図のなかに身を置くことで可能になる。その体験の後再びもと来た地下道を通り入り口へ戻り、再び復興した広島の風景のなかに立つことになる。死から再生し再び生まれた仮想の経験をした人の目の前に広がる広島の平和な街に立って、この人は核兵器を廃絶する思いを新たにするであろう。

白井晟一の建築にはこのような読取りへの誘惑が組み込まれている。「手術台の上の蝙蝠傘とミシンの出会いのような」、これはロートレアモンがシュールレアリズムの方法を示した言葉であるが、ここには三つの事物の組合せが示されている。手術台、蝙蝠傘、ミシン、これらの組合せはこの三つの事物の組合せの意味の読込みに誘う。

ベッド、男性、女性の出会い。

性的な連想を誘う事物とその不毛な運動にまつわる超現実主義的芸術[注15]のエロティシズムの生産である。磯崎新が白井晟一の方法として指摘する「好み」、たとえば朝鮮の井戸茶碗、ルソンの壷、漆黒の棗の組合せの効果と比較すると、「好み」の世界があくまで美的な世界の生産であるのに対して、白井における組合せによる意味の生産の効果が、禅的空間、キリスト教空間、ギリシャ的廃墟から選ばれ、そのまがいものの造形が豪華な本物の石によって実現されることで近代主義建築への批評性を提示する。同時に、近代人の意識下の闇の風景をよびさますという点で、白井晟一の建築はもう一つの近代建築としての超現実主義的モダニズムといえるだろう。

さらに《原爆堂》という主題は近代における形而上学、あるいは宗教、哲学と建築空間の問題に対してのより深い問いかけがある。近代とはニーチェがツァラツストラに語らせたように「神の死」の自覚から人間は近代人たりえる。これは宗教建築の不可能性と近代人は向き合わなければならないという命題である。神の住まいである宗教建築での信仰が不可能であるとすると、思索する場所としての堂、さらに近代を成立させる本質であるテクノロジーの極限の破壊力としての核爆弾の存在を思索するための堂としての《原爆堂》を、神の死の後に可能な宗教的、哲学的、形而上学的空間のありようとして白井晟一が提出したとすると、我々はここに宗教空間の近代的再生としての近代の哲学的な思索空間の提示を読み取らねばならないだろう。《原爆堂計画》が私たちに提示するのは、ポスト・モダンなどという建築の形式上の表現に

注15　超現実主義的芸術：一九二四年にシュールレアリズム宣言として発表されたフランスのアンドレ・ブルトンを思想的中心とした芸術運動で、フロイトの精神分析の影響のもとに無意識や夢、不条理な風景や事物のありえない組合せなどを描いた。近代芸術運動の領域の一つ。

おけるモニュメンタリティなどという建築の表層のありようなどではなく、近代という科学技術文明の行く末が招く究極の人類の破滅に対峙して建築に何ができるのかという問題の提示である。

四

フォト・トリミングとプロポーション・モンタージュ

丹下健三

（一九一三―二〇〇五）

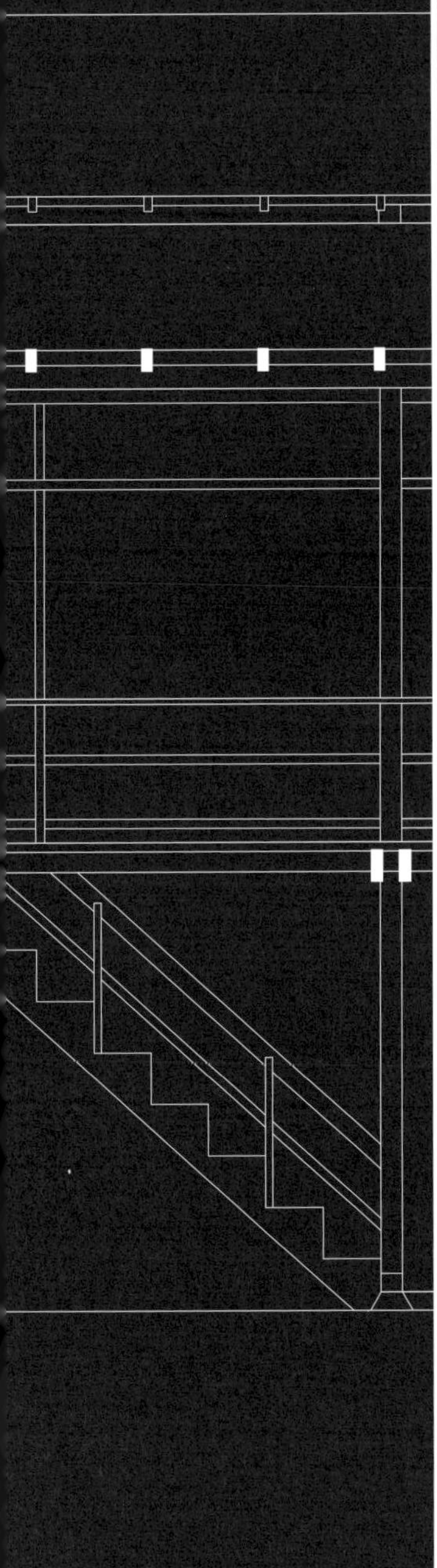

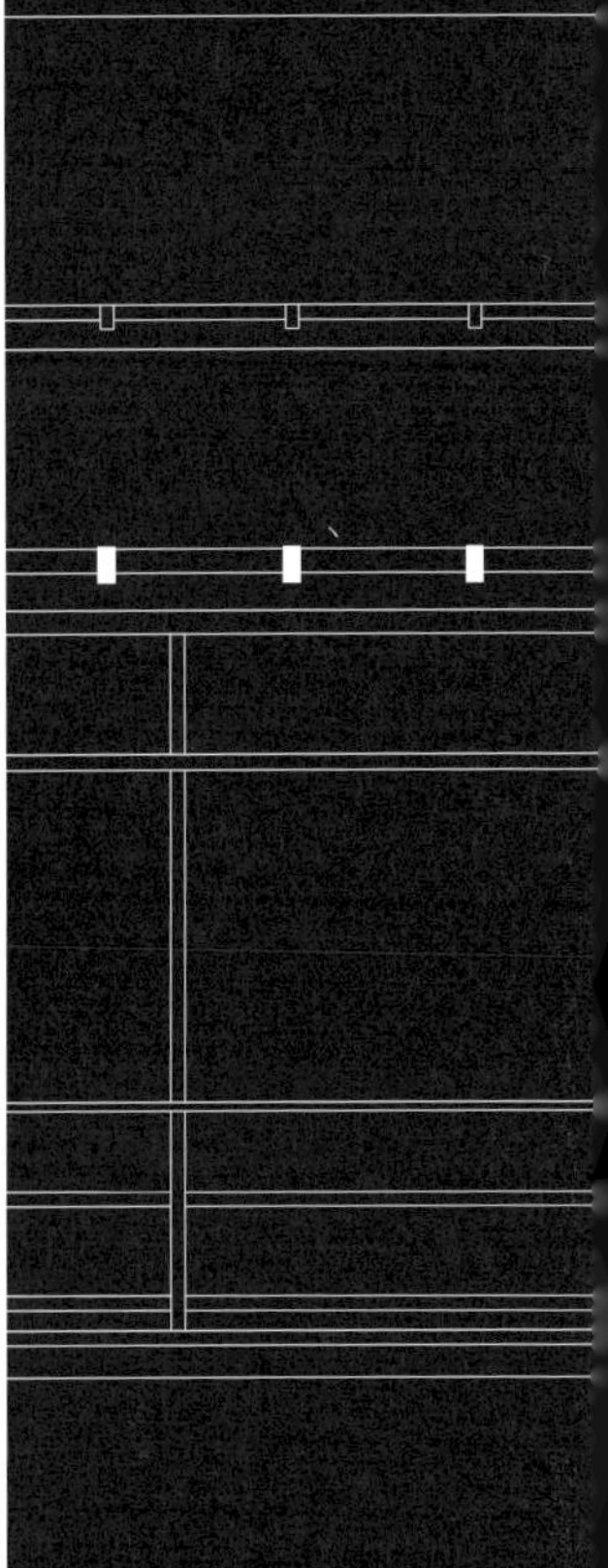

戦後日本を代表する建築家として国際的な評価を受けるとともに世界的な建築作品をつくる。旧制広島高校時代にル・コルビュジエの《ソヴィエトパレス計画》を見たことで建築家を志したと語っている。東京帝国大学卒業後、ル・コルビュジエの事務所に学んだ前川國男建築設計事務所を経て大学院に進学する。大学院時代に《大東亜建設記念営造設計競技》《在バンコク日本館》などの設計競技で日本の伝統建築と近代建築を重ね合わせた案で一等を得る。

戦後《広島平和記念公園設計競技》で一等、一九六四年東京オリンピック、一九七〇年日本万国博覧会などの国家プロジェクトにおいて、近代技術を駆使しながらも日本の伝統建築に通じる造形的表現によって、戦後の平和国家と経済成長の日本を表徴する近代建築を設計した。また《東京計画一九六〇》などの未来都市の壮大な構想とともに、日本で初めて世界的な評価を受けた建築家として活動する。海外での活動もイタリア、フランス、アメリカ、クウェート、シンガポールなど世界中に広がり、世界の丹下として二〇世紀後半の近代建築の巨匠と評価された。

丹下健三が旧制広島高校の学生であったときに、図書室で見た外国の雑誌に掲載されていたル・コルビュジエの《ソヴィエトパレス》[図1]を見て建築家を志したという有名なエピソードがある。この雑誌がなんであったかは特定できないが、美術関係の雑誌であったということである。その後東京帝国大学に入学するまで、地方から出てきて戦前の東京のモダンな文化をエンジョイしていたようだが、その間の生活について丹下は詳しく述べていない。映画に興味をもっており、一時映画監督になることなども考えたことがあったということである。その後、東京帝国大学建築学科に入学する。

東京帝国大学の三年生までは、同級生で後に建築評論家として活躍する浜口隆一のほうが設計製図の成績はよかったということだが、三年か四年のときの丹下の製図を見て浜口は建築家になることをあきらめたというエピソードがある。大学生の丹下は、よほど急速に設計・デザインが上達したということであろう。丹下の卒業設計は現在も東京大学に保存されているし、新建築社の丹下の作品集にはその図面が掲載されている。

丹下はル・コルビュジエの《セントロ・ソユーズ》*を思わせる「CHATEAU DU ART、芸術の館」[注1]と題する卒業設計を提出している。この丹下の設計には、今から見ると日本的なるものは全く見ることができない。あきらかにル・コルビュジエ的である。それも初期の白いキューブの頃の《ヴィラ・サヴォア》や《ガルシュの家》の頃のル・コルビュジエではなく、荒石積や力感的なピロティや力を構造として表現した《スイス学生会館》の頃のル・コルビュジエに傾倒していることに注目しなくては

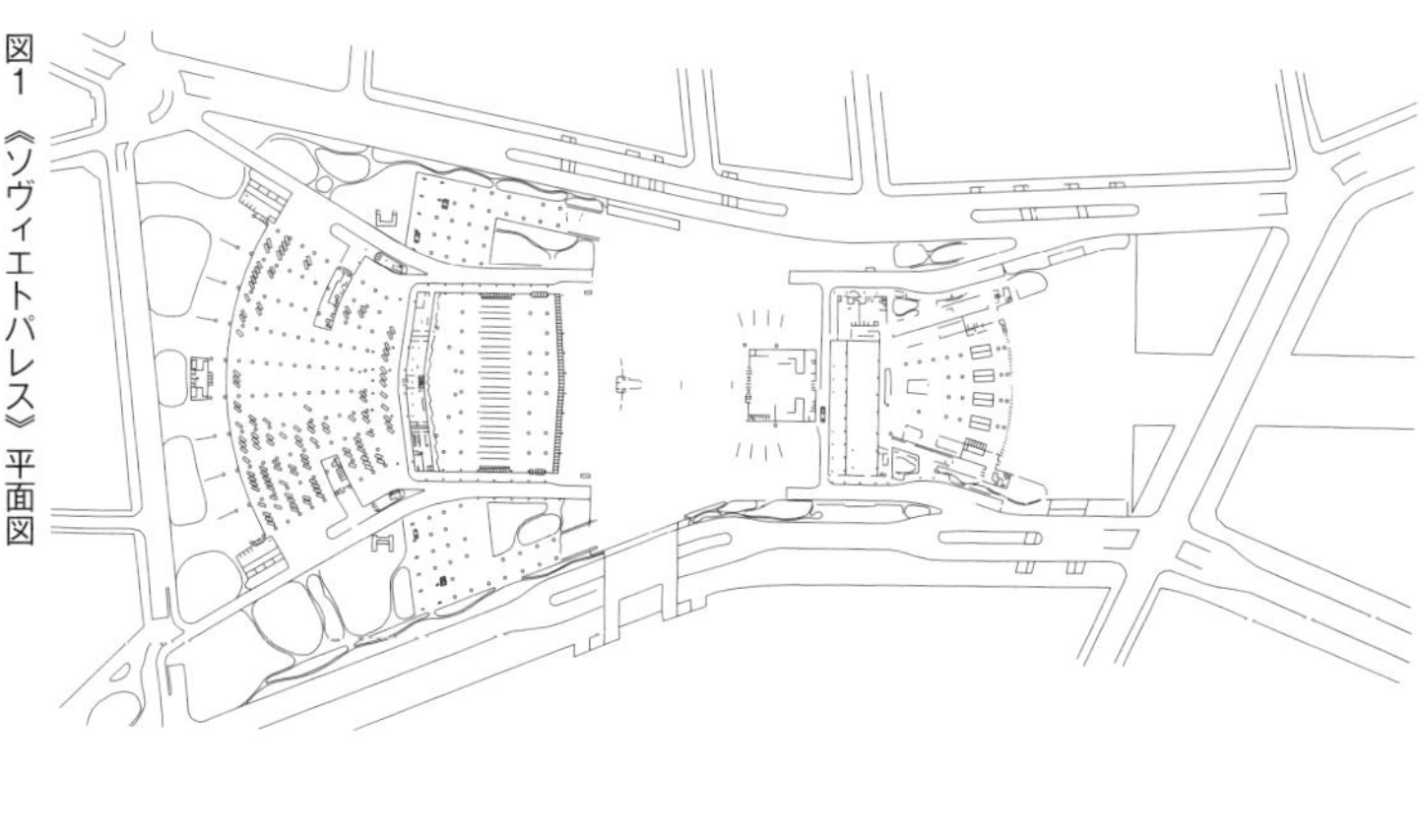

図1　《ソヴィエトパレス》平面図
S=1:5000

注1　「CHATEAU DU ART、芸術の館」：『丹下健三』新建築社、二〇〇二年

ならないであろう。さらに丹下の最初に公表された論考である「ミケランジェロ頌」[注2]という論文において窺うことができるのは、死んだ幾何学的秩序を否定して造形表現としての量塊性や力動感に対する指向である。それはルネッサンスではミケランジェロにおいて表現され、モダニズムの建築表現ではル・コルビュジエにそれを見出している。この論文においてミケランジェロとル・コルビュジエが丹下のなかで、思考対象としてモンタージュ（二重写し）されていることに注目しておかなければならない。それは本論において、モンタージュという近代における映像表現の方法として丹下の創作を論じていくことになるからである。

前川國男事務所ではル・コルビュジエに直接師事した前川からル・コルビュジエを学ぼうとしたのであろうが、このとき所員として担当した《岸記念体育館》[注3、*]が丹下のデザイン力を評価する作品であるとすると、《笠間邸》[*]では丹下は現場監理を担当しただけで、設計はすでにできていたということをインタビュー[注4]に対しては答えているのであるが、この平入りの《笠間邸》と前川國男の自邸を比較してみると、明らかに全く異なる比例感覚による作品であるように見える。

まず《前川國男自邸》[注5、*]は妻入りであり、ここにはル・コルビュジエの「トラセ・レギュラトゥール」に通じる方法によって比例が調整されているが、《笠間邸》では平入りであり、ここには全く異なった比例感覚が表現されているように思える。さらに写真家の渡辺義男に、丹下は立面をもっと低い位置から写せないかという要求をしている。それは本人がこの建築のプロポーションを決めないと出てこない言葉ではない

注2　「ミケランジェロ頌」：一九三九年に、岸田日出刀をリーダーとする『現代建築』第七号に掲載された論文。副題は「Le Corbusier 論への序説として」。『丹下健三』新建築社、二〇〇二年に収録。

注3　《岸記念体育館》：一九四一年、丹下健三が前川國男建築事務所時代に担当した。

注4　インタビュー：建築史家藤森照信のインタビュー（『丹下健三』新建築社、二〇〇二年）

注5　《前川國男自邸》：現在、東京都小金井市の江戸東京たてもの園に保存されている。

だろうか。

戦前バウハウス[注6]に留学した山口文象から学生時代に直接聞いた話であるが、彼が前川事務所を訪れたとき、当時所員であった丹下が担当してスタディしていた住宅（前川事務所のどの作品かは判明していない）を見て、その図面のはっとするほどのプロポーションに足をとめてそのことを伝えたら、紅顔の美少年であった丹下が照れ笑いをして答えたということであった。

丹下のデザインが建築界に知られるのは、前川事務所の実務経験の後に東京帝国大学に大学院生として戻ってから提出した《大東亜建設記念営造計画》[図2]と《バンコク日本文化会館》*の設計競技案である。この二つの計画には、卒業設計時に丹下健三において見られることのなかった重要な変化がある。それは丹下健三の建築のなかに日本の伝統の要素、しかもそれらは天皇家の神社である伊勢神宮の造形が《大東亜記念造営計画》に、天皇の居所である紫宸殿*が《バンコク日本文化会館》には写しこまれている（モンタージュ）ことである。

これらの天皇家の公的施設は、戦前の日本のモダニストである分離派（→p.11）の建築家である堀口捨己における日本的なるものとしての選択には見られないものである。堀口は戦前に《紫煙荘》*（→p.11）や《若狭邸》*（→p.15）という茶室の方法と日本的な感覚の見られる木造のモダニズム建築を設計しているが、戦時中に利休の茶室[注7]を研究し、その後日本的な近代建築を追求していくことになる。しかし堀口捨己は法隆寺の伽藍配置の非対称性を日本的なものとしているが、伊勢神宮*と紫宸殿に関

図2 《大東亜建設記念営造計画》
立面図 S=1:3000

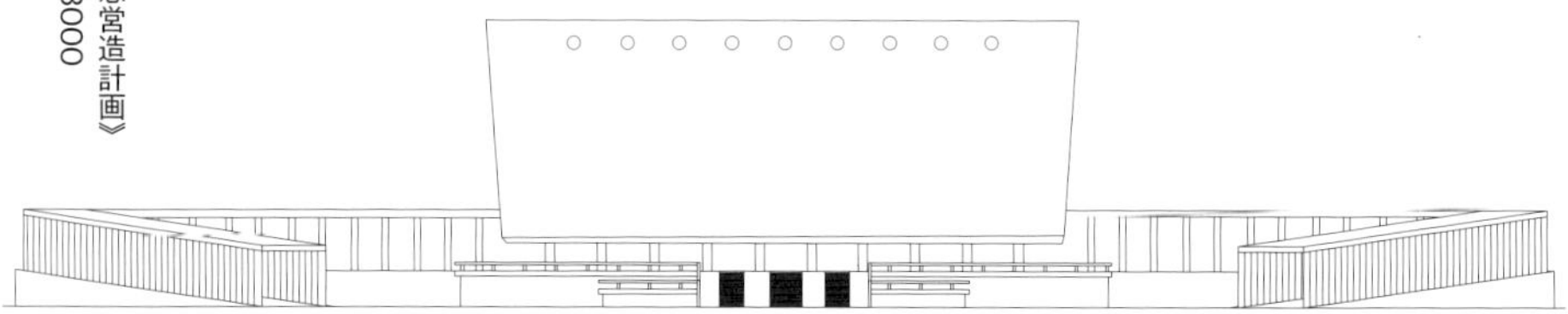

連するような作品を見ることはできない。これは、丹下健三が東京帝国大学大学院において師事した岸田日出刀（→p.41）により『過去の構成』（→p.41）という写真集のなかで戦前に見出され、西欧のモダニズムと日本の伝統を結ぶものとして、モダニスト岸田日出刀が選択し当時の日本の状況のなかで戦略化されざるをえない、神道つまり天皇家の建築は岸田を通じて、丹下により見事にモダニズムの造形のなかに取り入れられることになる。その意味で岸田は神道の造形のモダニズムへの道を切り開き、丹下はその最も見事な統合（モンタージュ）の提示者であったといえるであろう。

丹下健三においてどのようにそのことがなされているか、《大東亜記念造営計画》を見ることにしてみよう。この計画案でおどろくのは、東京から富士の裾野にまでナチス・ドイツのヒトラーが戦前につくったアウトバーン[注8]のような高速道路がすでに構想されていることである。ここに、すでに丹下の国家計画と建築を一体化して思考することが提示されている。

配置計画の特徴的な形態である一対の台形状平面に置かれた列柱の回廊は、ル・コルビュジエの《ソヴィエトパレス》の平面形態の構成がそのままスケールを調整して敷地に写しこまれていると解釈できる。しかし、ここでは遠近法と逆遠近法によってデフォルメされてつくられる一対の台形に囲われた空間は、ミケランジェロがローマのカンピドリオの丘[*]で実現した都市空間の遠近法による記念性の効果をつくりだしているという意味では、ル・コルビュジエの都市計画である《プラン・ヴォワザン》[*]に見られる近代都市のグリッド空間を凌駕しているといえるであろう。その台形の一方

注6　バウハウス：一九一九年、ドイツのヴァイマールに設立された美術と建築の教育を総合的に行った教育機関。ヴァルター・グロピウスやミース・ファン・デル・ローエなどの近代建築の巨匠が校長を務めたが、一九三三年にナチス・ドイツによって閉校に追い込まれた。二〇世紀のモダニズム建築に大きな影響を与えた。

注7　利休の茶室：堀口捨己著作集『利休の茶室』鹿島出版会、一九七七年

注8　アウトバーン：ナチス・ドイツのヒトラーが政権を獲得した一九三三年に、七〇〇〇キロにわたる帝国アウトバーン計画を発表し、高速道路ネットワークを建設した。戦後の自動車交通の普及による高速道路の先駆的なものである。

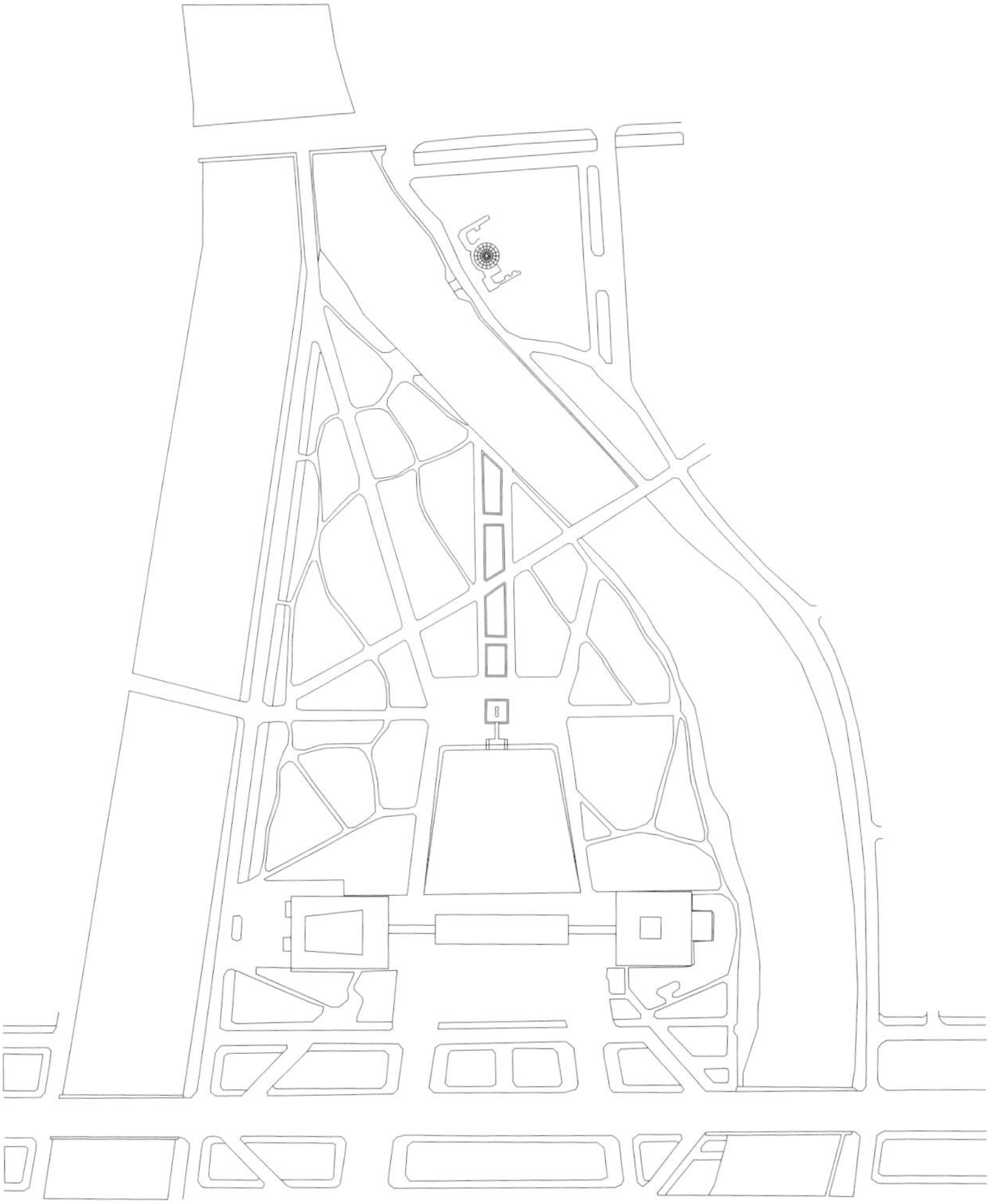

図3 《広島平和記念公園設計競技案》 平面図
S=1:6000

の中央に、巨大にデフォルメされた伊勢神宮の大地神明造りから構想されたコンクリート製の屋根が置かれている。

つまりル・コルビュジエの《ソヴィエトパレス》の平面に、伊勢神宮の屋根がデフォルメされてモンタージュ（二重写し）されているのである。建築の世界で、このデフォルメとモタージュを同時に行うという操作方法を、丹下健三による「プロポーション・モンタージュ」とよぶことにする。これは映画におけるというより建築におけるモンタージュ手法として、丹下によって創造された方法であると考えることができる。それを見事なものにしているのは丹下の優れた比例感覚と、映像効果としての都市空間をつくりだすデフォルメされたパースペクティヴの相乗効果による構想力である。

この建築におけるモンタージュ手法は、そのことによって実現した空間で多重の意味を同時にもつことができる。つまり、日本的なものとモダニズムの二つの意味づけを同時に可能とする方法である。この《ソヴィエトパレス》と日本の神道造形のモンタージュは、戦後の丹下健三のデビューとなる《広島平和記念公園》の設計競技一等案においても引き続き用いられている。

《広島平和記念公園設計競技案》図3の写真と、ル・コルビュジエ全作品集に掲載されている《ソヴィエトパレス》図4の模型写真でその内部の空間を示すために模型の屋根部分が取り外された写真と比較すると、ここにはおどろくほどの相似性があることに気がつく。建築の内部空間と公園の配置計画というスケールも機能も異なるものが、《広島平和記念公園》では《ソヴィエトパレス》の平面形態が配置計画としてプロポー

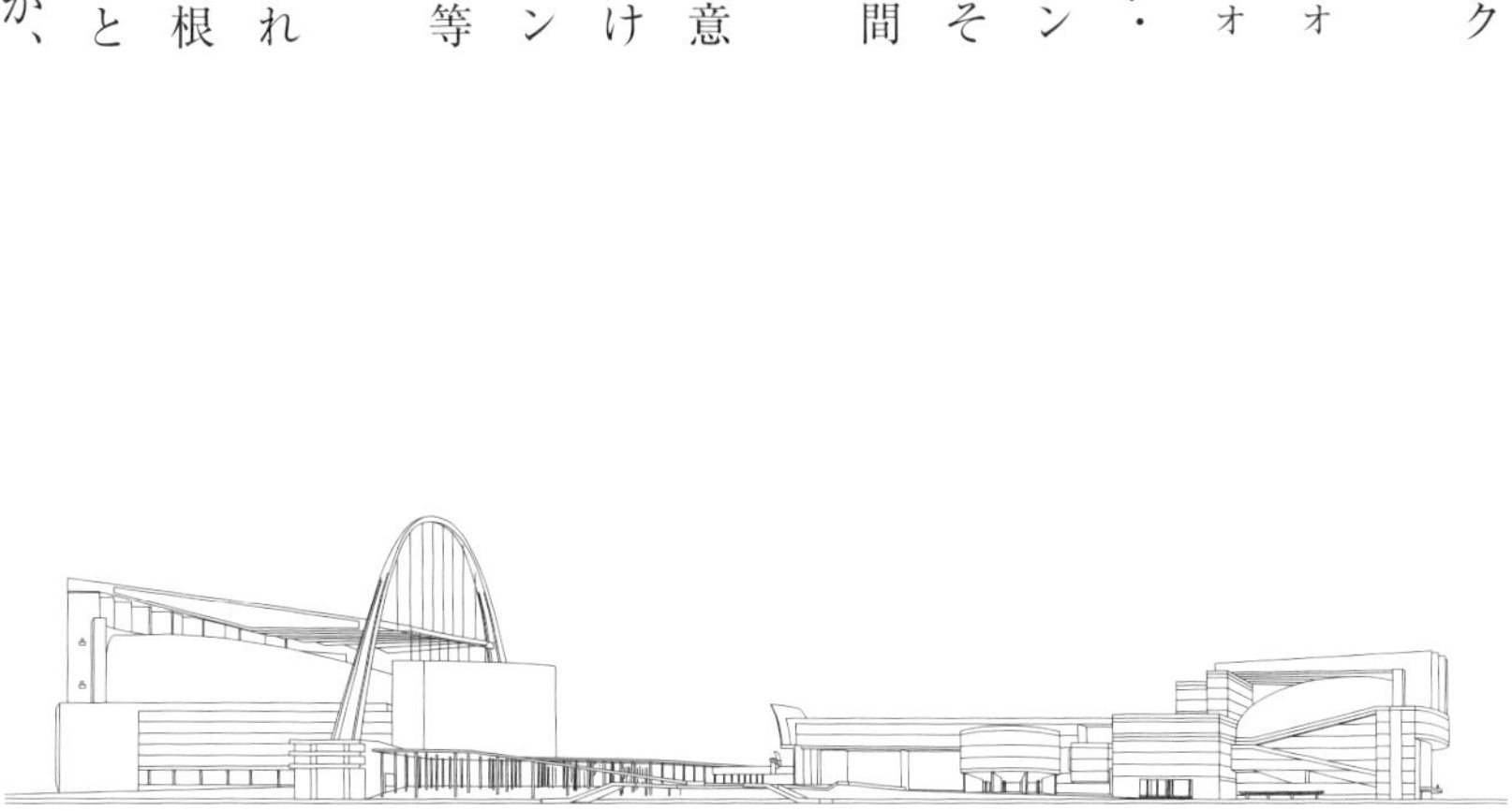

図4　《ソヴィエトパレス》立面図　S＝1：4000

ション・モンタージュされて相似的にほとんど同じ図形をつくりだしている。《ソヴィエトパレス》の平面上の柱の配列は《広島平和記念公園》の樹木の並木として写され、《ソヴィエトパレス》の平面外形の一対の台形は《広島平和記念公園》を規定する主要道路の形態に写しこまれ、《ソヴィエトパレス》の構造アーチは《広島平和記念公園》では記念モニュメントのアーチに写しこまれている。ここでも比例感覚を通じて、スケールはデフォルメされて二つの計画はモンタージュ関係にある。さらに興味深いのは、この設計競技で他の案を圧倒した都市軸の扱いとして、原爆ドームを平和公園の中心軸の延長線上に位置づけることにより、この公園を都市に結びつけるという提案は、西洋の都市における軸線と都市的モニュメントの関係の提案として読むことができる。と同時に、鳥居としての原爆資料館があり、その先に拝殿としての原爆死没者慰霊碑があり、その先に神殿としての原爆ドームがあり、さらにその先に神域が広がるという神道的な配置計画とも読めるという二重の意味づけを可能にする。

たとえば、これは広島の宮島にある厳島神社の海のなかに置かれた鳥居と拝殿と神殿の配置と相似的関係であり、ここでも日本の伝統的な神道の建築物の軸と西洋の軸線はモンタージュされていると考えることができる。このことで、《広島平和記念公園》はモダニズムの都市空間であると同時に、日本的な神道の空間であり、さらにルネッサンス後期のミケランジェロによるデフォルメされたパースペクティヴの空間という、三重の空間的な重ね合わせの読み取りを可能にしているのである。

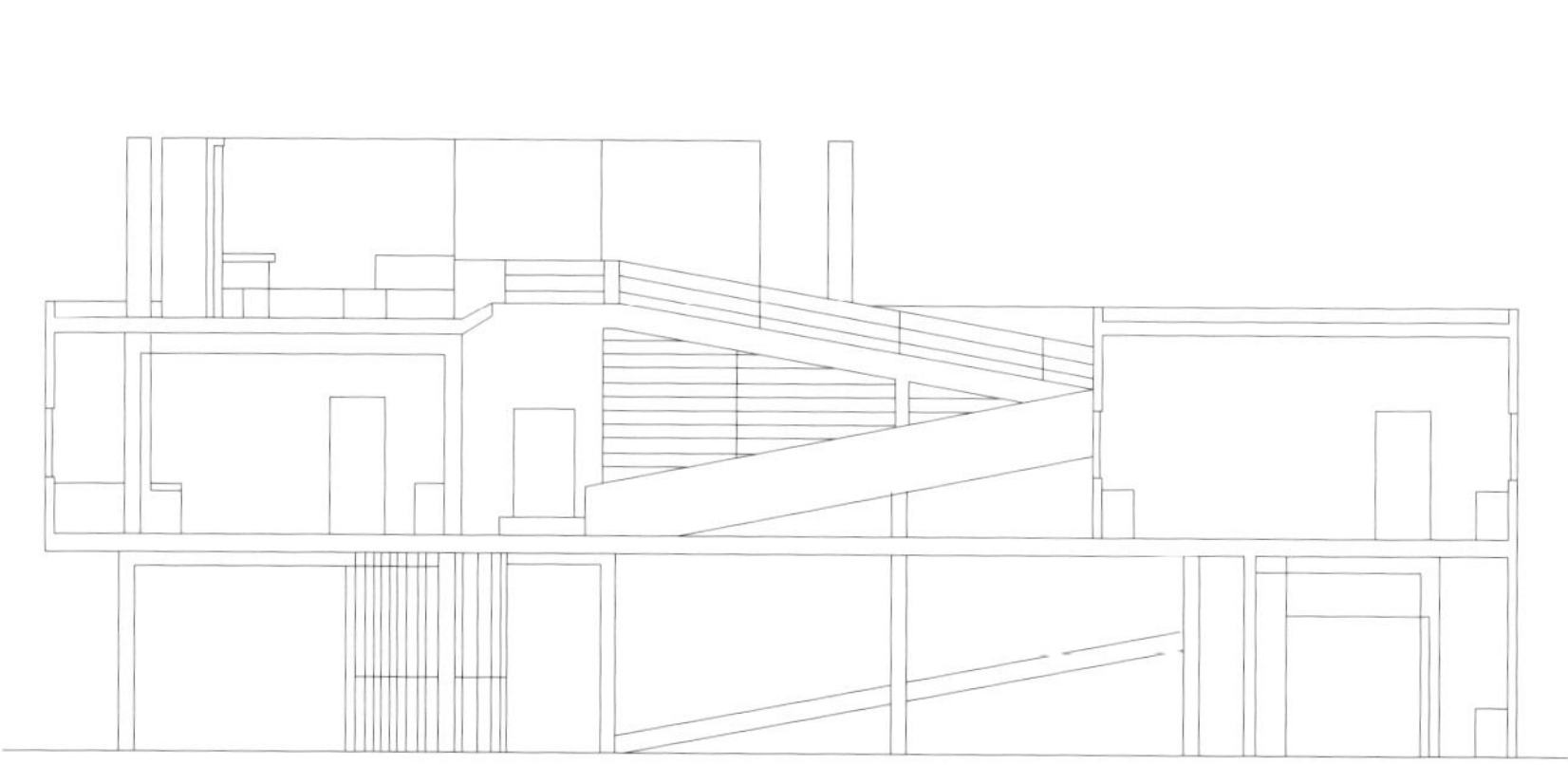

図5　《ヴィラ・サヴォア》断面図　S=1:200

ここでさらにル・コルビュジエの《ヴィラ・サヴォア》[図5、*]と桂離宮[*]とミースの《ファンズワース邸》のモンタージュとして、《丹下健三自邸》[図6〜8]を見ながら検証していくことにする。これらの建築に共通するのは、柱によって建物の主要部分が持ち上げられていることである。

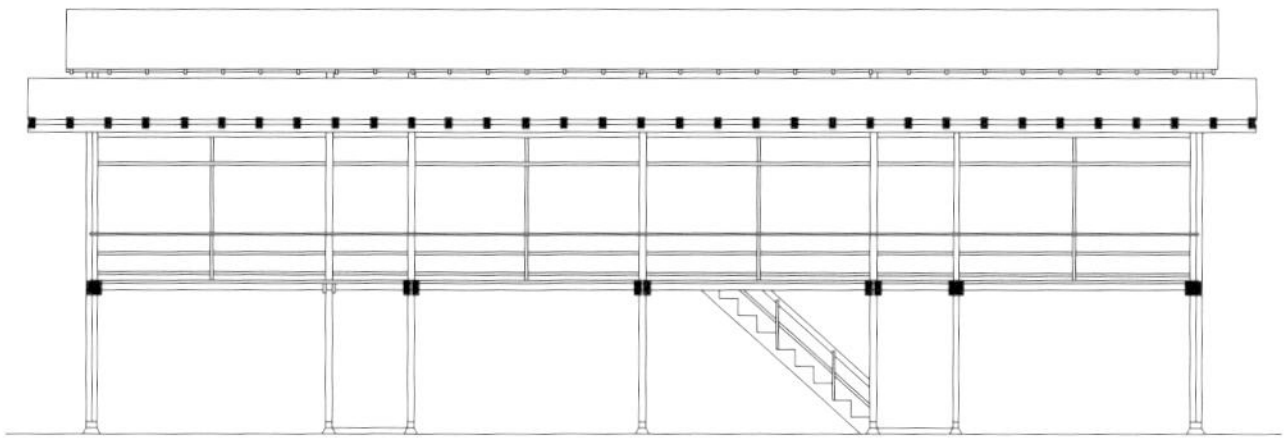
図6　《丹下健三自邸》断面図　S=1:250

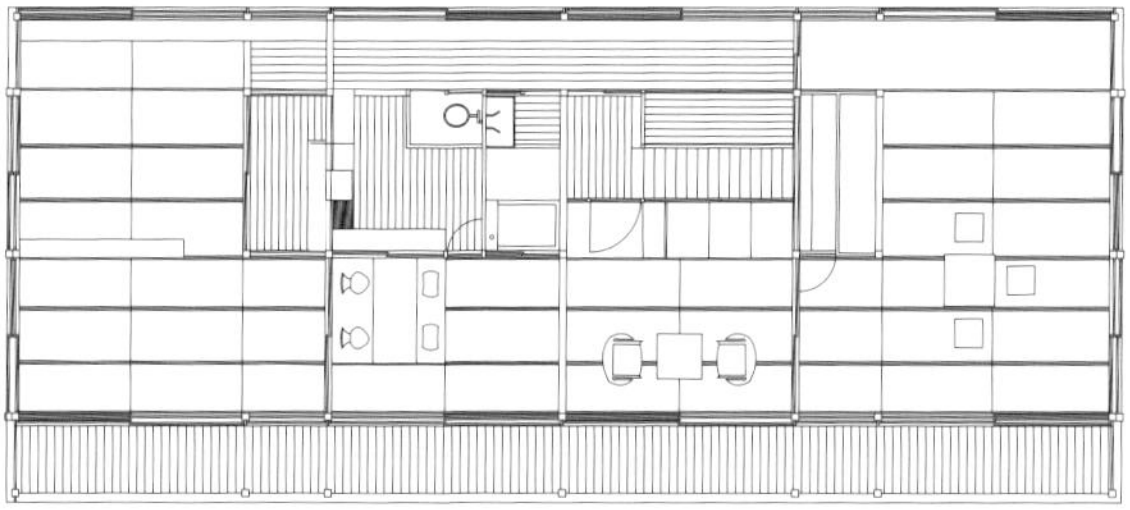
図7　《丹下健三自邸》平面図　S=1:250

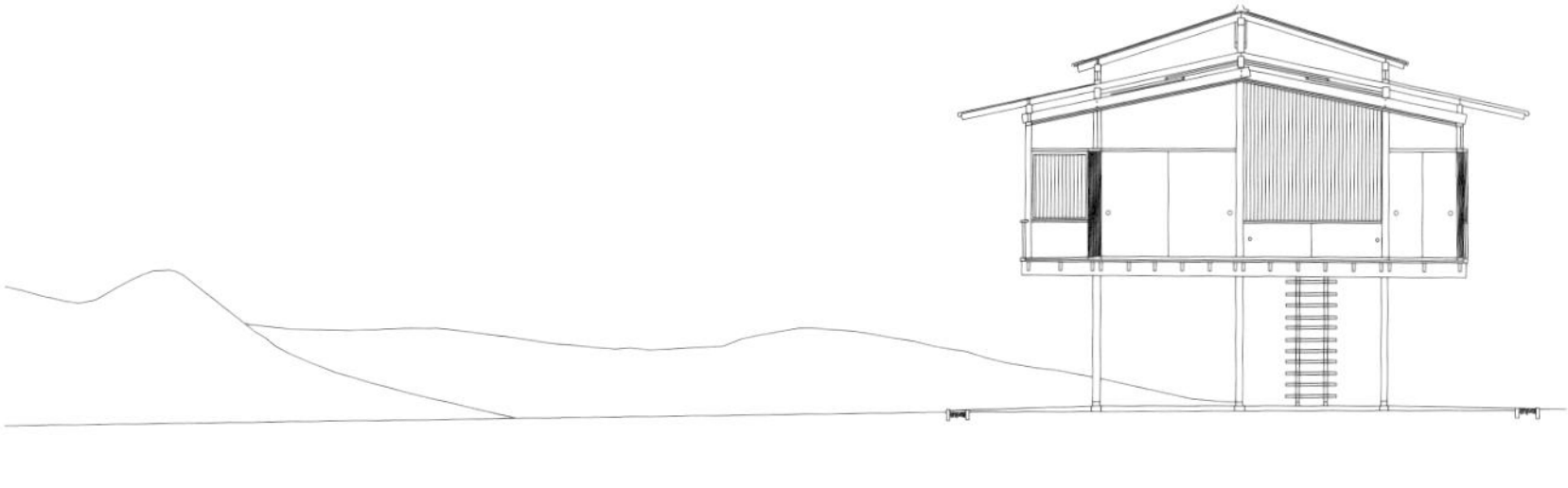
図8　《丹下健三自邸》断面図　S=1:250

丹下健三は「ミケランジェロ頌」において、すでにル・コルビュジエに対する共感を表明していることは先に述べたが、ここで興味深いことは、丹下健三はル・コルビュジエの白い住宅、つまり《シトロアン住宅》*などのドミノ（Dom-Ino）*の系譜である白いキュービックな建築についての共感についてはここでは語られていないのである。ミケランジェロ的な力動感については共感しているが白いキュービックな近代建築については、たとえば丹下の上の世代の分離派グループの建築家である山田守の傑作といわれた《逓信病院》*のような白いタイル張りのモダニズム建築を「衛生陶器」[注9]という言葉で否定している。

ピロティはル・コルビュジエにおいては、「近代建築の五つの要素」[注10]の一つとして提出されたモダニズムの建築言語である。住居を柱によって空中に浮かせることで、地上部分を交通空間として都市と結びつけると説明されている。それはコンクリートという構造材料によって可能な近代的な建築言語であると喧伝されるが、上部をアーチによって支えてギャラリーなどにしてその下を交通空間とすることはヨーロッパの中世の石造建築においてもすでに多くの事例がある。私はミラノのドーモ前広場でアーチによって完全に支えられた石造建築を見た。ピロティは近代的な建築言語としては自動車交通との関係で位置づけられているところに最も近代性があると考えるが、《ヴィラ・サヴォア》においては一階の自動車車庫への車の動線としてピロティ空間は位置づけられている。

コーリン・ロウの「理想的ヴィラの数学」[注11]という論文は、近代建築の再解釈とし

注9 「衛生陶器」：丹下健三が山田守などの分離派の白い壁面に開口部を穿たれた建築物を批評的に表現した言葉。

注10 「近代建築の五つの要素」：ル・コルビュジエが提唱したピロティ、水平連窓、屋上庭園、自由な平面、自由な立面。

注11 「理想的ヴィラの数学」：アメリカの建築史家が一九四六年に発表した論文で、ル・コルビュジエの一九二〇年代の住宅がルネッサンス後期のパラディオの住宅の古典的形式性をもつことを指摘し、一九六〇年代後半の近代建築批評に大きな影響を与えた。

ての古典的な建築と近代建築の重層的な関係を指摘しているが、同じように《ヴィラ・サヴォア》とパラディオの《ロトンダ》*との関係を指摘すると、《ヴィラ・サヴォア》のピロティは《ロトンダ》において入り口の階段上に設けられ、ペディメントの量塊を支える列柱と同じように、キューブの量塊を正面で支える列柱を構成するという類似な関係があることが理解できるのである。

日本おいては、高床形式の住居は貴族住宅の系譜として位置づけられている。伊勢神宮の高床は、南方から海を渡ってきた稲作と同様の熱帯雨林気候の住宅との関連を想定せざるをえない。桂離宮の高床は日本の貴族住宅の系譜であるが、敷地のすぐ横を流れる桂川の氾濫を想定した結果、日本建築では最も研ぎ澄まされたプロポーションを得られたと考えることができる。

丹下健三は写真家石元泰博との共著『桂』[注12]では、離宮の屋根部分を大胆にトリミングして高床と障子と欄間のプロポーションだけを切り取った写真*を掲載している。つまり、モダニズムの視線によって桂離宮を切り取っているのである。《丹下健三自邸》の床では、桂の高床がさらに《ヴィラ・サヴォア》のピロティのプロポーションにまで引き伸ばされる。その上にモダニズムの視線によって切り取られた桂離宮が乗せられているのである。

この住宅ではさらに畳を床材と考えるという丹下の近代的な解釈によって、畳の室はミースのユニヴァーサル・スペース[注13]として再定義することにもなっている。造形としてのモダニズムの建築言語と日本の高床住居の二重性のモンタージュ、空間

注12　『桂』：造型社、一九六〇年。丹下健三と写真家石本泰博の共著で、大胆な写真の扱いのなかにミース的な構成が見出される。

注13　ユニヴァーサル・スペース：ミースが近代建築の究極的空間として提示した設備コアによって可能となる無限定の広がりだけをもつ多用途な空間。

としての畳の間とユニヴァーサル・スペースの三重のモンタージュが同時に成立している。

　ジョイント・コア*は、丹下健三あるいは丹下研究室が提示した都市と結びついた建築システムであると同時に、都市的な建築を成立させる造形要素であった。丹下健三の作品としては、東京の銀座に《静岡放送ビル》*として一本のジョイント・コアにキャンティレバーで事務室が取り付けられた建築と、《山梨文化会館》*が八本のジョイント・コアによる建築として実現している。また磯崎新の《新宿計画》（一九六二年）として提案されたジョイント・コアによる計画案を孵化過程*というモンタージュ作品では、ギリシャのドーリック・オーダーとコラージュしている。ジョイント・コアと西洋建築におけるオーダーの関係は、ミケランジェロにおいてカンピドリオの丘で建築の二階分の高さのジャイアント・オーダーを用いていることと重なる。これはこの丘の上の広場の都市的なスケールに対応したオーダーの建築的操作である。その意味では、丹下健三の《山梨文化会館》のジョイント・コアは近代によみがえったミケランジェロのジャイアント・オーダーとコアのモンタージュと考えることができる。

　《香川県庁舎》*（一九五八年）は、戦後の鉄筋コンクリート庁舎の傑作で、鉄筋コンクリートによるラーメン構造に独自のデザインの展開が見られ、世界的にも重要な作品になっている。ル・コルビュジエは、鉄筋コンクリートのラーメン構造について決定的なデザインを提出していない。たとえば、ル・コルビュジエの「ドミノ・シス

テム」として提案されたモデルは、鉄筋コンクリートの柱とスラブのシステムであり
ここには梁は存在していない。
《香川県庁舎》においては、柱と梁のコンクリートのラーメン構造の駆体に対して三つの要素がデザインとして検討されている。一つはキャンティレバーによる外周ベランダであり、二つ目はそのベランダの手すりであり、三つ目はキャンティレバーの外周ベランダの下にある柱から持ち出された梁型と大梁から持ち出されたコンクリートの垂木である。これらは木造建築の軸組において軒を支えるディテールをコンクリートで表現したものと解釈できる。これらがなければ、外周の回廊が支えられないという構造的要素として不可欠なものではない。かといってこれらが外周の回廊を支えていないわけではない。構造的にはアンビヴァレントな要素が、日本におけるコンクリートのラーメン構造のデザインの問題として提示されている。ここでも丹下は、ラーメン構造と木造のディテールの比例を操作しながらエレベーション上で重ね合わせている。巧みなのは、復層階の建物の柱、梁構造を木造建築では見られないラーメンの構造駆体とモンタージュしているところである。日本の伝統的木造建築に見られる回廊は、復層階にわたって繰り返されることはない。それどころか日本建築にはせいぜい三層の建物があるだけで、それ以上の階数の建物は城郭くらいしかないのだから、建物の回廊が積み重ねられているのは全く見たことのない建築の姿といえる。
日本の伝統的な建築で唯一積み重ねられているのが塔の庇と裳の積層である。そしてこれらの塔は三重の塔であれ五重の塔であれ、遠くから見られる屋根の姿と近くに

寄って塔を見上げたときの庇や裳を支える垂木の重なる姿である。丹下健三は《香川県庁舎》において、この日本の塔の美しさの一つである垂木の重なりをコンクリートで表現している。しかもそれは木造のプロポーションではなく、コンクリートにしかできない薄いプロポーションの垂木の重なりを見せている。ここに帝冠様式（→p.13）とよばれる戦前にいくつかつくられたコンクリート製の屋根を乗せられた建築の屋根の下に取り付けられたコンクリート製の垂木のまがいものを見上げたときの垂木とは全く異なったプロポーションによる形を提示している。

　さらに回廊の手すりは、多くの丹下の他のコンクリート建築と同じように、現実には手すりとしての高さをもっていない。伝統的な日本の建築の回廊が多くの場合、高床の一階の回廊であるために極めて低い高さである手すりのプロポーションの効果によって、エレベーションにおいて日本的なものを表現するための手法として用いられている。さらにこの手すりの造形は、木造ではなくコンクリートでしかできないデザインが施されている。

　一九六四年の東京オリンピックに際して丹下健三が設計した《代々木国立屋内総合競技場》*は、単に丹下健三の最高傑作というだけでなく二〇世紀における世界の傑作であることに異論を挟む余地はないであろう。第一体育館にはエーロ・サーリネン[注14]の《イエール大学ホッケーリンク》*とル・コルビュジエの《ソヴィエトパレス》、第二体育館はタトリンの《第三インターナショナル記念塔》*との興味深い関係があると考えることができる。張力と圧縮力、この二つの力学の表現という視点でこれらの

注14
エーロ・サーリネン：フィンランド系のアメリカ人で建築家のエリエール・サーリネンを父にもち、一九五〇年代において最も独創的な建築家である。《イエール大学ホッケーリンク》《トランスワールド航空専用ターミナル》などの作品は、五〇年代アメリカを代表するモダニズム建築である。一九一〇～六一年。

建築を見ると、《ソヴィエトパレス》は圧縮力をコンクリートの放物線アーチ、張力を放物線アーチから吊り下げられた垂直の鋼ワイヤーによって視覚化している。第一体育館では圧縮力をコンクリートの支柱、張力は曲面の屋根を吊るカテナリーの鋼ワイヤー、客席を支え、カテナリーの鋼ワイヤーを支えるコンクリートアーチとキャンティレバーは張力と圧縮力を受け支えている。

《代々木国立屋内総合競技場》は、一九五八年にアメリカのアイビーリーグの名門であるイエール大学に完成したサーリネンのホッケーリンクに影響を受けているように見えるが、それだけでなく《ソヴィエトパレス》のアーチの放物線を中間二カ所で折り曲げ、放物線を反転してカテナリーに変形し、それをイエールのホッケーリンクとモンタージュしていると考えると、この二〇世紀の最高傑作はロシアの構成主義的なル・コルビュジエの未完の傑作プロジェクトとアメリカのサーリネンの最高の造形作品の一つが見事にモンタージュされて重ね合わされていると考えることができる。

さらに第二体育館の形態は、第一体育館のカテナリーの単純な解法よりもさらに高度な逆スパイラル状のカテナリー構造という世界に例のない構造的解法と造形によって内部空間を覆っている。それは傾斜した塔に向かってスパイラルが巻き付いて上昇するロシアの《第三インターナショナル記念塔》とサーリネンのホッケーリンクとのモンタージュであると読み取ることもできる。《第三インターナショナル記念塔》は、構成主義を唱えるタトリンが革命ロシアという二〇世紀国家の表象として二〇世紀初頭に提示した作品で、ロシア構成主義の造形とアメリカの六〇年代の造形のモンタージュがこの代々木の二つの体育館には読み取ることができるのである。

丹下健三が傑作を生んでいるのは、まれに見る彼の天賦の比例、つまりプロポーションに対する感覚である。ミケランジェロ、ル・コルビュジエ、サーリネン、伊勢神宮、桂離宮、ロシアの構成主義、これらが丹下の類い稀な比例感覚に基づく変形操作によってモンタージュされることで建築が成立していると考えることができる。

五

二〇世紀後期マニエリスムとデミウルゴスの捏造

磯崎　新
（一九三一—）

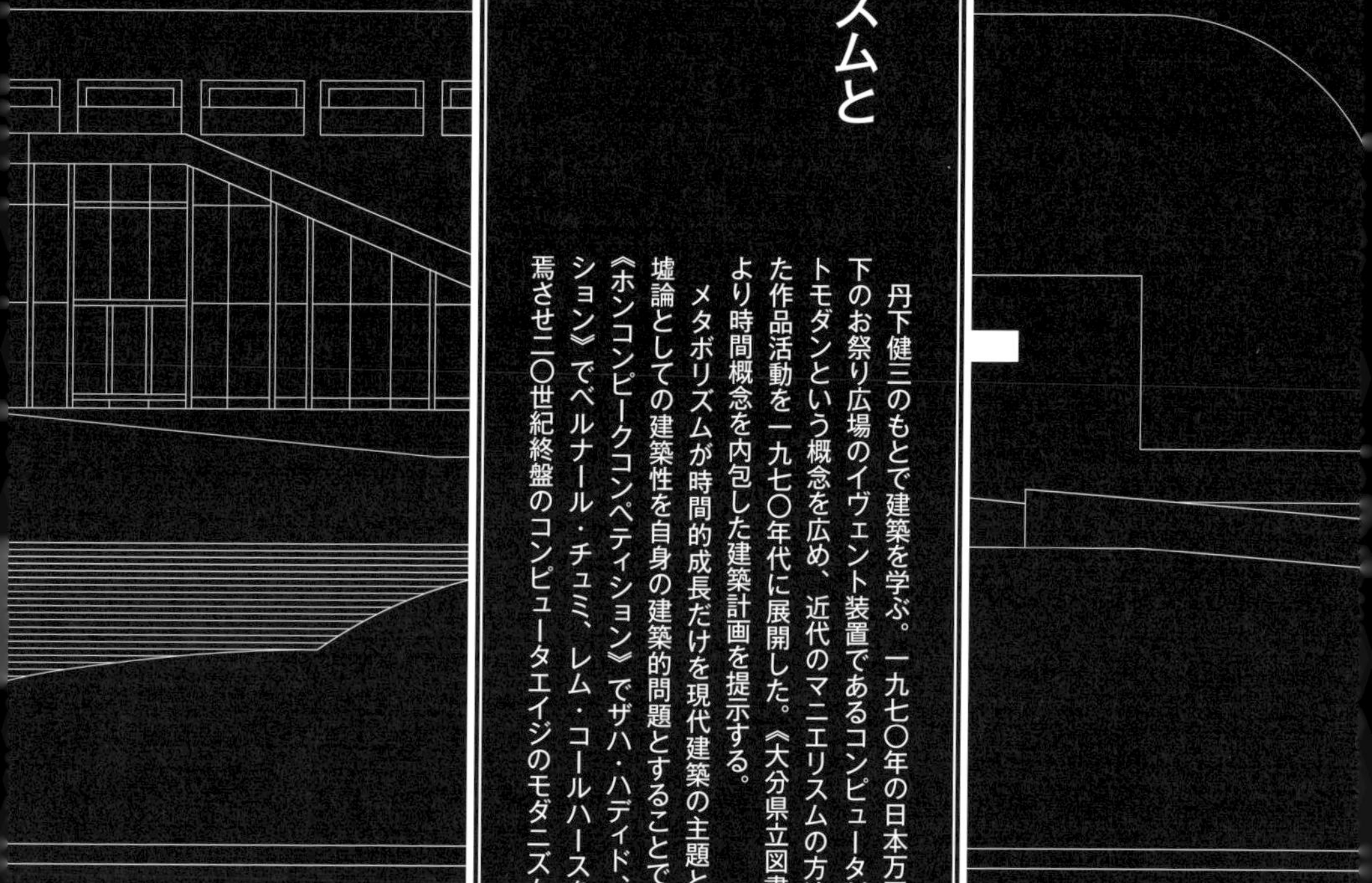

丹下健三のもとで建築を学ぶ。一九七〇年の日本万国博覧会では、スペースフレームの大屋根下のお祭り広場のイヴェント装置であるコンピュータ制御の機構を担当。近代建築批評としてポストモダンという概念を広め、近代のマニエリスムの方法論として手法論などの論理的思考に基づいた作品活動を一九七〇年代に展開した。《大分県立図書館》において、プロセスプランニング論により時間概念を内包した建築計画を提示する。

メタボリズムが時間的成長だけを現代建築の主題としたのに対して、時間の切断面に現れる廃墟論としての建築性を自身の建築的問題とすることで高度経済成長の終焉の後の建築を主導する。《ホンコンピークコンペティション》でザハ・ハディド、《パルク・デ・ラ・ヴィレット公園コンペティション》でベルナール・チュミ、レム・コールハースを発掘し、ポストモダニズムの歴史主義を終焉させ二〇世紀終盤のコンピュータエイジのモダニズム建築への流れを押し開く。

磯崎新は大学生のときにまだ原爆の傷跡が残っていた広島を訪れ、丹下健三の設計による平和公園に建設中の原爆資料館の、コンクリートの駆体だけが打ち終わった時点の姿を見て、丹下健三を師として建築の道に進むことを決意したと語っている。このとき磯崎新が見たものは、後のプロセス・プランニング論[注1]において「建築は廃墟である」という言葉に示される、磯崎の原風景としての建築の姿であったといえるだろう。

それ以降、磯崎新は丹下健三研究室における重要なスタッフでありつづけた。丹下研究室に在籍して建築設計や《東京計画一九六〇》*などの作業を行いながら、平行して当時の日本の前衛芸術家たちと交流をしていく。吉村益信[注2]、赤瀬川原平[注3]、篠原有司男[注4]などの、六〇年代にネオ・ダダイズム・オルガナイザーとして前衛芸術活動をする美術家や舞踏家の土方巽[注5]らとの付合いであるが、当時の東京の前衛芸術家たちとは、同郷の大分出身の吉村益信を通じての交流であったようである。磯崎新がまだ建築家として独立する前に設計した《吉村益信住宅》[注6]が彼ら前衛芸術家の活動拠点であったため、当時の前衛芸術運動を身近にしながら、丹下健三のスタッフとして建築と芸術という二つのジャンルの異なる前衛の併存した生活を送っていたと考えられる。

一九七〇年に大阪の千里丘陵を舞台に繰り広げられていく日本万国博覧会で、総合プロデューサーである丹下健三の設計した《お祭り広場の大屋根》*の下で、磯崎新は建築ではなくお祭り広場でのイヴェントをサポートするロボットを設計している。

注1　プロセス・プランニング論：「現代都市における空間の概念」（『建築文化』一九六二年一月）において提案した時間的要因を導入した建築の計画、設計において、それまでのクローズド・プランニング、オープン・プランニングに対する批判的分析から導かれた時間的経過、変動する状況、それ自体を計画の第一義的なものとしてとらえ、あらたに建築の方法を組みなおそうとするものである、と説明している。《大分県立図書館》の設計課程において生まれた方法で、未完な状況である時間軸上の切断面の不連続な総体としての建築が生まれてくるとしている。

注2　吉村益信：前衛芸術家。武蔵野美術学校卒業後、一九六〇年にネオ・ダダイズム・オルガナイザーを結成。ネオン・アート、ライト・アート、発注芸術などの第一人者として活躍した。一九三二〜二〇一一年。

注3　赤瀬川原平：前衛芸術家、文筆家。一九六〇年にネオ・ダダイズム・オルガナイザーに参加。一九七〇年、ハイ・レッド・センターとして高松次郎、中西夏之とともに活動、パフォーマンスとして前衛芸術を展開した。その後一九八一年には『父が消えた』で芥川賞を受賞するなどの文筆活動や、路上観察学会の活動としての都市の芸術的読取りなど、広範囲な芸術的活動を展開している。一九三七〜二〇一四年。

お祭り広場は単に広場に大屋根が架けられているというだけでなく、その下で繰り広げられる様々なイヴェント（お祭り）をつくりだす装置として構想されていた。その構想段階で磯崎は、当時ロンドンのＡＡスクール[注7]で教鞭をとっていたセドリック・プライス[注8]の《ファン・パレス計画》*が、お祭り広場のアイデアを先取りしていたことにおどろいたと記述している。《ファン・パレス》を構想したセドリック・プライスは、実作といえばロンドン動物園の鳥舎*くらいしかなかったが、すぐ下の世代のＡＡスクールの教官たち、ロン・ヘロン[注9]、ワーレン・チョーク[注10]、マイク・ウェッブ[注11]、ピーター・クック[注12]、デヴィッド・グリーン[注13]、デニス・クロンプトン[注14]らが結成し、六〇年代後半の世界で最も先鋭的な建築活動を繰り広げることになるアーキグラム[注15]グループのコンセプトの先鞭をつける重要な役割を担う建築家である。

セドリック・プライスの《ファン・パレス》は、それまでの建築の概念を根本的に覆す絶えず変化する空間状況をつくりだすシステム装置としての建築である。《ファン・パレス》は都市という劇場のための装置として、舞台セットを成立させる機構としてストラクチャーを構築することや、都市という劇場の舞台装置や客席をセットとして変更することができる装置として、稼動クレーンや可動の装置を組み合わせたシステムとしての装置群の建築である。

丹下健三が設計したお祭り広場のスペースフレームの大屋根の下で、磯崎新は広場を動き回り音響や映像や効果をサポートする「デメ」*という名前がつけられたロボットと、大屋根のスペースフレームから吊り下げられた「デグ」*という名前がつけら

注4　篠原有司男：一九六〇年にネオ・ダダイズム・オルガナイザーを結成。イミテーション・アートや花魁シリーズなどのダンボールなどを素材にした色彩の混乱と悪趣味でスキャンダラスな作品を次々と発表。ニューヨークで活動する。一九三二年〜。

注5　土方巽：前衛の舞踏家、振付家。暗黒舞踏という新しい舞踊形式を確立した。一九六〇年代から七〇年代にジャンルを超えて様々な芸術家たちに影響を与えた。一九二八〜八六年。

注6　《吉村益信住宅》：『新建築』二〇一一年四月号に「新宿ホワイトハウス」として収録。

注7　ＡＡスクール：イギリス、ロンドンのベッドフォードスクエアにある建築学校で、セドリック・プライス、アーキグラム、ベルナール・チュミ、レム・コールハース、ザハ・ハディドら現代建築を牽引する多くの建築家を輩出している。

注8　セドリック・プライス：イギリスの先鋭的な建築家、一九六〇年代に《ファン・パレス》など建築の概念を覆すような実験的建築の構想を展開した。彼のアンビルドの構想は後の一九七〇年代の建築に大きな影響を与えた。一九七〇年、日本万国博覧会の大屋根とその下のロボット装置はその一つである。一九三四〜二〇〇五年。

注9　ロン・ヘロン：プロジェクトにWalking City

れたロボットを設計している。これらの装置ロボットとスペースフレームによる大屋根は、一体としてセドリック・プライスの《ファン・パレス》のコンセプトを実現していると考えることができる。

一九七〇年の大阪万国博覧会では、メタボリズムグループとして活動していた当時気鋭の建築家たちが活躍している。メタボリズムグループは丹下健三の次の世代に対して、当時の『新建築』編集長で建築評論家でもある川添登がプロデュースしたジャーナリスティックな仕掛けとしても位置づけられる。川添登は一九五〇年代に丹下健三と白井晟一を中心に位置づけ、多くの建築家を巻き込み、日本の戦後における近代建築のデザイン論争である「伝統論争」(→p.35)の仕掛け人であり、その文脈の延長に一九六〇年代、丹下健三の次の世代の建築家たちが展開した建築運動としてメタボリズムを牽引した。発端は一九六〇年の世界デザイン会議に向けて、日本においても世界に対する高度経済成長のメッセージたりうる建築運動を展開するということであった。

このとき、世界デザイン会議に出席するため来日したルイス・カーン[注16]の「サーヴド・スペース、サーヴァント・スペース」[注17]という考えは、丹下健三の《東京計画一九六〇》の成長する都市軸とそれに連結される建築群に取り込まれている。さらにはロンドンのアーキグラムグループが提示する「クリップオン」「プラグイン」「インスタント・シティ」「カプセル」という概念と造形は、メタボリズムグループが後に展開する成長変化し新陳代謝する建築へ向かう概念と造形の主要な要素として日本の

注10 ワーレン・チョーク：プロジェクトに Gasket homes, Capsule Homes

注11 マイク・ウェッブ：プロジェクトに Furniture Manufacturers Association Building, Sin Centre, Drive-in housing

注12 ピーター・クック：プロジェクトに Plug-in City, Montreal Tower, Plug-in City, Instant City, Blow-out village

注13 デヴィッド・グリーン：プロジェクトに Living-pod, Cliffside Entertainments Stalk, Spray Plastic House

注14 デニス・クロンプトン：プロジェクトに Computer City

注15 アーキグラム：一九六一年に、ロンドンのAAスクールを拠点に活動を開始した前衛建築家グループで、一九六〇年代ポップなドローイングで雑誌『アーキグラム』を発行して、アンビルドの建築活動をグループのメディアを通じて展開した。

建築家に受け継がれてゆく。

　メタボリズムグループの建築家は黒川紀章、菊竹清訓、大髙正人、槇文彦らであるが、磯崎新は当時極めて近い位置にいながら一線を画したセミ・メタボリストというあいまいな表現で自己の当時の建築界でのスタンスを語っている。当時の磯崎新のプロジェクトとメタボリズムグループのプロジェクトと決定的に異なっているのは、磯崎新のプロジェクトには終末と廃墟のイメージが未来の計画に投影されていることである。このことはルイス・カーンが建築の歴史的形式性へ回帰することで、近代以降の建築デザインの展開に大きな影響を与えることと連動している。

「孵化過程[*]」というコラージュでは、ジョイント・コアとビーム[図1]が架け渡された都市建築にパルテノン神殿の崩れたオーダーがコラージュされている。ヴェネチア・ヴィエンナーレのために制作された「ふたたび廃墟になったヒロシマ[*]」は、原爆直後の広島の廃墟の写真に崩れたメガストラクチャーのような構築物がコラージュされている。

　磯崎新によって一九六二年から設計が開始された《大分県立図書館》[図2、*]では、「プロセス・プランニング論」という計画論を具体化している。この論理からデザインされた建築も、メタボリストたちの新陳代謝し成長変化する建築へ向かうイメージのデザインと比較すると、未来に向けた建築を現在で切断すると磯崎新が説明しているように、建築は未来の完成状態の現時点での切断面として現れる。

　ここでは未来の増築へ向かうはずの梁が露出したままその断面が切断されると、

注16　ルイス・カーン：アメリカの建築家。最後の巨匠とよばれることがあるが、モダニズムと古典的建築を高度な造形処理と緻密な素材の組立てにより結びつけた。一九六八年以後の建築に、歴史的な問題を近代以降の建築の問題として思考する端緒を開いた建築家といえるが、建築の歴史性についてのアイロニカルな表現を問題とするのではなく、形態の自立的な問題と機能を建築の詩的問題と結びつけたところに彼の建築の真理がある。一九〇一～七四年。

注17　「サーヴド・スペース、サーヴァント・スペース」：ペンシルバニア大学リチャーズ医学研究所において、そのデザインの方法として「サーヴド・スペース（サポートされる機能空間）」と「サーヴァント・スペース（サポートする機能空間）」に分け、階段室、排気、給気ダクトが納められた四本のシャフトが鋭く起立するデザインと研究室の組立てとして建築を表現した。丹下健三やメタボルズムグループなどの建築家によってその表現はさらに展開されることになった。

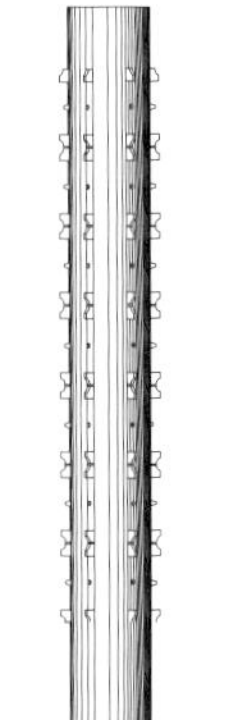

図1　ジョイント・コア　S=1:3000

空中に浮く梁の切断面は未来に向かう姿を現在で停止された梁の亡がらとして、柱に支えられることによりこの建築は出来上がったときにすでに建築の廃墟としての姿で建ち現れることになる。つまり磯崎新の未来に向けた建築の論理は、廃墟の風景として現代に建ち現れる。メタボリストとの決定的な違いは、この廃墟の観念にひそむ建築性にある。

　メタボリズムグループに参加した建築家たちも、川添登によってそれぞれ新陳代謝（メタボリズム）という生物の生命論理を建築の問題とするという括られ方をされているが、それぞれの建築家にはその思想、表現においてかなりの差異がある。黒川紀章はメタボリストとして当時派手にマスコミに登場し、七〇年万博の寵児であったが、その造形はたとえば銀座に建っている《中銀カプセル・タワー》*ではカプセルとよんだ居住単位をコアに取り付けるといったデザイン、七〇年万博の《タカラ・ビューティーリオン》*ではユニット化された構造体のなかにカプセルを成立させるパネルを組み込み、それをジョイントして建築を組み立て、そのジョイント部分が建築の成長を表現するといったデザイン、《東芝IHIパヴィリオン》*ではユニット化した構造単位を組み立て、全体で甲殻類の幼虫のような生物的イメージをつくりあげるといったデザイン、《山形ハワイドリームランド》*では細胞のメタファーのように有機的な平面形体の建築が増殖して成長するといった、生物的アナロジーと造形単位の増殖という建築のデザインによって、あくまでイメージとして新陳代謝する建築が造形されている。

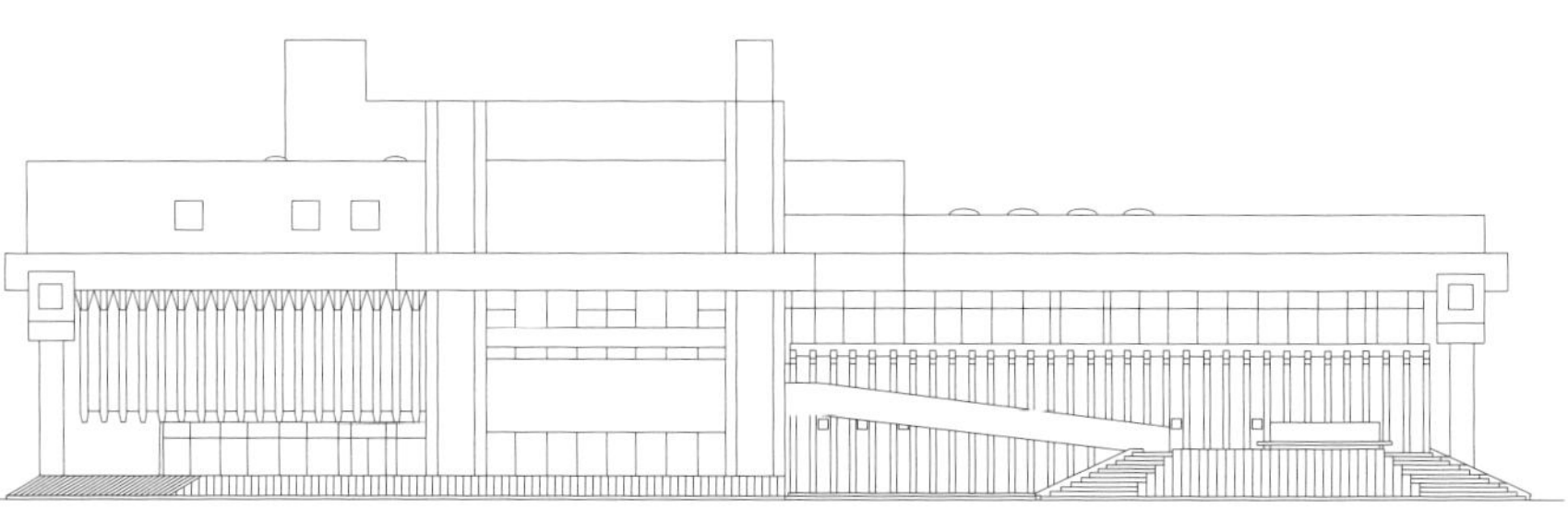
図2　《大分県立図書館》立面図　S=1:400

菊竹清訓は自邸である《スカイハウス》*の四枚の壁柱によって囲われたピロティ状の空間に子供室をぶら下げて増築する方法で、メタボリズムの成長変化する建築を日本の木造建築の増改築の可変システムと連続した思考として示し、新陳代謝する建築を表現する。さらに巨大なシャフト状の構造に「ムーブネット」と名づけた、床面積が可変する住居単位を無数に取り付けるといったイメージの《海上都市》*と名づけた計画案や、《樹状都市》*という名前のコア状のシャフトを幹として住居ユニットが枝葉のように取り付くという計画などがある。

これらは垂直のコア状の構造体の回りに単位ユニットが取り付けられるという、当時のメタボリストの実現作品として最も代表的な黒川紀章の《中銀カプセル・タワー》に代表される表現と共通する造形形式である。これらはまた、アーキグラムのピーター・クックの《プラグインシティ》*と名づけられて発表された計画と同じ、メガストラクチャーに取り付けられたカプセルという構成原理からなりたっている。

槇文彦と大高正人は「群造形」*という概念で、建築が集合してつくりあげる都市風景や人工地盤などのインフラストラクチャーとの関係として都市建築の方法を提示している。大高正人のメタボリスト的な作品としては四国の坂出の人工地盤の上に建つ集合住宅を実現しているが、より日本の現実の都市に即した都市建築としての作品活動を展開することになる。槇文彦は東京代官山の《ヒルサイドテラス》の一連の建築をその後設計しているが、これらは近代性と東京の山の手の洗練された界隈性を実現している。その意味では七〇年代のメタボリズムの熱狂から最も遠い位置にあり、その後も冷静なスタンスを保持しつづけながら持続的に良質な街並みを形成しつづけたといえるであろう。

これらのメタボリストが活躍した一九七〇年の日本万国博覧会は、高度経済成長の祭典として行われた国家的イヴェントであったが、一つの時代の終わりを告げることになってしまったイヴェントでもあった。それは成長の限界と第二次世界大戦後から続いた国家の近代建築による戦後復興の展開の終焉の姿をこのイヴェントは露呈したのである。ここで示されたテクノロジカルな未来の都市の姿は夢としての未来の魅力として、あくまで経済成長のお祭りのイヴェントとして大成功を収めた博覧会の展示物であった。

磯崎新は一九七〇年の日本万国博覧会が露呈した見えない国家と見えないテクノロジーの時代の到来を予感し、技術と建築の一元的な視覚関係による建築の終わり、国家の表現としての建築の終わりを最も早く認識し自らの建築でそのことを体現することによってポストモダンの時代、いやポスト丹下健三を牽引することになる。自身の年代記として書かれた『空間へ』[注18]と当時の世界の建築状況を紹介した『建築の解体』[注19]の二冊の著書は現代建築のバイブルとなる。

磯崎新は自らの建築の方法を「手法」という言葉で次のように語っている。

「これまで私がかかわってきた手法を整理すると、〈布石〉〈切断〉〈射影〉〈梱包〉〈転写〉〈応答〉〈増幅〉の七種に分類できるような気がするのだが、その手法は、いずれも具体的な作例と密着している。しかも、領域がそれぞれ異なっているときに、個別

注18 『空間へ』：美術出版社、一九七一年。自身の年代記的ノート。近代建築からの離脱のプロセスと思考を記述している。

注19 『建築の解体』：美術出版社、一九七五年。一九六〇年代後半からの近代建築から離脱した建築家の作品と思考を紹介している。『空間へ』とともに七〇年代のポストモダンと名づけられた建築のバイブルとして大きな影響を与えた。

に開発されてきたものばかりである。

　これらに共通していえることは、いずれも、可視的領域のなかで、物体にひとつの形態を与えるときに、その物体の独自の論理、すなわち客観性をもった近代的手続きにこだわらずに、実在感を喪失させ、ひとつの形式に押しこめるような取り扱いにかたむいている点である。物体は、表層あるいは皮膜だけを重視し、あえてその実体と分離し、ときに剥離していくことを強制している。それは〈見ること〉と〈見えるもの〉との間に横たわる認識と知覚の過程の曖昧さ、両義性などの構造が、デザインするときの操作対象になっていることとも関連している。すなわち、建物や物体がある固さをともなって存在させられるときに、それを決定する普遍的な因子はどこにもない。むしろデザインするという行為を介して、個別の観念が物体に投影されていくにすぎない。とすれば、観念の影とでもいうべきひとつの形式を採択し、これを物体に向かって過剰に投射することで〈見ること〉と〈見えるもの〉の間に日常的に了解されている定常状態を撹乱する。私の場合、手法はこのような行為をさしている」と説明している。

　ここで磯崎新により現代建築の方法として用いられている「〈見ること〉と〈見えるもの〉の間に日常的に了解されている定常状態を撹乱すること」は、近代芸術と現代芸術を切り分ける最も重要なコンセプトである。マルセル・デュシャン[注20]が反芸術として、便器にR.MUTTと偽名のサインをして美術館に芸術として展示した「泉」*と命名された作品から始まる事柄をトレースしている。つまりセザンヌやピカソらの

注20　マルセル・デュシャン：フランス生まれで後にアメリカで活動した。二〇世紀の現代芸術に最も大きな影響を与えた。レディメイド、既製品を意味の文脈を撹乱して用いるなど、芸術を網膜の快感から脳の覚醒へと拡張した。「観念としての芸術」という領域に芸術行為を展開することで、ある意味でルネッサンスから引き続く芸術という概念に終止符を打った。一八八七〜一九六八年。

近代芸術が、近代的視覚言語の発明とその組立て方の開発として行った近代芸術の終わりを宣言し、芸術作品や芸術行為が芸術の概念を投影すること、つまり磯崎新の言葉をかりれば、「芸術は芸術の観念の影として提示される」ということを建築において行っているのである。

このことは、磯崎新が丹下研究室のスタッフであった頃の友人である日本の現代芸術家ネオ・ダダグループのメンバーとの付合いのなかから、現代芸術の思考を学習し、現代芸術の前衛性を建築に持ち込むことにより、近代建築からの離脱を図ったものと考えることができる。しかしながら、磯崎新はマルセル・デュシャンの現代芸術の意味を理解していながら、デュシャンのように日常的なありふれたレディメイドを建築の対象とすることではなく、建築の歴史的な領域を対象としてその意味の定常状態を撹乱することを選んでいる。引用と暗喩と磯崎新が語る方法は建築の歴史、それは西欧古典主義の歴史であるが、そのなかに現代日本の建築状況を接続することになる。

磯崎新における芸術と建築における歴史的な概念の平行移動を整理すると、ルネッサンスにおけるレオーネ・バッティスタ・アルベルティ[注21]の古典的秩序形式は、近代建築における古典的秩序形式と同じ地平に置かれる。ルネッサンス後期のマニエリスムの操作性は、ポストモダニズムの操作性と同じ地平に置かれる。それらの平行関係のなかで視覚言語をコラージュしていくことが、モダニズムの建築の次の方法としての磯崎新の設計方法であったと考えることができる。

しかし磯崎新の建築の方法は、同時に西洋古典建築の方法とつながる幾何学の操作

注21
レオーネ・バッティスタ・アルベルティ：初期ルネッサンスの建築家、人文主義者。ヴィトルヴィウスの建築書に着目し、人体比例と建築比例の理論を基礎とした建築書を著わす。フィレンツェの《サンタマリアノヴェラ教会》のファサードやマントヴァの《サンタンドレア教会》などの設計をする。建築における古典主義の創始者。一四〇四〜七二年。

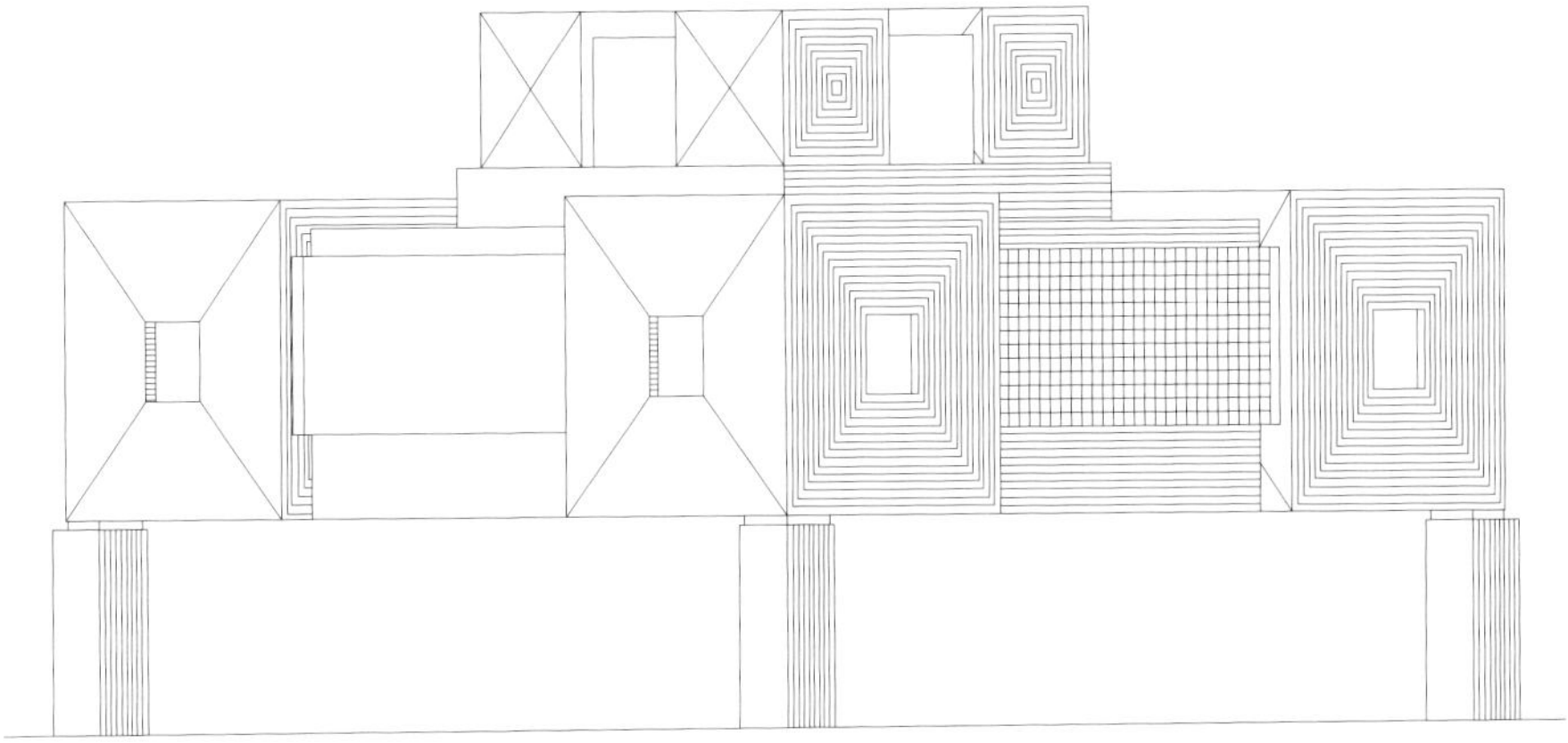

図3　《Z邸》立面図　S=1:150

注22　クロード・ニコラ・ルドゥー：フランス革命期の建築家。ピラミッド型や円形の建物など幾何学的なデザインを用いた構想が特徴である。実作には《パリの市門》や《ショーの製塩所》があり、多くの計画案のドローイングを残している。ルドゥーやブレーの幾何学的形態の設計案は「革命建築」とよばれている。一七三六〜一八〇六年。

注23　エティエンヌ・ルイ・ブレー：フランス革命期の建築家。対称性が重視され、球体などの幾何学的マッスが強調された《ニュートン記念堂》などの巨大で崇高感のある計画案を残している。フランス革命期の新古典主義の建築家には革命的な建築運動に携わっているという自負があり、建築によって社会が完全に刷新することを信じた。彼らに共通する要素は、厳格な立方体のシルエット、直線的な構成、半円のドームなどの厳格な構成による建築をデザインしている。一七二八〜九九年

注24　エミール・カウフマン：『三人の革命的建築家ブレー、ルドゥー、ルクー』（"Three revolutionary architects" 1952、邦訳は中央公論美術出版）によって二〇世紀の近代建築の先駆的な存在として評価されるようになった。

としての建築造形の方法をもつところに「近代以降へ」と「近代以前へ」という異なった二つの建築のベクトルを同時にもつことになる。このことは近代を受容したあげくの日本の近代建築の正統的な展開のなかに磯崎新の建築の方法を位置づけると同時に、日本建築史に終わりを告げ、日本の建築を西欧の大文字の建築史に接続するという役割を果たしたという意味で、特筆すべき建築的知性としての磯崎新という建築家の存在がある。

幾何学の操作は、特に磯崎新の最初期の《大分県立医師会館》[*]や《大分県立図書館》のコンクリートの打放しとして実現した最初期の作品に続く一九六四年に竣工した住宅《N邸》[図3]の設計の頃に始まる。この住宅では立方体が初めて用いられるが、立方体、円筒というプラトン立体の組合せによる建築形態の展開は、ヴィラ・シリーズとして発表されたいくつかの住宅や《富士見カントリークラブ》[*]《北九州市立図書館》[図4]などでさらに半円筒を引き延ばす、立方体を繰り返す、といった操作を加えられながら磯崎新的な古典主義マニエリスムを日本において初めて現代建築として実現することになる。

プラトン立体の組合せ、つまりプラトン立体を統合することで建築を成立させるのは、フランスの革命期の建築家であるクロード・ニコラ・ルドゥー[注22]の残した建築や建築ドローイングに見られる要素の結合方法であるが、これらは西欧において建築の装飾が消滅し近代建築が成立する寸前において、古典建築の本質的な幾何学の組立てだけに方法を純化した操作による建築である。

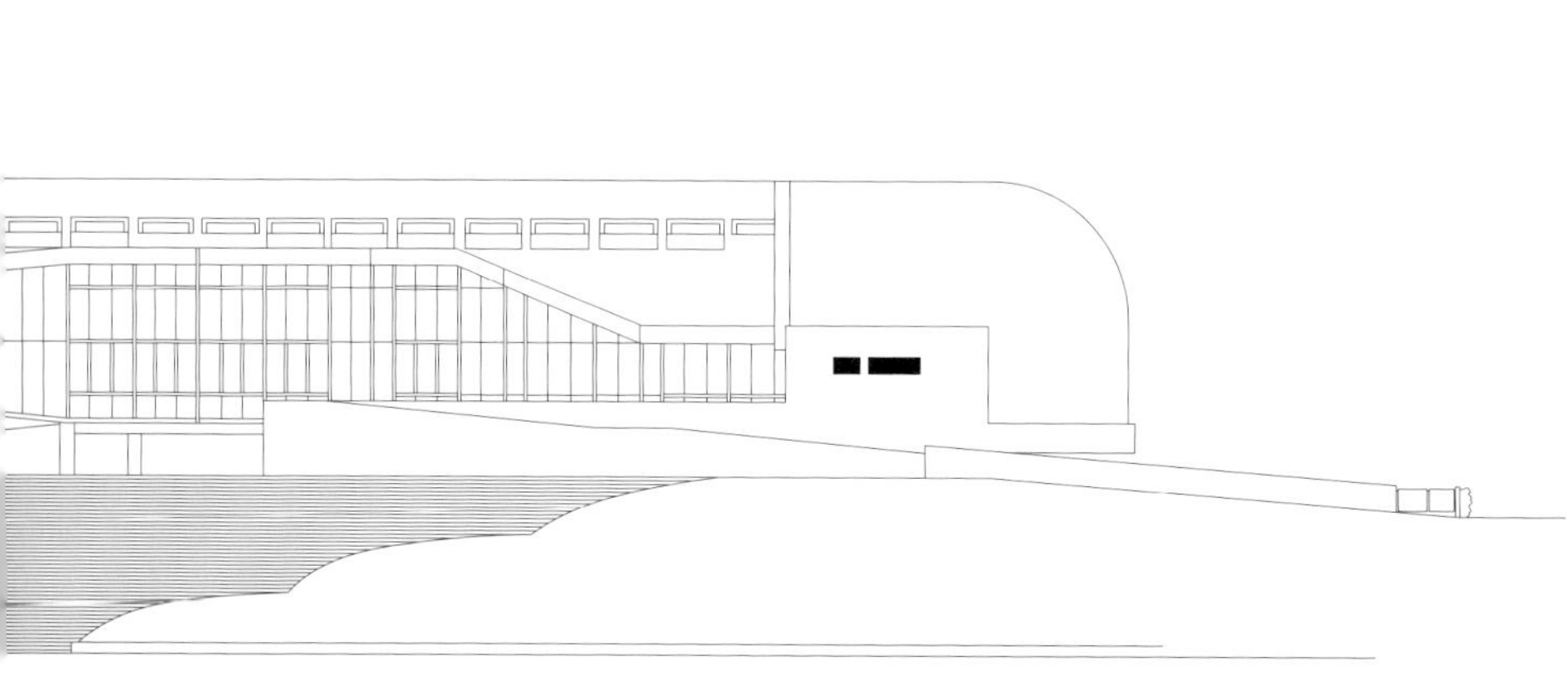

クロード・ニコラ・ルドゥーやエティエンヌ・ルイ・ブレーのドローイング[注23]に示された建築は、ル・コルビュジエによる近代建築の先駆的な建築としてエミール・カウフマン[注24]によって評価されることになるが、磯崎における重要な問題はポストモダニズムをジャーナリスティックに先導したことよりも、建築の根拠を失ったことを建築の出発点としたことで、逆説として建築を問うことに踏み込まざるをえなかったことである。

ル・コルビュジエの《ムンダニウム》[図5]という、一九二九年の国際連盟の設計競技の後にスイスのレマン湖畔に計画された国際的な文化施設の設計に対する、チェコのカレル・タイゲ[注25]による急進的機能主義に基づく批判は、《ムンダニウム》のデザインは急進的な機能主義者として、建築を機械と定義するル・コルビュジエの論理と異なり、ピラミッドという歴史的記念建築の形態をモティーフとした方形螺旋という形態が用いられて建築全体がつくられていることと、配置計画に黄金比のシステムという古典建築の形とシステムが用いられているという批判である。

磯崎新はル・コルビュジエの建築性は機能に基づく建築の造形の創造性の問題ではなく、歴史的建築性の援用という点であると指摘している。機能と形態の関係において近代建築が創造されるという近代における建築の定義は、急進的機能主義者の極北のデザインとして国際連盟案を提示したハンネス・マイヤーがモダニズムの建築を「建築＝機能×経済」と定義したときに、近代建築の論理は純化の極限に達すると同時にすでに終わっていたのである。このときの経済とは社会主義的な意味での経済

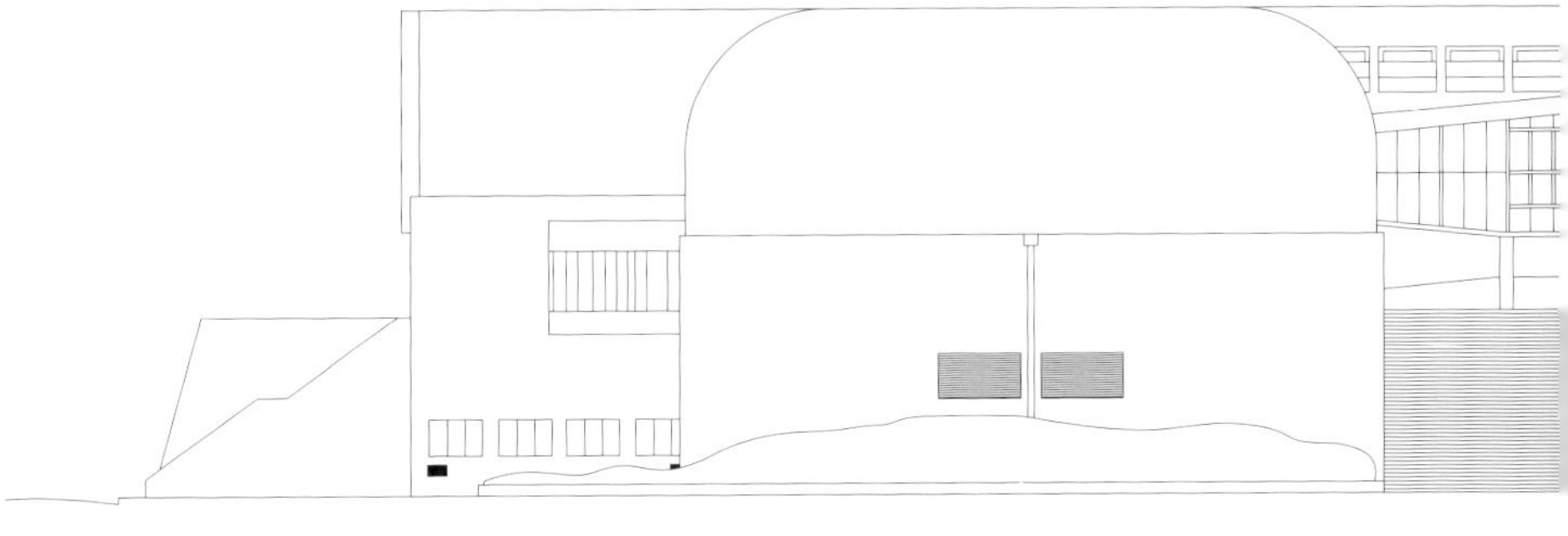

図4　《北九州市立図書館》立面図　S=1:450

合理、つまり最も安価に生産するという意味である。マイヤーは、ヴァルター・グロピウス、[注26]ミース・ファン・デル・ローエの後にバウハウスの校長になり、ヒトラーに追われ、最後はロシア経由で南米に逃げることになる。

「建築＝機能×経済」とは、つまりマルクスのいう市場原理に基づいて決定される価格として、最も経済的（安価な価格で建設する）という意味である。また機能という言葉も（使用機能を生産する）という意味である。これは使用機能を最も経済的につくりあげることが建築の意味で、ここでは芸術としての建築は死亡宣告がなされている。即物的な機能としての建物だけが最も安価に生産されることが、近代建築の極北のありようなのである。近代建築はこのときすでに論理的には芸術としては死んでいたのである。

一九六〇年代、建築の生産の時代から建築情報の消費の時代になったときに、磯崎新は現代芸術におけるレディメイド[注27]を美術館に展示することが芸術の解体の方法であることを十分理解しながら、ありふれた建物を建築として提示する方法をとることができない建築という領域で建築を、提示することが情報商品としての言語活動と一対でなければ成立しないことをいち早く認識している。

ポストモダンの時代という情報操作をするのは、モダニストたちのプロパガンダとしての建築的言説でなく、情報商品としての言説が不可欠であることを磯崎新は理解していたがゆえに、建築家としては膨大な言語活動を建築活動と平行して行っている。建築は捏造されなければならない。それが現代建築の創造なのである。現代の建築に

図5 《ムンダニウム計画》立面図 S＝1：500

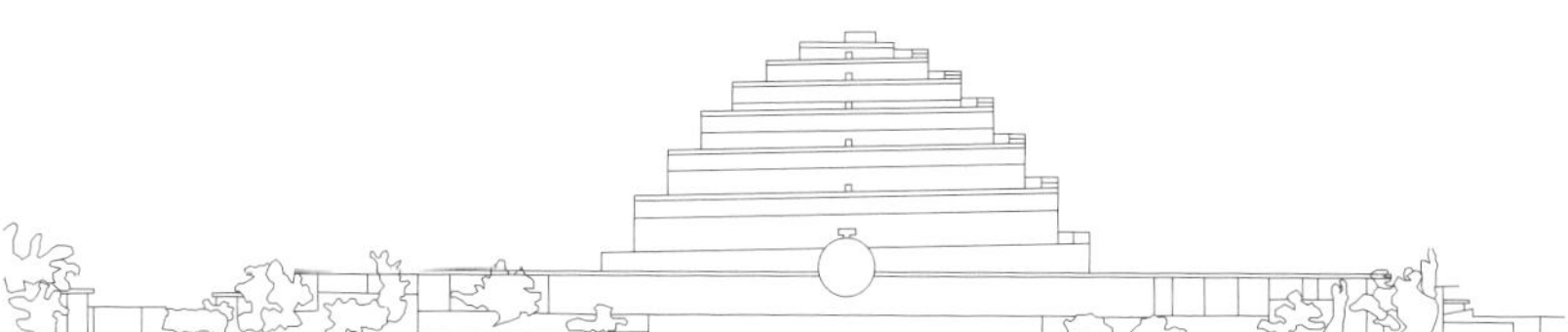

おいては空間的捏造と思想的捏造が同時に要請される。それが情報時代の建築である。

「《建築》あるいはデミウルゴスの〝構築〟という論考は、《建築》の根拠の不在が一九六〇年代のモダニズム以降の建築の問題としてだけでなく、一七世紀末のパエストム（ウルドーリック）の再発見以降、一五世紀初頭にブルネッレスキが透視図法の研究に着手して以来、三世紀は継続した『ウィトルウィウスの建築十書』[注28]をカノン規範とした古典主義言語を中心としたルネッサンス、マニエリスム、バロックと後世によって押し付けられた様式の流れである西欧の建築の根拠が揺らぎ始める」という指摘によって磯崎新は歴史的に思考の位置づけをする。このとき「つまり建築の危機とは、自動的に規範を墨守することで生成されていたはずの建築がその生成機能を喪失し、あらためて建築家は虚構として建築を〝構築〟せねばならなくなったのである」と述べている。

さらに「《建築》は、だが先験的に存在しているものではない。その点において古代的なデミウルゴス、イデア、コーラ場の存在論は成立しない。《建築》はイデアではなく、当然ながらモデルでもあり得ない。建築家が根拠となるカノン規範を消去したうえで、仮定的に虚構を呈示する。その虚構の計画が一つの姿をもって提示されたときに、初めて《建築》が浮かび上がる。それは基準を構成するが、可視的な存在物が生成されたその瞬間に初めて到来するにすぎない。一八世紀に危機を感じた建築家たちは、このような危機に対処するために、提案を繰り返させられた。廃墟幻想、理神論的に結晶したプラトン立体、メガロマニアックな飛翔、制御不能に陥れた自然。

注25　カレル・タイゲ：美学者、理論家、芸術批評家、グラフィック・アーティスト、翻訳家。ポエティスムの共同創立者で、世界大戦間期（第一次世界大戦から第二次世界大戦にかけて）の国際アヴァンギャルドの主要人物。一九二九年から三〇年にバウハウスで講義をする。ポエティスムと構成主義に関する論文を多数執筆。一九三四年より、ヴィーチェスラフ・ネズヴァルによって結成されたチェコスロヴァキアのシュルレアリストグループに参加。一九〇〇～五一年。

注26　ヴァルター・グロピウス：近代建築の巨匠の一人でバウハウスの創設者。その校舎の設計者でもあり、この建物は二〇世紀のコンクリートとガラスによるモダニズム建築の先進的な作品である。一八八三～一九六九年。

注27　レディメイド：マルセル・デュシャンは、日常にあふれる既製品をその本来の意味から別の意味に転換するような作品制作を行った。たとえば「泉」と題された作品には男性用便器が使用されたが、このような作品をレディメイドとよんだ。

注28　『ウィトルウィウスの建築十書』：ウィトルウィウスは共和制ローマ期の建築家。世界で最初の建築書で、ドーリス式、イオニア式、コリント式などのオーダーや比例に関する記述はルネッサンス期の建築家に多大な影響を与えた。

建てられる必要は必ずしもなかったが、《建築》が出現しなければならない。絶対的な基準のないままに」と革命期の建築家について言及する。

この認識と建築の方法は、磯崎新の初期の作品と言説にそのまま連接する。はじめから《建築》という概念も建築家も存在しなかった日本という領域のなかで、明治以降、近代国家の表象として国家機関の建物のデザインのために西欧の《建築》を学習し受容してきた日本の近代の果てに磯崎新がたどりついたのは、《建築》の出現のメカニズムとしてのデミウルゴスの捏造への思考である。

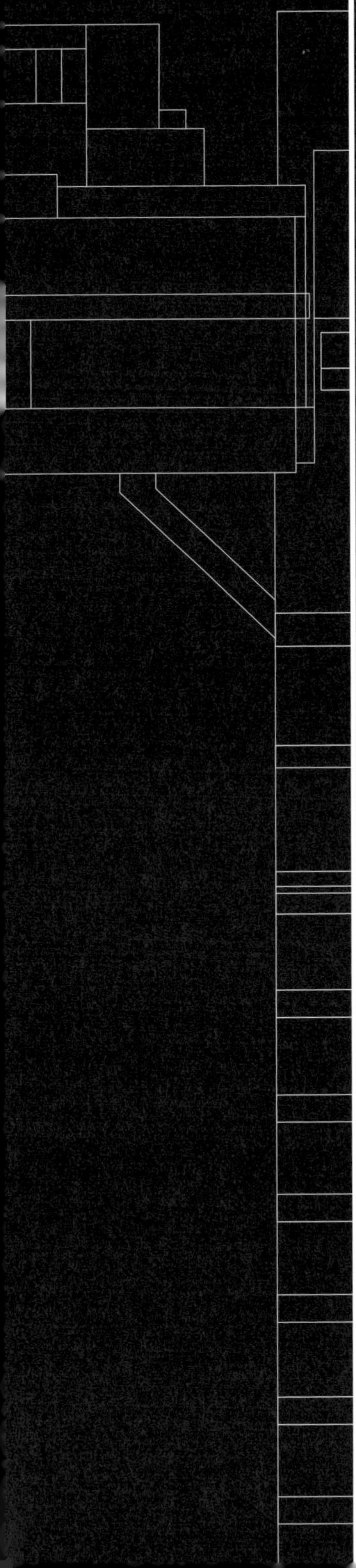

六

均質空間論

原　広司

（一九三六―　）

近代建築の究極をミース・ファン・デル・ローエの建築とする近代建築批判の理論的根底を「均質空間論」により形成した。西欧の空間論としてカルテジアングリッドによる空間認識と均質空間の連関を示すと同時に、アジア的な世界の空間認識、さらにイスラム的世界の空間認識などの非西欧的空間認識の存在に言及し、近代の空間としての均質空間を相対化することで、近代の次の建築の到来への希求に関して多くの若い建築家に示唆を与えた。自身の有孔体としての建築や、仏教思想の色即是空・空即是色に通じる二重否定の論理など、二元論的西欧的論理構造の相対化を示した。

　世界中の集落の調査を行うことにより近代建築の普遍的な空間に代わる非西欧的な空間の探求や、「住宅の内部に都市を埋蔵する」などの言説により示されるような外部と内部、小さいものと大きいものの逆転などのレトリカルな作品を通して、近代建築を批判的に相対化した建築作品の探求を行った。

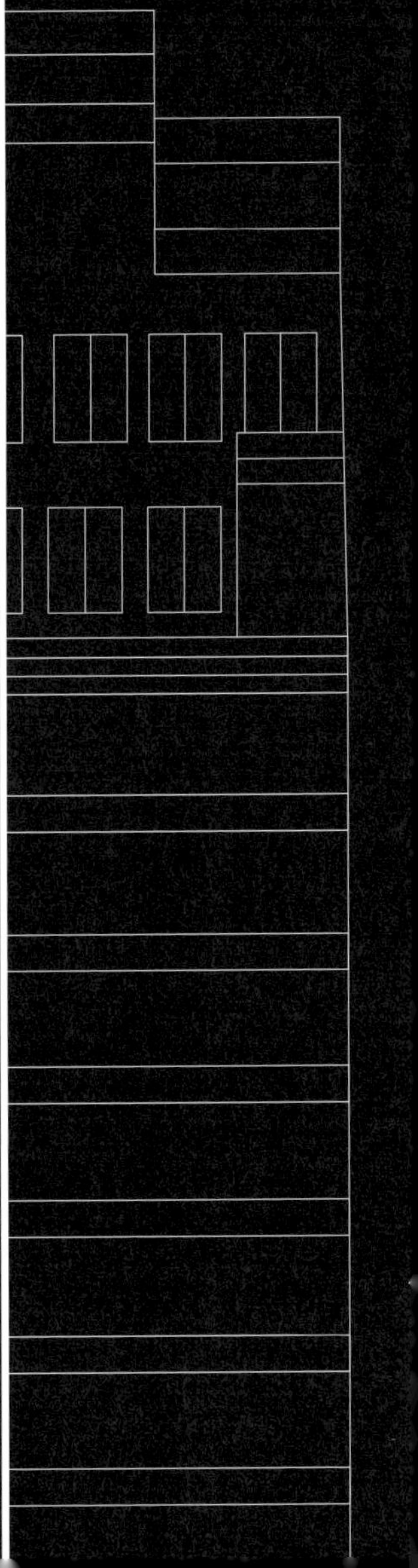

一九六〇年代の後半、世界的に第二次世界大戦後の政治や産業の矛盾が様々な領域で問題を発生し始めていた。トンキン湾事件に発するベトナム戦争は、旧ソ連邦とアメリカ合衆国の冷戦のなかでの代理戦争の形で泥沼の状況に入っていた。産業活動により引き起こされた公害が発生し、工業都市では空気が汚染され、さらに自動車の排気ガスによりスモッグが発生し、多くの人々が汚染された空気のなかでぜんそくを煩いながら生活していた。水俣では、海に垂れ流しにされた産業廃棄物によって汚染された魚介類を食べた漁民のなかに、原因不明の病気にかかり廃人となる人が出ていた。

アメリカ各地でベトナム反戦運動が繰り広げられていた。フランスの一九六八年の五月革命は世界中の学生運動に波及し、日本においても学園紛争という形で一九六九年には各地の大学で学生によるロックアウトが行われ、彼らはベトナム戦争に反対し、大学の自由を叫んだ。機動隊と学生の衝突で犠牲者が出ていた。音楽の世界では、アメリカでは自由や平和をメッセージとしたフォークソングが若者の新しい主張の表現として現れ、それまでのエンターテイメントとは別の領域の音楽を形成しはじめていた。イギリスではアメリカの黒人音楽のブルースから発生したロックンロールに影響を受けた白人によるロックミュージックが新しい音楽として出現し、彼らのファッションや思想や価値観は新たな風俗とライフスタイルを生み出していた。

建築の世界では、一九六〇年代の後半には近代主義建築による設計方法が様々な他の文化領域と連動するような形でゆらいでいた。イギリスのアーキグラム（→p.68）、イタリアのアーキズーム、[注1]アメリカのロバート・ヴェンチューリ（→p.117）、オーストリアのハンス・ホライン[注2]らの近代主義とは異なった建築の方法を、磯崎新は『建築の解体』（→p.72）という一冊の本にまとめて日本に紹介した。近代主義の建築の方法は限界にきていた。

一九六〇年代の後半から世界的な動きとして近代建築に対する批判が始まるが、日本においては太平洋戦争の終結以後、高度経済成長が一九五〇年代から本格的に始まった。一九六四年の東京オリンピックは「もはや戦後ではない」[注3]という言葉が示すように、敗戦国日本の戦後は終わり、奇跡的とよばれる経済成長のまっただ中で、戦後の平和国家日本の国際社会への参加のプレゼンテーションとしての国家的イヴェントであった。そのとき丹下健三は、二〇世紀の近代建築の最高傑作の一つである《代々木屋内総合競技場》を完成させた。それから六年後、大阪の千里丘陵で開かれた日本万国博覧会は高度経済成長をなしとげ、経済大国の一員となった日本をつくりあげた工業テクノロジーの世界に対するプレゼンテーションであった。楽天的なテクノロジーによる建築の未来のプレゼンテイターをメタボリストたちは演じていた。

そのようなとき、一九七一年に原広司は「空間概念のための草稿」[注4]として、均質空間が近代建築の終局的な結論であると位置づけた論文を発表する。このとき近代建築＝均質空間という概念が提出された。この論文によると、ミース・ファン・デル・ローエによって均質空間が実現し近代建築は極限の完成をしたことにより、次の建築に向けて想像力が展開されなくてはならないとした。

注1　アーキズーム：一九六四年、イタリアのフィレンツェを拠点にデザイン活動を開始した前衛建築グループ。

注2　ハンス・ホライン：オーストリアの現代建築家。一九六八年にオーストリアの雑誌『ＢＡＵ（バウ）』に掲載された「すべては建築である」という宣言に見られるように、近代建築の枠組みを概念拡張することで建築を解体する活動を行う。一九三四年〜。

注3　「もはや戦後ではない」：一九五六年に発表された経済白書で用いられた言葉で、その後日本は一九六〇年代を通じて高度経済成長とよばれる世界史的に見ても希有の経済成長を続けていく。

注4　「空間概念のための草稿」：『ＳＤ』一九七二年九月号（鹿島出版会）。

原広司自身、この論文について単行本『空間〈機能から様相へ〉』[注5]の序文で「一九七〇年代に入ると、世界的な趨勢として近代建築とは別な建築表現と建築思想があらわになってきた。その前兆はすでに六〇年代にもあり、そうした変革の兆候と雰囲気のなかで、何故新しい時代に入ってゆくのかを理論的に捉えたいと考えていた結論が、この論文である。私は、この変革期に生きた建築家のひとりとして、将来の史家の判断に待ちたいと思っている」と書き記している。時代の変換の論理的なレトリックとして構築された論考の正当性の判断は後に譲らなければならないとしても、均質空間という明解な言葉がわかりやすい近代の空間批判の対象として提示された。つまり一九七〇年代初頭に提出されたこの論文により、近代の一つの局面がミースの表現によって完成したとすることについては、あるレベルでのわかりやすい図式であった。それよりも原広司の、ミースの建築を乗り越えようとする姿勢が多くの若い世代の建築家を勇気づけた。

均質空間論の組立ては、大きく二つの問題を整理してまとめられている。一つは機能の問題であり、もう一つは空間の概念である。近代主義建築家の提示した機能と空間の関係を建築設計の問題として整理すると、近代主義建築家は機能と建築空間の一対一の対応関係を目指して空間構築を試みている。しかし、機能を問わないユニヴァーサル・スペースによって近代建築は完成したと整理する。以下、原広司の論考を記述する。

「近代建築は、設計者が技術的に必然づけられた様式から開放され、設計意図がさ

注5　『空間〈機能から様相へ〉』：岩波書店、一九八七年。

まざまに成立しうるようになった時期からはじまったと考えてよいだろう。このときから、方法が生み出されて……、古典的ないいかたをすれば、方法は建築家が主観的につくりあげたものである。建築家たちは、自分でつくった方法を独占しようとはしなかった。それどころか、その方法が時代を代表する設計の手続きであることを主張し、方法が普遍化することを欲した」

ここで原広司は、技術的に必然づけられた様式から開放された建築の方法を普遍化することが、近代建築の設計方法であるとしている。デ・スティール（→p.31）についての以下の記述は、近代建築が目指した建築設計の方法についての優れた分析の一つである。

「建築の設計に、近代合理主義の構えをとらせようとする試みのなかで、もっとも態度が鮮明だったのは、デ・スティールの構成主義的建築の運動を率いたファン・デースブルクであろう。[注6] 彼は建築の設計を科学にしようとした。そして彼らの方法を科学であると信じていた。……空間を構成するエレメントの発見とそれにもとづいた空間の分析が、彼らの手続きである。……その意図は、空間が数々のエレメントを変数にもつ函数をつくり、変数に適当な数値を与えてやることによって、実験的に函数である空間の現象を検討するものであった。

……にもかかわらずデ・スティールの考え方が幻想におおわれているとうかがわれる点は、空間の分析のために摘出してくるエレメントがあいまいであること、終局的に空間の検討という課題をかかげたねらいは正確であるとしても、空間とは状況であ

注6　テオ・ファン・デースブルク：オランダの美術理論家、建築家、画家。新造形主義、抽象絵画を主導し、二〇世紀の近代芸術を牽引した一人。バウハウス造形理論に影響を与え、ダダと構成主義者などを結びつけるなどの活動も行った。一八八三〜一九三一年。

り、全体性そのものであり、これを一挙に把握することは計量できる要素があまりに少ない現実にあってはほとんど不可能に近いといえる。……なおかつ経験、感性が介入する領域とそのはたらきを明確にしないかぎり、将来とて純粋な意味では客観化しえないであろう。つまり、客観性そのものにたいする哲学的研究が基礎的に必要とされ、客観性の規定のみが経験と感性のいちづけ、いいかえれば価値判断の由来を説明できるのである。デザイン行為は、演算の手続きを機械が担当したとしても、所詮、人間＝機械混成系の形式をとらざるを得ない。そこにおける機械の役割を、客観性の研究をもって境界づけることが、方法を科学化しようとする際には不可欠な作業である」

ここで原広司は空間が数々のエレメントを変数にもつ函数をつくり、変数に適当な数値を与えてやることによって、実験的に函数である空間の現象を検討するという建築設計方法は幻想であったとする。近代の生産方式と建築設計における形態の決定についての考察がそれに続く。

「近代建築は、『建築をみなの手に』というモットーと『機械は質的に高度の人間環境を生む』というテーゼのもとに、人間の欲求を満足する手続きとしてのデザイン決定の方法論のなかに生産のファクターを導入した。この論理の展開のしかたは完璧である。機械ペシミズムを寄せつけない姿勢はこのうえなく健康である。グロピウス（→p.79）やミースを代表するバウハウス（→p.53）の理念も、ル・コルビュジエ（→p.14）の理念もこの点に根ざしている」。デザインの決定の方法論のなかに生産の論理、つまり生産技術と生産システムという要素をもちこむ近代建築の設計方法に対しては、初期のパイオニアたちのモットーとテーマである最大多数の人々に質の高い建築を供給するという、社会的な問題としての決定のあり方という点において評価している。

機能と形態の関係については、エリック・メンデルゾーン[注7]、ル・コルビュジエ、ルイス・カーン（→p.69）、丹下健三（→p.49）、フィリップ・ジョンソン[注8]に着目した以下のような論考がある。

・エリック・メンデルゾーン

「メンデルゾーンは、表現主義者とレッテルをはられ、近代建築の主流からはずされている。……しかし、機能から形態へというシェーマの不完全を具体的な方法をもって批判した功績をあらためて評価すべきである。彼にとってファンクションとはダイナミックな世界を秩序づけている内的な関係である。であるとすれば、建築の形態の決定にかかわりをもつ機能（ファンクション）は、ダイナミックな秩序を形態上にもたらすはずである。……建築が時代の本質であるダイナミズム＝運動を表現せねばならないというわけではなく、いま計画しようとしている生活の本質的な理解は、必ずダイナミックな機能を抽出するがゆえに、建築は必然的に結果としてダイナミズムを表現する。誤った時代精神からすると、生活はダイナミックな機能をあらわにしない。機能は計画者にとって一義的に定まって在るのでなく、さまざまに理解される可能性をもっている。表現をかえれば、機能は発見するのではなく、計画者が創るのである。このような理解をメンデルゾーンは示唆しているのではないだろうか」

注7　エリック・メンデルゾーン：ドイツ出身のユダヤ系建築家で、表現主義の建築家として流線型の先駆的なデザインの《アインシュタイン塔》や曲面を用いた《ショッケンデパート》などの作品がある。戦後アメリカに移住した。一八八七～一九五三年。

注8　フィリップ・ジョンソン：アメリカの建築家。ミース・ファン・デル・ローエのアシスタントを務めた後、ミースの《ファンズワース邸》にインスピレーションを得た自邸《ガラスの家》を発表するが、この作品にすでに鉄骨とガラスの近代的建築表現のなかに古典建築に対するアイロニカルなメタファーが感じられるという意味では、最初のポップなポストモダンの建築を切り開いた建築家であると位置づけることが可能である。ニューヨークの近代美術館のキュレーターなどを歴任しながら、戦前にインターナショナルスタイル展などを企画し、戦後になってもアメリカの建築界に最も大きな影響力を持ち続けた。一九〇六～二〇〇五年。

・バウハウス

「合理主義的な構えは、バウハウスにひきつがれて、近代建築の正統を誇るが、そこでは修練によって合目的性と形態との関係が追われる。……そしてかつてグロピウスが目指した普遍的建築も、目的＝機能の側からは、なんら具体的な方法を生まなかったように思われるのである。合理主義は論理ではなく態度として主唱されたにすぎない。グロピウスの有名な国際建築の宣言（一九二五年）は個人・民族をこえて建築が普遍的な建築になるといい、その理由づけに、建築自体の『機能を基礎とし、その合目的性を追求する』ことをかかげたのであるが、厳密な論理は放置されていた。科学的追求が普遍性をもたらすことは事実であるが、建築をつくるプロセスのどの領域に科学がどう効力を発揮し、なにが普遍性であるかがあいまいであった。結果的にみれば、生産方式が合理的に発展し、それによって建築はインターナショナルな現象をおこした。この現象があたかも機能あるいは目的の把握と処理によっても、もたらされたように見えるところに近代建築の混乱が生じるのである」

・ル・コルビュジエ

「ル・コルビュジエは、ある意味では、機能に関しての論理の総決算を行い、近代建築に区切りをつけた。機能が生物学＝有機体のイメージを頼りにしていた面をいままで述べてきたが、機能が如実に写像しているもうひとつのものとしての機械に、建築家が早くから興味をひかれていたのは事実である。しかしその歴史は、コルビュジエの論によって集約されていると考えてよいであろう。『目的という事は単なる有用性、快適及び実際上の適当さ等と理解されている。だが、建築とは最高の意味における芸術である。そして数学的秩序、理性的判断、あらゆる点に関して完全なプロポーションによる円満無欠なハーモニーを得ること―これが建築の〈目的〉なのである』。合理主義の構えに対して、コルビュジエは建築の芸術としての復権をまず要求するのである。……こうしてはじめて〈目的〉の構造は検討され、それが機能とは別のものであることが明らかにされた。……コルビュジエにおける機能を理解するのは、機械の美学を理解する作業に通じる。……建築を構成する要素とは、彼の言葉を借りれば、『光線と陰影であり、すなわち壁体と空間である』ということになるが、彼の作品を通して考えれば、純粋な形態と一致する機構学的な意味での建築の機能要素すなわち階段やブースやトップライト等のいわゆる部分をふくめた要素であると考えた方が機能を理解しやすい。……『標準というものは、論理と解析と慎重な考究の産物であって、正しく提示された問題の上に成長する』のである。コルビュジエがギリシャのパルテノンや飛行機に見たのは、この標準がもつ美、いいかえればファンクションの美であった。……中井正一は機械が深い意味では物ではなく、『数学的対象的領域の構成』であることを指摘する。つまり機能はコルビュジエにいたって、はじめて近代がさししめす関係、数学の函数が意味するところの関係であることがはっきりする。では、この機能が制作のプログラムにおいてどのような位置を占め、最終的な形態を決定する力をもつであろうか。コルビュジエはこれに対しては明解な理論を提出しなかったのである。その代わりに平面を推敲せよ、と言った。経験が標準を決めると言った。この意味するところは何か。機能は設計の当初にあって、アプリオリにあるのではなく、結果として標準にあらわれるものであり、形態もまた予想しえないのである」

……中略……

「コルビュジエの論理体系が示す設計のプログラムは、幾何学的な形態の要素、生活と人体寸法と幾何学的法則性と生産方式とが措定する規格がアプリオリにあり、目的の判定と意図の設定からはじまって、これらのエレメントへの分解およびエレメントの構成がさまざまな意味で効率高く結果するように運ばれる。そこにおいて必然性が探求されるのである。必然性はさまざまの角度から検討され、その都度判断が下されねばならない。この過程にあっては、非決定の危機におびやかされるであろう。その時アプリオリに設定される形態が、援護射撃の役割を果たすのである。かくて決定された全体は、必然的関係すなわち機能を内在する。その発現である全体的形態が美を約束する。以上がコルビュジエのシェーマである」と説明している。

・ルイス・カーン

「ルイス・カーンは『形態は機能を啓示する』というテーゼを提出した。丹下健三は『美しいもののみ機能的である』というテーゼを提出した。このふたつのテーゼは驚くなかれ、近代建築の当初に掲げたテーゼをほとんど転倒させた内容をもっている。ちなみに、当初のテーゼは『形態は機能に従う』であり、『実用的なもの（機能的なもの）は美しい』であった。ルイス・カーンの主張するところは……形態あるいは空間を、ある意図のもとに与えておくと、そこでおのずから意図にしたがった行動と意図がもつ方向性にしたがった豊かな行動が期待できる。とすれば､建築家にとって、意図する内容が重要になり、それを正確に空間を媒介として実現してゆくプロセスが建築家の生命となる。かくてカーンは、形態（フォーム）を中核にリアライゼーションおよびデザインという活動領域を設定し、感性と理性の融合から、秩序をもたらす形式の発見、具体的な形へとすすむ（可逆性をもった）制作のシェーマを提示するにいたる。このシェーマにおいては機能（ファンクション）の概念が消える」としているが、ルイス・カーンにおいて、機能と形態の関係の一対一の対応を求めようとした近代建築の主題から別の多様性としての関係の探求の一つが提示されたのである。しかしルイス・カーンにおいて、形態は建築性としての形式性を問題としていると考えられる。

・丹下健三

「丹下健三は、ついに創作への意志を痺酔するまでに神秘化された〈機能〉に対して、荒治療をほどこした。『機能的なものは美しい、という素朴な、しかも魅惑的なこの言葉ほど罪ふかいものはない。これは多くの気の弱い建築家たちを、技術至上主義の狭い道に迷いこませ、彼らがふたたび希望にみちた建築に帰ってくることを不可能にしてしまうに充分であった。彼らは〈美しい〉という言葉を、ひそひそとは語ったが、堂々とそれについて語ることを躊躇した。機能的であることを主張して、その醜悪さをかばった。そのことばには何かしら、安心感をあたえる魔力があったのである。（中略）人の肉体を心地よくさせ、目を見はらせ、そうして精神を感動させる〈美しさ〉に背をむけているかぎり、彼等は人間に背をむけていたのである』(丹下健三『現実と創造』一九六六年)。かくて『美しいもののみ機能的である』というコペルニクス的転換が下される。美の、そして創造の復権がこれほど堂々と請求されたことはなかった」

・フィリップ・ジョンソン

「フィリップ・ジョンソンは、カオティシズムという思潮のなかで、丹下健三の姿勢を一般化する。彼は日本に短いメッセージを送ってきた。それは『近代の終焉』と題するもので、〈機能〉を信奉して普遍的建築、合理主義的建築を目指してきた近代建築運動の崩壊を宣言しようとする。彼は近代建築を『建築のピューリタリズムと偽善』と呼び、巨匠たちをえせモラリストと規定する。彼が信じるのは、不条理である。『私独特の、個人的な、他人が真似てはならない方法は、エレガンスの再生を追い求めるところにある。われわれの時代の制約内で、私はできうるところでは、大理石と金の小さなオアシスをつくりたい。それらは大きくはならないだろうが、ホール、家具、泉、テラスは輝かしく、きっとわれわれの時代の限られた人々が認めてくれるだろう』」(「近代の終焉」『建築』一九六二年五月号)

原広司によると、機能はしかしミースの提出したユニヴァーサル・スペースにおいて機能と空間の関係としての機能主義建築の問題は回避されることで解決されたと説明する。機能に関する論考に続くのはアリストテレスから始まる空間概念論である。

デカルトのカルテジアングリッドが展開として帰結する近代空間への批判は、空間を三次元内において計量化することで操作しようとする近代性の本質的問題を問うことになる。ここでその批判は非西欧の空間概念であるイスラムや東洋の空間概念にまで論考がおよぶ。

部分と全体の論を起点として、均質空間を批判する建築に向かうことで原広司の建築行為はモダニズム以降の建築を模索することになる。方法は近代建築の論理的分析から一気に飛躍する。論理からの非論理的ジャンプは「有孔体」という概念を提示する。「はじめに閉じた箱がありそれに孔をあけることが建築することである」と述べている。

原広司は最初期の住宅から、いわゆる西欧の正統な建築における形式と全体を統合する純粋形態の幾何学操作から離れた非西欧建築的な形態の建物をつくっている。しかし幾何学は放棄されるのではなく、原広司においては部分要素において幾何学操作は保持される。「有効体」を試作した概念模型が著書『建築に何が可能か　建築と人間と』[注9]の外箱に用いられている。それは上方に向けた孔をもつ様々な形をした要素単位が無数に集合した群で、建築のようにも都市のようにも見えるが海洋生物のフジツボの群生が幾何学的な変形を受けて集合したような模型である。

非西欧建築的形態、部分からの構成、非西欧的空間論、また「建築とは何か」を問うことではなく「建築に何が可能か」というレトリック、すべての原広司の思考は西欧的な建築概念の非から出発し、その可能性を模索することでモダニズムを乗り越え

注9　『建築に何が可能か　建築と人間と』：学芸書林、一九六七年。

ようとする試みに向かおうとするレトリックである。非西欧的建築からの非建築の創造が、原にとっての建築することなのかもしれない。それはすでに建築でなく、また建築であるということになるのであろうか。二重否定としての建築に向けた試みといえる方法の展開である。

最初期の作品である《伊藤邸》は不整形の平面に対応するために、その屋根形態を不等辺三角形の集合の連なりによって処理するという方法をとっている。このときすでに、どこか自然地形としての山の図式化を思わせるような建築をつくっている。入り口から全体が孔としての住宅としてデザインされていると解釈できる建物である。

その後、「建築するとは閉じた箱に孔をあけることだ」と自ら建築することを定義しているように、箱に孔をあけることが屋根にそのまま表現された一連の住宅が続くことになる。《粟津邸》《自邸》《ニラム邸》と続くこれらの住宅は、みな単純な矩形の平面形態の上部屋根部分の長手方向にスリット状のトップライトが設けられ、光が上部から建物内部に降り注ぎ、その光の下には建築内の外部のような路地を思わせる動線が伸び、その両側には個室が集落のように集合する。これらは建築内につくられた集落の風景ともいうべきものを、箱の内部に図式として内包した住宅である。内外の反転と説明されるように、これらの住宅の外観は単純な箱、もしくは箱に切妻屋根が乗っただけのさりげないものとして意図的に単純化されて、内部に個室の外観が内包されている。「住宅に都市を埋蔵する」という言葉でこれらの住宅は説明されている。

これらの住宅で提示されているのは、明晰に方法化された風景の図式的解法としての建築設計の展開であるが、論理的整合性の世界としてのモダニズムの境界に孔をあけようとする試みを、論理的非整合の形式化によって試みようとすることが、原広司のこの頃の作業に読み取ることができる。

「要素の集合として建築を考えるとき、当然それを集合の論理の合理的整合性を批判的に乗り越え、芸術の領域としての意味の生産という問題に移行するとき、要素間の論理的整合性としての関係性が問題になり、それはシュールレアリズムの『手術台の上での蝙蝠傘とミシンの出会い』という非合理で不条理な意味要素の組み合わせとしての意味の発生が当然問題となってくる」という記述に見られるように、原広司はシュールレアリズムの方法はもちろん理解している。

その美学に共感しているのだが、原広司の提示する建築風景には不思議なことに心の深い底に展開する風景のみがもつエロティシズムと存在論的な謎、あるいは徹底的に無関係のものが出会うダダイスティックな衝撃が存在しない。存在の謎、欲望の謎を呼び寄せないのである。その意味で西欧のシュールレアリズムとは徹底的に異なった建築の部分要素の出会いによって装飾的、図式的な浮遊した表装としての風景がつくりあげられる。

原広司の建築には、風景の図式を建築部分要素の集合として、建築の境界である外皮の内外に組み立てるという方法を見出すことができる。それは初期の一連の住宅では谷間の風景の図式を建築内に組み立てることであり、《ヤマトインターナショナル》図1

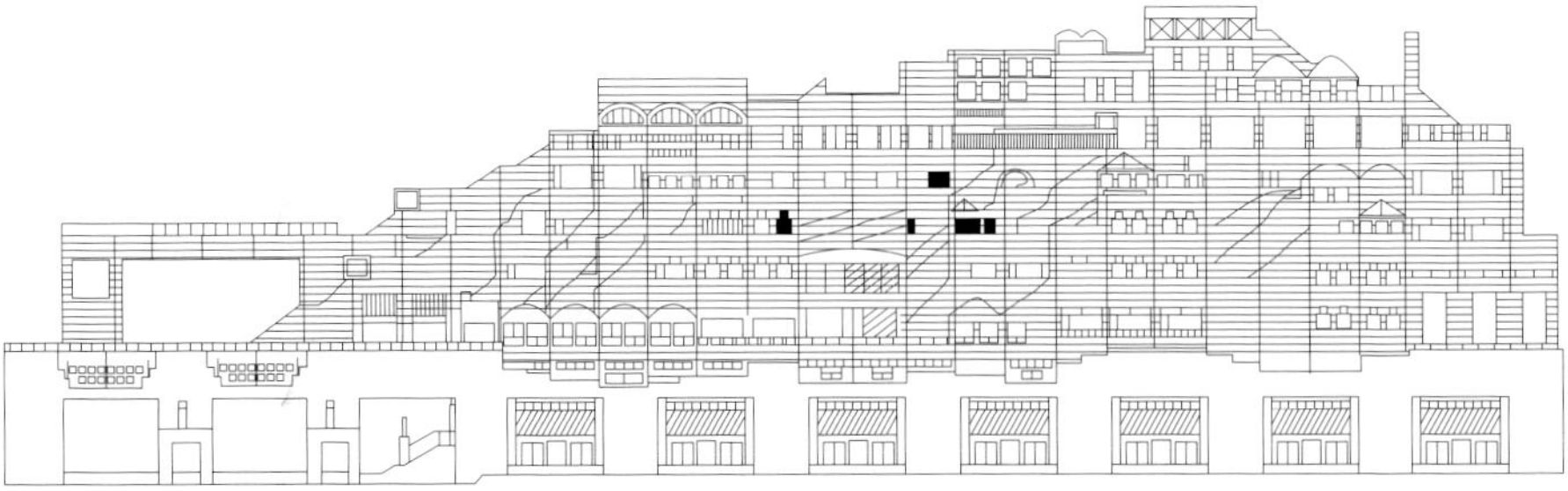

図1　《ヤマトインターナショナル》立面図
S=1:1000

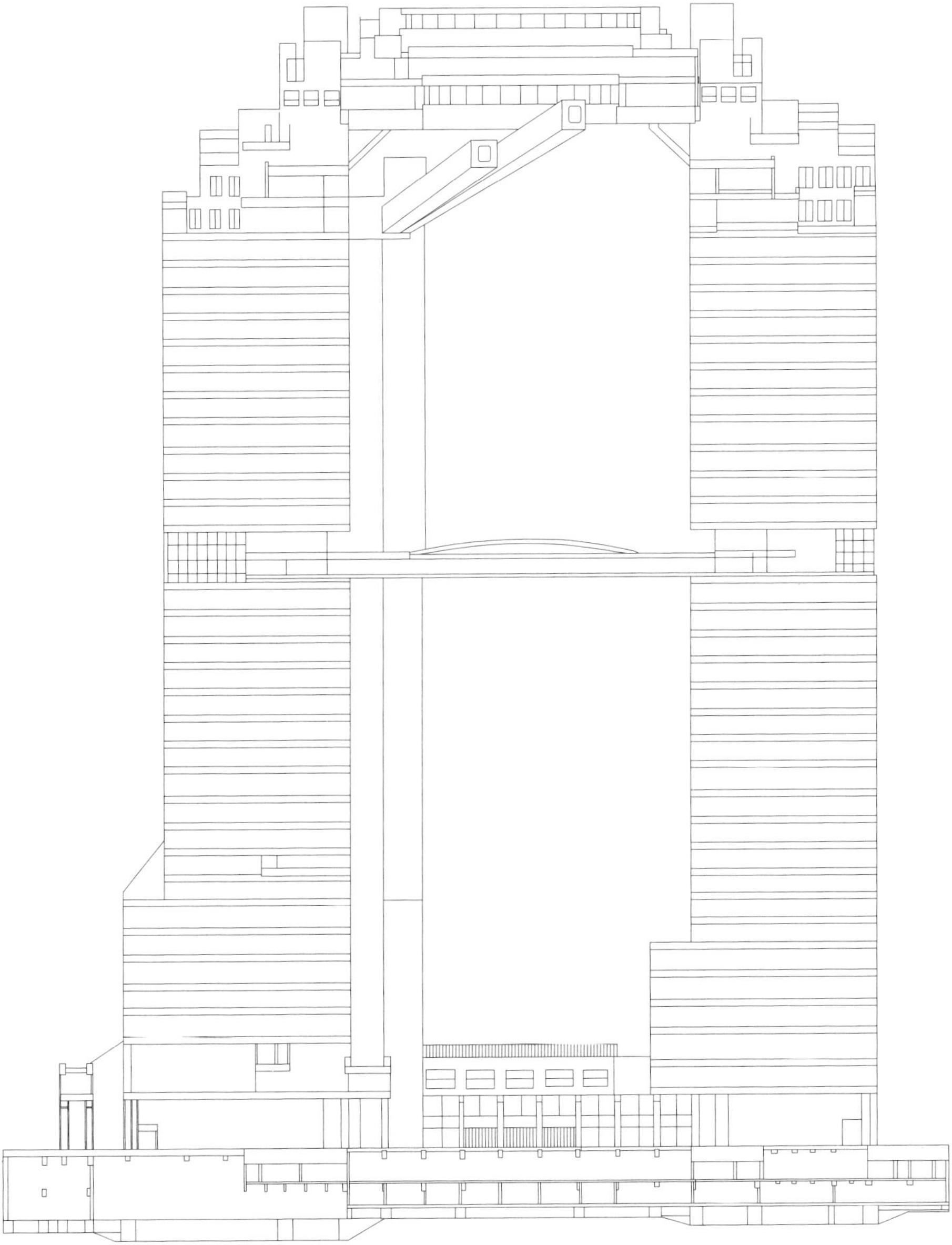

図2 《梅田スカイビル》
断面図
S=1:1200

（一九八六年）では山並みの稜線、あるいは底に吹く風の風景の図式を建築外皮に組み立てることであり、《梅田スカイビル》[図2]（一九九三年）では雲の風景の図式を屋上に組み立てることであるように見える。

　これらはすべて自然、つまり非人工的な風景であり、彼の生まれ故郷である信州の自然の風景のような非建築的風景を図式として、表層性において建築化しようとしているように思われる。その意味で、近代建築は終局的に均質空間に帰結するという仮定の上に原広司が提示する建築は、ポストモダンとよばれる時代によみがえったアール・デコなのか、それとも非建築としての建築なのか。「将来の史家の判断に待ちたい」とは、まさに原広司自身のことばである。

七

伝統からの前衛

篠原一男

（一九二五―二〇〇六）

数学を専攻した後に建築に転向し、東京工業大学で谷口吉郎、清家清に学ぶ。日本の伝統的な建築の平面の方法を「分割」、西欧の伝統的な建築の平面の方法を「連結」とする学位論文に示されるように、図形操作の抽象化による分析を経て、日本の伝統から建築設計の方法を引き出すことで住宅を対象とした現代建築を展開する。さらにコンクリートによるキューブの内側に亀裂の空間とよぶ都市空間と対峙する内部空間のある作品を経て、建築的要素が自律した機能として関係が意味を生産する機械としての建築、さらに建築的要素の機能的結合によるプログレシヴ・アナーキーとしての建築への実験的探求など、日本の伝統から出発して一貫して建築の前衛と個人の住宅建築の創造的自由の地平の拡張を行った。長谷川逸子、坂本一成、伊東豊雄などの次世代の建築を切り開く建築家たちに大きな影響を与えるとともに、日本の現代建築として世界的な評価を得た。

篠原一男は一九二五年に生まれている。この年、つまり昭和元年に日本人として生まれたことは特別な意味をもっている。それは二〇歳になったときに、敗戦と大日本帝国の終焉を迎える青年時代を送っているということだ。二〇歳、つまり大人になったときに、少年であったときに信じていた「日本の精神」と「国家」が敗戦とともに壊滅したのだ。一九二五年生まれであることを最も象徴的に生きたもう一人の日本の芸術家がいる。

小説家・三島由紀夫は、ノーベル文学賞受賞も取り沙汰されるほどの国際的評価を受けながら、作家として活動しただけでなく、戯曲も書き、映画に出演し、裸体の写真集を出版するなど文化人として破格の活動をしていた。しかし一九七〇年（昭和四五）に、三島個人の私設民兵組織「盾の会」の若者四人とともにその軍服風の制服を着て白手袋をはめ、頭には七生報国と墨書した日の丸の鉢巻き姿で、当時東京の市ヶ谷にあった自衛隊駐屯地東部方面総監室に押し入り総監を拘束、バルコニーに立ち、檄文をまき自衛隊によるクーデターの実行を叫んだ。その後、総監室内に戻り日本刀で割腹死するというショッキングな最後を遂げる。その姿はテレビのニュース番組で報道された。事件の現場となった市ヶ谷にあった自衛隊の建物はその後取り壊されてしまったが、太平洋戦争終了後に戦勝国によって行われた戦争犯罪の審判であった「東京裁判」に使われた因縁のある建物であった。

一九七〇年は日米安全保障条約の改訂の年であり、各地で学園紛争が起こっていた。また建築の世界では、大阪の千里丘陵で日本万国博覧会が開催された年でもある。

この博覧会は日本の高度経済成長とそれを支える技術立国日本の世界へ向けた祭典であった。戦後の二五年間で日本は世界史上に例を見ない奇跡的な経済成長を遂げていた。しかもこのときの日本万国博覧会には日本の戦後を代表する建築家である丹下健三により、当時の建築技術の最先端のボールジョイントによるスペースフレームの《お祭り広場》の大屋根がつくられ[図1]、その次の世代を牽引することになる磯崎新によるお祭り広場のロボット装置[*]がコンピューター制御によって動いていた。また黒川紀章の《東芝IHIパヴィリオン》[*]、菊竹清訓のシンボルタワー[*]、槇文彦、大髙正人などのメインゲートなどが、メタボリズムという新陳代謝する建築を表現する。これらは丹下の次世代の建築家たちによってデザインされ、彼らは成長変化するメタボリズムの華々しい未来志向の建築論を繰り広げながら実験的なパヴィリオンを建設した。

　一九四五年、三島由紀夫は二〇歳のとき、軍への入営通知を受け取ると遺書を書いている。それは敗戦、つまり戦前の大日本帝国の終焉に際して、戦場で死ぬ覚悟をした日本の青年の遺書として書かれた。しかし戦前の軍国主義教育のなかで育ちながら三島は虚弱であったため、軍人として死ねなかった青年であった。日本人として、日本の芸術的伝統と殉死する覚悟であったと考えられる。彼は戦場では死ねず、敗戦後の日本を生きることになる。そしてその生は虚構としての自作自演であり、自伝的小説『仮面の告白』で語られる華麗で残酷、悲劇的な最期を迎える。それが三島にとって、戦後を生きるという芸術行為ともいえる。

　三島由紀夫の小説に『金閣寺』という作品がある。室町時代に将軍の別邸として建

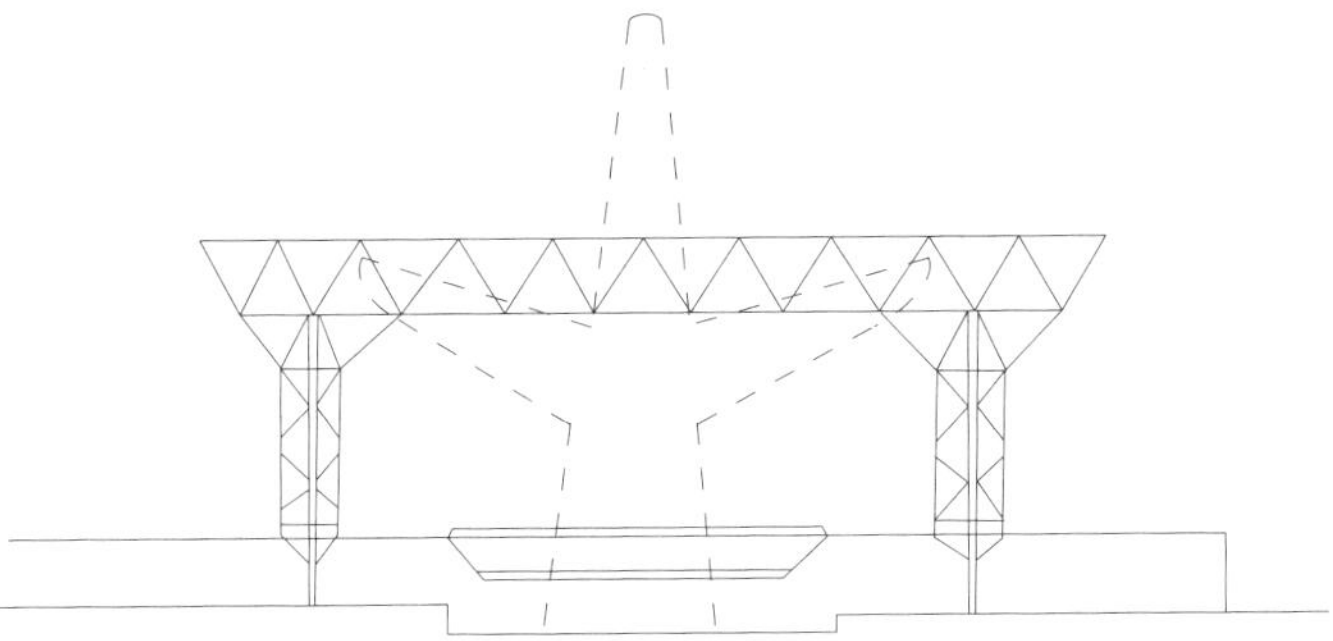

図1　お祭り広場の大屋根断面図　S=1:1800

てられた金箔をまとった伝統建築が題名になったこの小説は、主人公の心のありように戦後を生きようとする三島の複雑な心境が巧みに反映されている。この小説は、一九五〇年（昭和二五）に起きた金閣寺の見習い僧による放火事件に題材を求めているが、現実の事件を作品化した根底には、虚構の生として戦後の日本を生き、虚構の最期を演じながら現実の死を迎えたのかもしれない三島の芸術的な人生をすでに予感するものがある。

この小説では、ある冬の雪の降り積もった朝、主人公は見物に来たアメリカ兵とその日本人の愛人である娼婦を案内して金閣寺の説明をすることになる。雪の白、金閣の金色とこの日本女性の白い肌、口紅の赤が映像のなかの色彩として、この後に起こる出来事に鮮烈なイメージを添える。小説家としての三島が言葉により、芸術の域にまで到達した文学しかもちえない美の残酷な戦慄が描き出される。ここで三島は、主人公に一つの殺害を犯させている。

三島由紀夫は金閣の前に降り積もった白い雪の上に倒れた娼婦の腹の中にいる胎児を、アメリカ兵の命令で主人公の若い僧に踏み殺させているのである。この子はアメリカと日本の混血。ここでの殺害はアメリカ兵にとっての意味と金閣寺の主人公にとっての意味が異なる事柄となっている。つまり純白の雪景色のなかに燦然と輝く金閣の黄金の反射光（日本の伝統美）を浴びながら、主人公をかりて三島由紀夫は戦後のアメリカの価値観を受け入れることになる日本（女）の腹のなかの子供（戦後の日本の文化と現実の胚）をここで殺害しているのである。この小説は日本の美の象徴として金閣寺という伝統建築を問題としていることと、芸術における虚構性と現実の出来事の連接を創作の本質としている点に、同時代に生を受けた小説家と建築家を結びつける糸がある。

篠原一男は数学者としてのキャリアを切断して東京工業大学に再入学し谷口吉郎、清家清のもとで建築に向かう。谷口吉郎は戦前、ナチス・ドイツと大日本帝国が同盟関係にあった時代にベルリンの日本大使館の庭園の監修でドイツに滞在中、ヒトラー側近の建築家であったアルベルト・シュペーア[注1]と会見するなどの経歴がある。戦前につくられた初期の作品《東京工業大学水力実験棟》*に見られるように、コンクリートの白い箱形のモダニズム建築を設計しているが、フリードリッヒ・シンケルなどのドイツ新古典主義[注2、*]に通じる厳格な秩序感に基づく比例感覚を感じさせる。

戦後、《藤村記念堂》*のような和風の木造建築や、東宮御所などのコンクリートの柱梁構造に緩い勾配のコンクリートの切妻屋根を乗せた建築を設計しているが、これらの和風の建築において谷口吉郎は数寄屋（→p.13）*に見られるような造形的な遊戯性は完璧に排除して、書院[注3、*]に通じる比例がつくりだす品格のある清明で透明な秩序感を一貫してデザインの問題として追求している。その意味で谷口吉郎の建築性は、西欧の建築における合理的かつ古典的秩序と日本の伝統建築における書院の比例のつくりだす清らかさと品格の追求のなかに成立していると考えることができる。

清家清は、戦後日本の独自なモダニズム住宅を世界的なレベルの作品として残し、それらの作品はヴァルター・グロピウスから高く評価された。《斎藤邸》*《清家自邸》*は、

注1　アルベルト・シュペーア：ナチス・ドイツの軍需大臣であり、建築家としてヒトラーの建築における構想を実現した。ナチス党大会における光の大聖堂の演出やニュルンベルグの党大会会場の設計などナチス・ドイツにおける空間演出を担当した。一九〇五～八一年。

注2　ドイツ新古典主義：記念碑的性格と荘厳な古典的秩序を古典に内在する美としての真理の表現として、ロココに表現される旧体制の軽薄さに対する道徳的観念として表現された。*

注3　書院：日本の伝統的な住宅様式で鎌倉時代に成立した。武家住宅の様式で、建具で室を仕切り、畳敷きの室には床の間、違い棚、付け書院などがつくられた接客の室と生活のための室によって全体がつくられている。*

西欧のモダニズム住宅にはない日本人の生活習慣が近代化されている。可動する建具や家具が一室空間のなかで生活を成立させる「しつらえ」として位置づけられ機能する日本建築の間《ま》と、近代の無限定空間（ユニヴァーサル・スペース）のどちらにも解釈できる空間が実現している。清家清の住宅は日本的な間と西欧的な無限定空間が独創的に一つの小さな住宅のなかに結実した建築である。

篠原一男は、建築学における日本の伝統を問題として学位論文を提出している。日本の伝統建築の方法として、室町時代の武家屋敷の平面から抽出した平面の分割という方法や正面性などの論考は、学位論文の研究成果である。それらの論考や日本の民家を問題として出発した一九五〇年代から始まる篠原一男の住宅建築の設計の姿勢は、一九七〇年代には技術と経済成長に連動する丹下健三やその次の世代のメタボリストたちとは避け難い距離をもった建築的前衛の位置に身を置くことになった。このことは日本における近代建築の創造について重要な二つの問題提議をはらむことになる。一つは日本における近代の建築の前衛の方法という問題と、もう一つは国家の建築と個人の建築という近代の建築の成立する場の問題である。

近代の建築の前衛の方法は、明治の開国以来西欧の建築をいかに早く自分なりに受け入れるかが日本における建築の前衛であったといえる。たとえば日本で最初のモダニズム建築を受け入れた分離派グループの運動は、表現主義などのヨーロッパの建築動向をいち早く受け入れつつ、そのなかでたとえば堀口捨己は構成的方法であるコンポジションを日本的なものとしての茶室の構成的解釈として自身の近代的建築活動のなかで追求したのである。それに続く世代の前川國男、坂倉準三[注4]、丹下健三においても、ル・コルビュジエの建築思想をいち早く受け入れながら、それを日本的なものとして展開させることが建築的前衛としての作業であったといえる。

丹下健三はさらにサーリネン（→p.62）、オスカー・ニーマイヤー[注5]らのアメリカやブラジルで一九五〇年代に展開される建築のモダンバロックの造形、加えてブルータリズム（→p.40）までもいち早く受け入れながら、自己の建築に取り込んでいくことで前衛の先端を走りつづけた。丹下研究室では一九六〇年代になって、イギリスのAAスクール（→p.67）で展開されていたセドリック・プライス（→p.67）、アーキグラム*（→p.68）の建築運動を受け入れつつ、メタボリズムという日本化された高度経済成長の論理のなかにこれらを引き込み、磯崎新はポストモダニズムという概念で六〇年代後半以降の世界的に起こる近代建築批判の方法をすべてモダン・マニエリスムとして手法化しながら、西欧の一六世紀の方法論をルネッサンスと近代、ポストモダニズムとルネッサンス後期のマニエリスムという構図として二〇世紀後半によみがえらせつつ前衛としての建築活動を展開していく。これは近代とは海外からすべての新しい概念も造形も輸入し、それらを日本化することがそのまま前衛であったという後進国における近代の受容の構図であると考えることができる。

それに対して、日本の伝統としての建築的文脈のなかから近代建築を生み出すという、数学者としての論理的思考に基づく理論的創造性の出発点を、「伝統は創作の出発点であっても回帰点ではない」[注6]とした篠原一男は、日本における独自で正統な

注4　坂倉準三：建築家、東京帝国大学美学科を出た後、ル・コルビュジエに師事。一九三七年、パリ万博の日本館でグランプリを獲得。戦後も日本のモダニズムを代表する建築家として活動した。一九〇一～六九年。

注5　オスカー・ニーマイヤー：ブラジルの建築家、ブラジルの教育保健省の建築顧問としてルチオ・コスタがル・コルビュジエを設計者としたときに協働。一九五二年、ニューヨークの国連ビルでル・コルビュジエのアシスタントを務める。モダニズムの造形を独自で自由な領域に拡張したデザインを通して、一九五〇年代に新たな展開を示した。モダニズムのバロック的自由さを提示したともいえる。《首都ブラジリアの国会議事堂》など多くの優れた作品がある。一九〇七～二〇一二年。

注6　「伝統は創作の出発点であっても回帰点ではない」：『住宅論』鹿島出版会、一九七〇年。

前衛建築の方向性をもつことから、彼を出発点として日本の建築の自立した伝統の先に生み出された近代が始まると考えることができる。これを同世代の三島由紀夫が迎える破局の一九七〇年と比較すると、芸術家として三島由起夫は虚構の死を選ぶが、篠原一男は伝統から未来への前向きのベクトルをもった建築の地平の創造に向かうことで、独自に日本において伝統の先にある近代建築を創造する。戦後の前衛としての芸術の全く異なったベクトルの提出者として、三島由紀夫と篠原一男を位置づけることが可能である。

　篠原はしかし、三島と同様に虚構の美を肯定する立場をとる。《白の家》図2の発表に際して「虚構の空間を美しく演出したまえ」注7というアフォリズムを宣言している。これは小説家の言語による美の創造が虚構世界しか描けないことに対して、建築は現実世界の出来事であり、実物大の虚構を実現するという宣言は小説と建築という異なる芸術領域における逆説的表現の絶対的な対立がある。この点においては、小説家の三島が演劇、つまり実物大の虚構に対して極めて積極的な関与をしたことを考え合わせると、両者における虚構としての美に対する肯定は相同なものとも考えることができる。その意味で三島の死は演劇としての最期を自らが演出し演じたと仮定すると、両者の表現領域における相同性は一九七〇年には明確に同一のものであったといえる。

　実物大の虚構としての《白の家》は、しかしまた一つの日本の伝統の死であり、かつそれを踏み越えた一つの生の始まりであったと考えることができる。伝統を出発

注7
「虚構の空間を美しく演出したまえ」：「気のすむまで美しい構成をつくりたまえ。それが紹介されて多くの人々の眼に触れたとき、美しい空間であると訴えかけることができたなら、それはよい事をしたのである。だが、この虚構を社会の広がりへ持ち出すべきなのである。虚構の空間がもし美しいという評価を受けたなら、その家は社会的存在となるからである」（「住宅設計の主体性」『建築』一九六四年四月号）。機能主義の合理空間を信奉していた日本の建築状況に対して発せられた一連の言葉の一つで、芸術としての住宅を現代建築として宣言するとともに、住宅設計の主観性を宣言している。日本の戦後近代建築の皮相的な政治状況における合理主義に内在する空間性の貧困と、その論理的脆弱性が示す時代状況の肯定と追従に対する批判の言葉である。

図2　《白の家》立面図（上）、平面図（下）
S=1:250

点とすることで、篠原は自身の伝統への後ろ向きの思いにとどめをさしたのである。しかもこれが平面の分割（切腹と同じ方法）によっているとしたら、《白の家》はまさに伝統の方法が方形の屋根の下の一室空間を一文字で切断している。しかしよく見ると、この住宅は正方形の中心に柱だけがある建築の原型としての平面、つまりこれ以上省略できない架構の中心を外して真一文字に切断されている。ここでは日本の伝統的木造建築において、柱と柱を結ぶ線によって分割することとは異なった方法をとっている。つまり《白の家》においては、抽象的に原型を分割するという方法がとられている。

この抽象化された分割という建築の方法は、《白の家》では美しい内部の開口の構成をもつ壁面を背景とする柱に象徴としての意味を獲得させることになる。ここにすでに自立した柱と自立した壁の空間のなかでの要素同士の出会いによる意味の生成が始まっている。ここに提出された建築は、西欧からあるいは海外から輸入した理論や造形を日本的な概念や造形とつじつまを合わせることによって成立した戦前の日本のモダニズム、また戦後アメリカ経由で輸入されたインターナショナルスタイルの安易な模造としてのジャポニカスタイルとは全く異なった文脈と論理によってつくりだされたモダニズムの建築という解釈ができる。日本の伝統から抽出された方法が生んだ、近代建築といえるものである。

平面の分割という方法は《白の家》においては中心に配された架構として、方形の屋根を支える丸太の柱と分割をもたらす壁が対峙する空間を生み出す。平面の分割の

注8　「象徴空間」：『住宅論』鹿島出版会、一九七〇年。

注9　「モダニズムを横断する」：『続住宅論』鹿島出版会、一九七〇年。第一の様式とする日本の伝統の方法を問題とした建築から、第二の様式とするコンクリートのキューブを外観とし、内部に「亀裂の空間」とよぶ空間を内包した一連の住宅に対して使われた言葉。

注10　「遮断は連続への期待を喚起する」：「新たな非日常性の構築―亀裂の空間の構造をめぐって―」『建築文化』一九七一年一月号。「二つの住宅の中央に置かれたこの複合的な垂直空間は、それ自体として強い統一体としての表現をもっている。それは全体のなかで遮断の空間としての機能を表すことになる。視覚的な空間構造としての問題のほかに、例えば平面上の問題としても遮断性が強い。……方法的に加えられた遮断であるから、もちろん、現実的な生活のなかに混乱があるわけではない。……私は遮断が目的であったわけではない。私の目的は、このような強い遮断によって、その逆の連続性への期待をそのなかに発生させたいということだった。遮断は連続への期待を喚起する」。連続と亀裂の間―亀裂のなかに連続が「私は遮断性こそ都市というものの基本的大構造であるべきだと考えている。……そして、ここで意図された強くそして確実な遮断の空間からにじみでてくる連続への期待が、都市の本当の生命を支えるものだ。だから、私にとって住宅とは本質的に〈静〉の空間なのだ。」

ための壁は、伝統的な日本の建築に「しつらえ」として仕切るために用いられる障子や襖のような舗設の分割面ではなく抽象的な白い壁である。ここには開口部がいくつかあるが、壁に穿たれた開口という意味で日本的なものではなく、また西欧的なものでもない壁面をつくりあげている。この壁と丸太の柱の対峙は「象徴空間」[注8]と篠原一男がよぶ空間を発生させている。壁の前面に立つ柱、この空間の強さと美しさは、広間の広がりの上に虚構として生み出されている。住宅建築における美とは、日常生活を排除した虚構の上にしか成立しない。

さらにここから篠原は「モダニズムを横断する」[注9]という言葉を使いながら、コンクリートのキューブのなかに「亀裂の空間」とよぶ裂け目を閉じた住宅に内包したコンクリートの住宅を展開していく。「亀裂の空間」は《白の家》に続く神戸の《花山の家》の広間に続く廊下と、《山城さんの家》の中庭に発生の源をもっている。《山城さんの家》では中庭に向かう外部空間としてつくられているが、狭い空間の向こうに広がる空間的展開であるが、内部空間としては《篠さんの家》*において最初に黄金色の壁紙が張られて「亀裂の空間」は実現する。《篠さんの家》は木造であるがここに最初の亀裂の象徴空間が成立し、《未完の家》と名づけられたコンクリートの住宅で一つの完成を見ることになる。

《未完の家》は外観が発表されることなく、内部の亀裂の空間とその先にある広間とよばれる白い光がふりそそぐ空間だけが発表されている。この住宅は実は外観はキュービックな立体ではなく、コンクリートのキューブが広間の上部の水平面を残し

近代デザインの手法を組み合わせたコミュニティ論を私は信じない。……激しい亀裂を解決の糸口も見いだせないまま回転して行くこの巨大都市のなかに生きる、人間の深層にうごめく生の感覚に一度も眼差しを送ることのない、壮大に構築された都市デザイン論も無効なのだ」。この文章が一九七〇年、つまり日本万国博覧会の時期に書かれていることは重要である。当時メディアを賑わせていたテクノロジーによる楽天的な未来都市論、コミュニティ論、住宅建築に対して全面的な戦いを展開している。

注11　「現代都市は混沌の美以外を表現できない」:「混沌の美」『住宅建築』紀伊国屋書店、一九六四年。一九六〇年代に、東京郊外の住宅地から見た風景を「混沌の美」という言葉で評価している。この当時の近代主義的都市計画の目指す調和した都市という考えの幻想性と権力性に対しての極めて早い時期の自由な社会がつくりだす都市の風景を肯定した批判的言説である。

ていくつかの傾斜した面によって削り取られている。外観には《白の家》から引き継がれている屋根の傾斜が断片的に残されて、完全なキューブとしての外観はまだ成立していないのである。このように篠原はゆっくりと、しかし着実に造形の展開をしながら七〇年以降、孤独に前衛としての建築の地平を広げていく。同時にこの頃、都市という主題との関係が住宅の条件として思考されていく。「遮断は連続への期待を喚起する」[注10]、つまり閉じられることによって住宅は都市と関係をもつことができるという、現代住宅と都市の関係が提出される。

都市については「現代都市は混沌の美以外を表現できない」[注11]という発言を残している。これは後年の「プログレッシヴ・アナーキー」[注12]という建築概念に通じるものだが、都市を美の問題として計画し実現するということは、ナポレオンやヒトラーといった絶対的で巨大な権力が存在した近代以前の時代にのみ可能で、個人や企業の建築の自由が基本的には建築基準法の制約を除いては保証されている近代以降においてはありえない。その指摘も、近代以降の都市計画という概念を西欧から輸入することで、統一美としての都市を夢想した多くの近代都市計画家や丹下健三とは異なる独自の都市論を提示している。

「亀裂の空間」をもった一連の住宅は閉じられた垂直性の内部空間をもつ。しかもその空間には広間という名前がつけられているが、《未完の家》[図3]では特定の機能をもった空間として住宅のなかにあるのではなく、強い象徴的な空白、あるいは内部の各室を結びつけるだけの機能空間として住宅の中心に存在している。この高さ五mを超え

注12
「プログレッシヴ・アナーキー」：東京の風景から引き出された概念で、戦後の計画的メガロマニアックな都市構想に対して、篠原においては確かな出発点であると位置づけた都市の混沌からの可能性を論理化しようとする概念である。「東京のいくつかの繁華街の活性は、どの建物も、どの看板も、自分がもっともスマートで美しいという確信と、それゆえに目立ちたいという意欲にあふれて立ち並んでいるところから発生している。アナーキーを方法化するのは、論理学的に成立しない。単純化や象徴化はアナーキーの対立物である。計画論的ではなく、確率論的にアナーキーの活性が期待できるだけである。その時代の、物質と感性の、もっとも進んだ建築技術を動員して設計され、そして、他のどれより端正で美しいという確信にみちた建物が、通りを無計画に埋めたとき、アナーキーの活性が生まれる確立が大きい。……プログレッシヴ・アナーキーはその活性を確保するために、その構造をたえず変化させてゆく。都市の自由と同義語である活性をたえまなくつくりだす都市は、人間が無作為につくった、最大の機械として定義できるであろう」（「建築へ」『新建築』一九八一年）

る住宅の空間としては大きな広間は外部から閉じられ、天井から円形の白い光だけが注がれている。そこには、内部空間同士の間にガラスの嵌められた窓のような開口部がある。一般的には窓は住宅の内部と外部の間に設けられるものだから、この内部は住宅の内部にある外部、あるいはもう一つの次元の内部という都市空間との位相的な空間として位置づけられていると考えられる。

　建築において最小限の単位である住宅と、建築の集合の最大限である都市が空間の問題としてどのように関係するかについても、篠原は西欧からの輸入概念としての近代都市計画とは全く異なる独自の思考を展開している。

　また、七〇年代のメタボリストたちの都市とカプセルが樹木の幹と枝と木の葉のような関係、つまりツリー状のヒエラルキーとしての構造であるのに対して、篠原の住宅においてはそのようなヒエラルキーの関係とは位相的に異なったものとして都市空間と住宅の関係が提示されているといえる。ここでは位相という空間性の本質的な差異が問題とされており、それは日本の伝統的な空間概念の根本的な問題の先にある日本の都市空間の近代という問題が提示されている可能性がある。

　「亀裂の空間」以後を篠原は「第三の様式」と名づけて、空間の意味の生産の問題を探求することになる。「意味を生産する機械」[注13]としての建築の思考は、近代建築の横断としてコンクリートのキューブのなかの「亀裂の空間」の探求の後、《谷川さんの家》[図4]における「裸形の事実」[注14]としての土の斜面と住宅の架構の出会いが起爆剤となって展開する。この住宅は詩人の軽井沢の山荘として計画されている。夏の広間

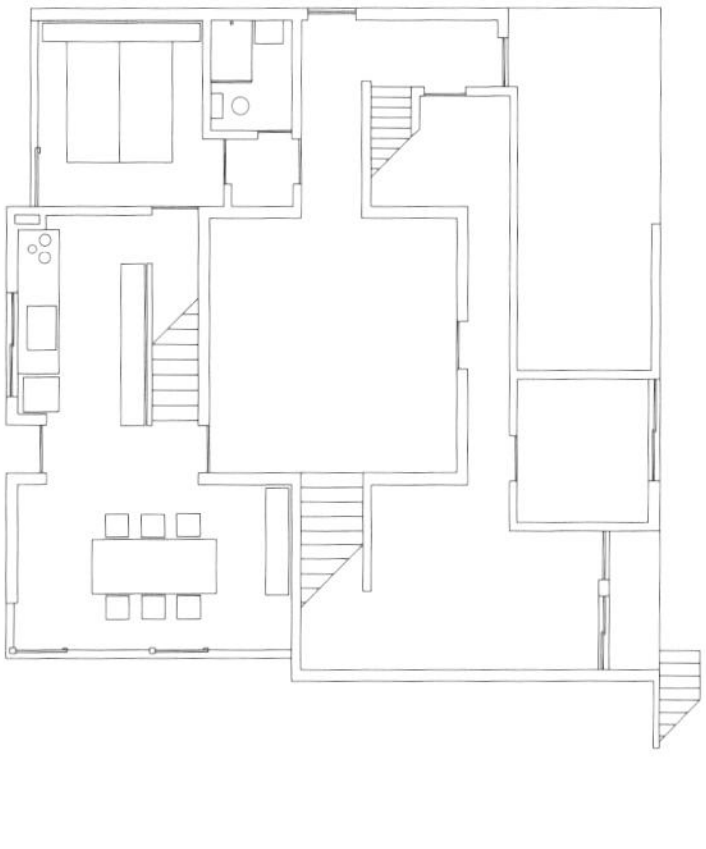

図3　《未完の家》平面図　S=1:250

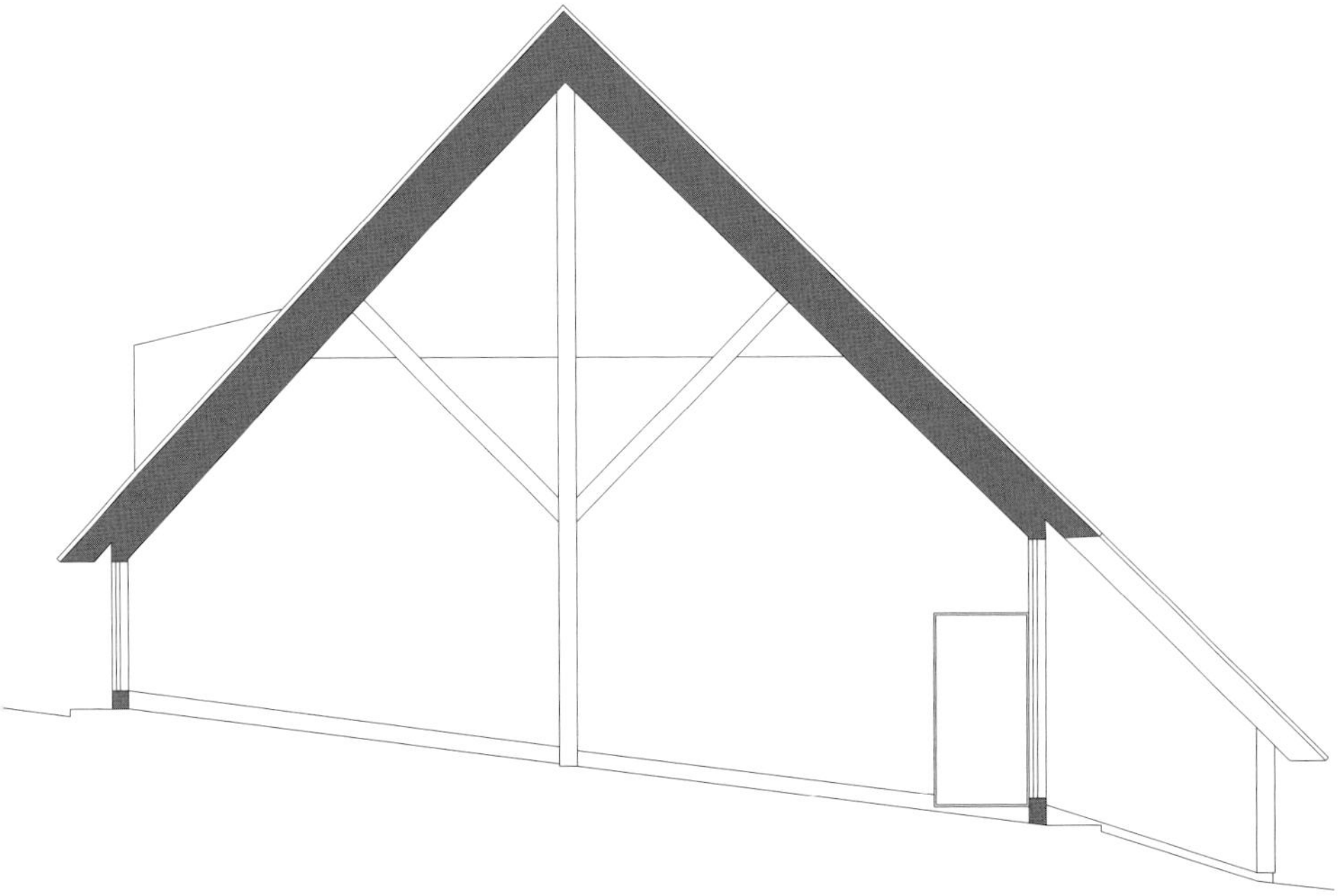

注13
「意味を生産する機械」:「〈意味の空間〉を長い間私は追ってきた。一九六二年の〈住宅は芸術である〉(『新建築』一九六二年五月号)がその最初の発言であり、やがて〈象徴空間〉が私の中心的主題になった。そしてこの過程は日本建築の伝統との対応を続けていた時期でもあった。……〈三つの原空間〉(『新建築』一九六四年四月号)という私の仮説、建築空間の原型は〈機能空間〉〈装飾空間〉そして〈象徴空間〉であって、これ以外には存在しないという考えに立てば、そのとき私と新しい原空間〈機能空間〉との出会いが始まったということになる。……それと平行するようにして、住宅の外形の特徴が幾何学的、あるいは私が呼ぶ無機的な形態への移行もはじまった。……この幾何学性も無機性も、〈意味の空間〉のなかで成立する方法であって、対談の終わりで〈機械〉への引き金になった〈純粋の無機性をもつものにマシーンがある〉という考えもここから出ている。ここまでの私の文脈に〈生産〉の概念を導入するきっかけをジル・ドゥルーズの〈文学機械〉から得た」(「〈機械〉あるいは〈状態〉、空間機械について」『建築文化』一九七五年四月号)

図4　《谷川さんの家》断面図　S=1:100

は土で覆われた斜面を架構に支えられた屋根によって覆うだけの空間である。ここでは自然の地形と屋根と架構は、それぞれ篠原により裸形の事実であると定義される。裸形の事実とは、それ自体がそれ以外のイメージや意味をもたないものとされる。建築はその部品としての要素の組立てによって生産される意味と定義できる。

　部品によって組み立てられる機械が機能することを目的としたのが西欧のモダニズムの考えであるとすると、ここでは部品としての言葉がそれを読む人間に対して意味を生産する機械としての文学機械という概念、これはジル・ドゥルーズの「プルーストとシーニュ」[注15]において展開された概念であるが、これと同じ関係を指摘できる問題としての建築における意味を生産する生産機械としての建築が展開される。さらにこれに続く《上原通りの住宅》[図5]では、東京という都市に生きる建築を「野生の機械」という言葉で説明する。この住宅は東京という都市に生きる空間としての意味を生産する「野生の機械」と説明される。ここでは生活の秩序としてつくられた平面と、建築を成立させる架構との関係はそれぞれ自律したシステムと考えられている。

　自律したものとして設計された平面と自律したものとして建築を支える柱と方立が組み合わされた架構が出会うとき、そこには今まで存在したことのない空間の意味が発生する場所としての近代空間が生み出され、架構である柱と方立の間にできた三角形の開口からは東京の混乱した風景が切り取られて室内に入ってくる。近代の野生の思考は西欧のモダニズムから派生したのではなく、日本の伝統から論理的に切り開かれた「野生の機械」としての建築を提示している。篠原一男はたった一人で、誰もな

注14
「裸形の事実」：『新建築』一九七五年一〇月号に《谷川さんの家》発表の際提示された論文「裸形の空間を横断するとき」に示された概念である。「柱も壁も筋違いもただそれだけの機能を表現している、そんなあたりまえのことが実現できないだろうかと私は考えている。空間架構のこれらの要素、そしてその全体である空間自体にこめられてきた様々な意味を、もし可能なら思い切って消してしまいたいと……。熱い意味の空間から、冷たい、乾いた無機的な空間へ……。今、事実の観測に私は強い興味を持つ。裸形の事実は意味を担わない。横断は裸形の事実を生産するひとつの手段である。横断という行為は都市のなかで、文字通り本来の機能を持つ。私はこの横断を都市とその対極にある住宅とを同時に考える手段として使用している」

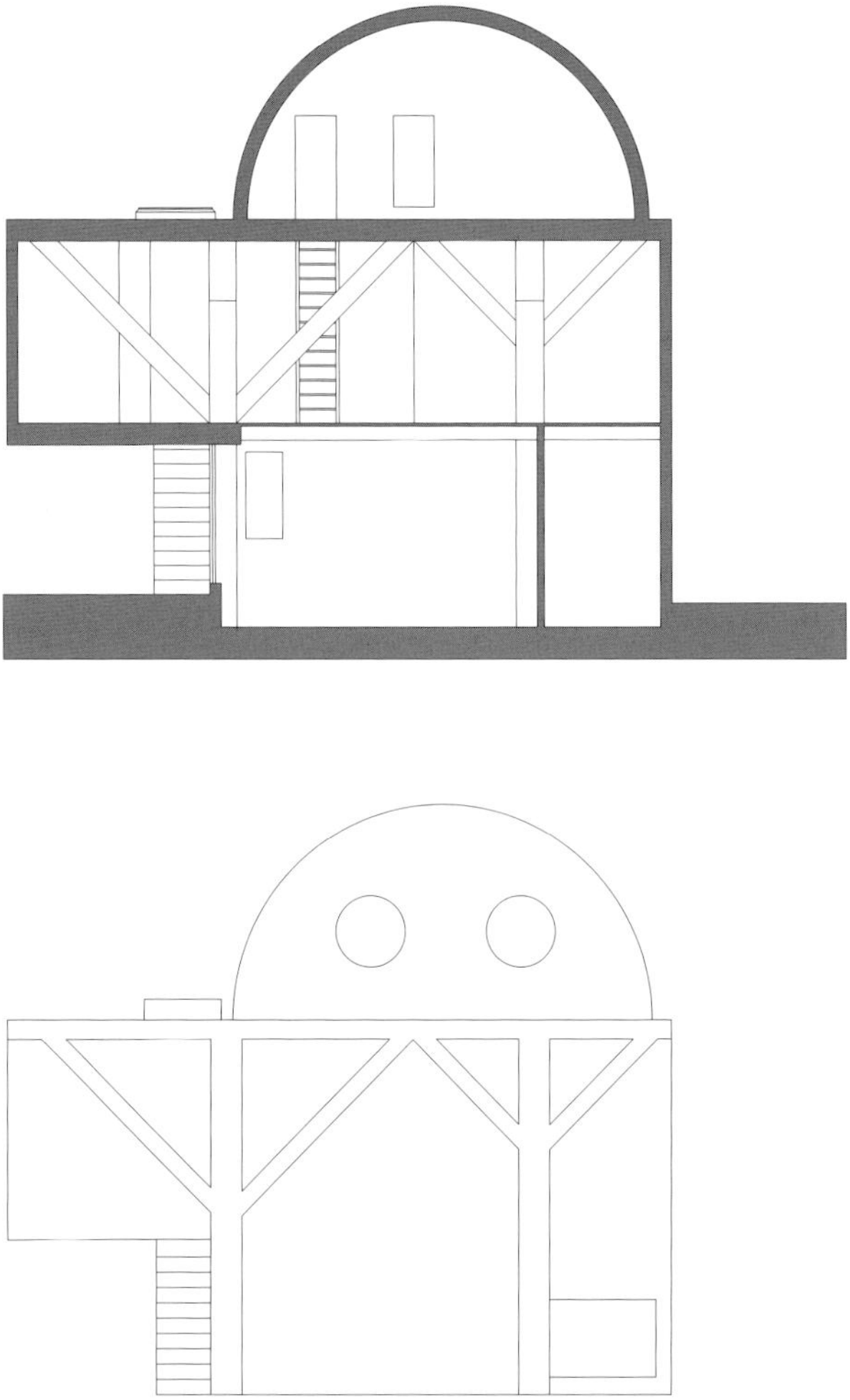

図5《上原通りの住宅》
断面図（上）、立面図（下） S=1:150

しとげたことのないモダニズム建築を発進させたのかもしれない。西欧のモダニズムから自立したもう一つのモダニズムは、篠原一男から始まるという建築史の書き換えをせまる。

さらに「住宅は芸術である」という篠原一男のアフォリズムについて、なぜ住宅が芸術として設計されなくてはならないのか。そこには国家の建築と個人の建築という日本の近代のより本質的な問題が横たわっていることがわかる。明治の文学者である夏目漱石の小説の最も重要な主題は近代的自我に覚醒し自我を生きようとする個人の問題で、漱石自身が生涯このことをめぐり格闘しながら『こころ』などの小説として表現した。森鴎外の主題も、個人としての森鴎外と国家機関である陸軍軍医として生きる森林太郎の二つの自分という問題である。近代という自我を覚醒した人間の住宅を通して追求される個人の建築は、つまり近代的個人の存在表現としての芸術であるという意味で篠原一男の「住宅は芸術である」という言葉の意味が込められていると理解できる。その意味で国家の建築のなかに、戦後の近代建築を探求した丹下健三と個人の建築のなかに戦後の近代建築を探求した篠原一男は、国家と個人という根本的な近代の問題のなかに建築を探求した対極的建築家であるといえるであろう。

篠原一男のキーワード「伝統」「モダニズムを横断する」「野生の機械」「プログレシヴアナーキー」、これら一見不連続な言葉を貫いて結びつけるのは時代の都合への迎合によって左右される日本の建築の展開のご都合主義の態度への強靭な拒絶としての建築における自律した「自由」の追求ということになるのではないだろうか?

注15
「プルーストとシーニュ」：多木浩二との対話で〈空間機械〉という概念において、「私の〈空間機械〉を組み立てる。私の〈空間機械〉は、だが、文学機械の翻訳でも翻案でもない。もし言葉だけをうまく〈置き換え〉たとしても、重要な意味を持たない。文学は文学、建築は建築なのだから。異なった領域の間の用語の一対一の対応が重要なのではなく、その間の交感に意味がある。だいいち、ただでさえ難解なジル・ドゥルーズの「プルーストとシーニュ」は膨大なプルーストの小説『失われし時を求めて』の理解を前提としているから、文学論上のプルーストをわずかに知っているだけの私には、置き換えなど不可能である。他のジャンルのユニークな考えかたと交感し、現在までの私の論理や方法によって、同じ位相をもつと予想される、私の〈空間機械〉を組み立てようとする。だから、彼の著書の誤解であるという非難に対しても、こちらの機械はいっさい責任を負わない」と語っている。「……それは意味空間のなかの装置であり、他人にその意味を読み取らせることを強要、いいかえれば意味が生産されていく。読み取りの強要とは空間と人との相互介入―これはすでに非合理都市のなかで説明されていた概念―のことである。私の〈空間機械〉は除幕してよい」と語っている。

一九五〇年代に貧しい日本の当時の経済状態のなかでご都合主義として利用された建築の最小限住宅という合理性に対して、「住宅は広ければ広いほどよい」という言葉で反発し、「住宅は芸術である」と宣言し、非合理の自由を求めたのも、建築の自由という機能としての近代性であったのではないだろうか。篠原の建築活動を芸術家という狭い領域の行為として止めてはいけない。

篠原はその建築の自由の機能が最も純粋に個人の住宅という場において実現することにこだわり続けることで、建築における近代を独自で普遍的な道として切り開いた建築家であるといえる。

八

ポップな日常の家の記号としての家

ロバート・ヴェンチューリ

（一九二五―）

プリンストン大学卒業後ローマに留学、近代建築批判としての理論的著書である『建築の多様性と対立性』（"Complexity and Contradiction in Architecture", 1966）において、西欧建築の深い学識から導かれた思考で近代の純粋主義や排除主義に基づく美学を攻撃し、あいまいで矛盾した現代の美学を提示するとともに、近代のマニエリスムとしてのポップな芸術としてのアイロニカルな作品をつくった。ミース・ファン・デル・ローエのless is moreという美意識に対してless is boreと反論した。フィリップ・ジョンソンの《ガラスの家》に対して、ミースが嗅ぎ取ったスノッブな古典性としてのアメリカ文化としての大衆芸術をより理論的に知的に展開した。アメリカの近代以降の大衆社会の芸術としての建築は、知的なアイロニーとしてしかつくり上げられないことを実践した建築家といえる。

二〇世紀の近代建築のアイコンである直方体キューブの新鮮さが急速に失われていくのは、一九六〇年代後半における近代主義建築に対する批判としての、いわゆる狭義にポストモダンとジャーナリスティックによばれた時代であった。この時代にロバート・ヴェンチューリの二つの著書『建築の多様性と対立性』（“Complexity and Contradiction in Architecture,” 1966）[注1] と『ラスベガス』（“Learning from Las Vegas,” 1977）[注2] は、いわゆる近代建築の純粋性という抑圧から建築を解放するという意味において決定的な論考であった。

前者は近代建築における排除性の論理を真っ向から問題とした建築の複雑な統合のための論理的考察であり、また建築の歴史的な位置づけとしての近代におけるマニエリスム論でもある。重要なことは、ここに近代以降の建築における機能と形態の関係の問題としてのあいまいで困難な全体性としての建築の統合ということが指摘されていることである。「Difficult whole」（困難な全体性）という言葉で表明されているのは、建築性というものの古典的、また近代的定義としての美学的排除機構に基づく純粋性によって獲得される美的問題の虚構性と日常生活の場としての建築に対して、抑圧として働く問題を告発する建築の再定義である。

《母の家》[図1] の平面計画における日常的な生活空間の機能は、近代建築において美的な図像操作のなかに隠蔽された排除機構、つまりそれはミースの《ファンズワース邸》[図2]（一九五〇年）に見られる純粋な幾何学的美のために機能という言葉によって隠蔽された排除の機構に対する徹底的な反論として、生活のその場しのぎのような平面が

注1 『建築の多様性と対立性』：伊藤公文訳、SD選書、鹿島出版会、一九八二年。近代建築の純粋性や排除性に対して批判し、装飾や機能と形態の矛盾の調停などを擁護した。

注2 『ラスベガス』：共著、石井和紘、伊藤公文訳、SD選書、鹿島出版会、一九七八年。アメリカ、ラスベガスの装飾のついた建築の大衆文化における記号性を現代建築の問題として提示し、『建築の多様性と対立性』とともに近代以降の建築の思考に大きな影響を与えた。

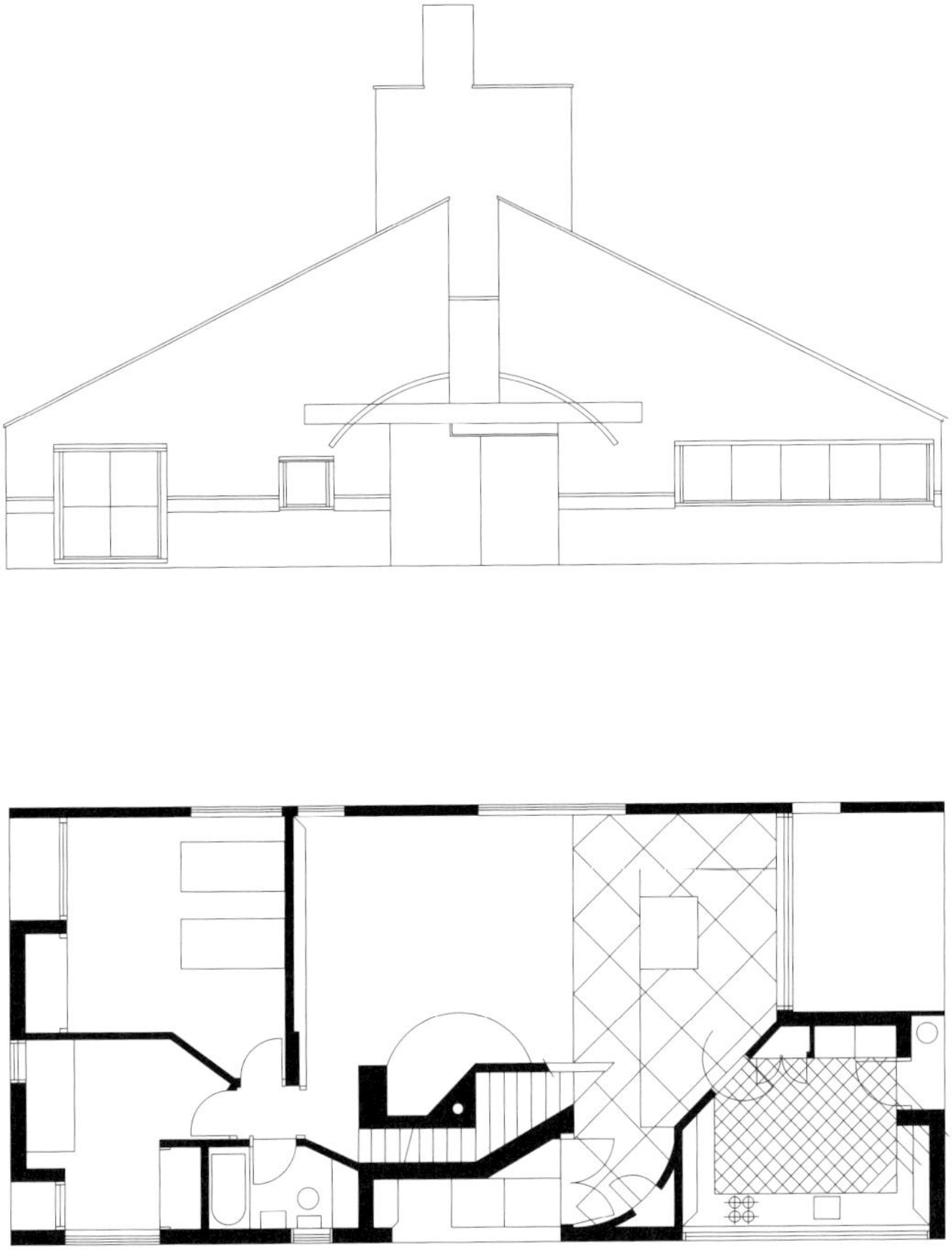

図1　《母の家》立面図（上）、平面図（下）
S=1:200

周到につくりあげられている。それはアメリカの日常生活が繰り広げられる平面であり、ここには日常生活に犠牲を強いた近代的美学に対する徹底的な批判があると考えることができる。

ヴェンチューリはミース・ファン・デル・ローエの美学を表現した「less is more」（少ないことが豊かなことである）という言葉に対しては、「less is bore」（少ないことは退屈だ）という言葉を投げかけている。しかし彼の《母の家》における家形をした家という、家の記号が建築化されるという記号としての形態は、アメリカ独特の文化的問題としての大衆社会におけるポップな記号表現としてこの家の外観を決定している。

つまりアメリカにおける最もオリジナルな文化の一つである、一九六〇年代の美術界に影響を与えたポップアート[注3]とよばれる日常のアイコンの芸術化を建築の領域で展開したものである。その意味ではヴェンチューリの戦略はアメリカ人としての、ミースにおけるヨーロッパ近代の芸術と建築の造形に対してアイロニカルな独自な展開という意味で、インターナショナルスタイル[注4]という名称を近代建築のイコンとしての建築として流通させるという戦略をとったフィリップ・ジョンソン[注5]と同じ位相の建築的戦略であると考えることができる。

インターナショナルスタイルというのは、ヨーロッパのモダニズム建築に対するアメリカという場所でのモダニズムの展開としての芸術的変容で、これはアメリカ文化の独自性の問題としてのポップなキャラクター、つまり記号の流通と消費に関わる

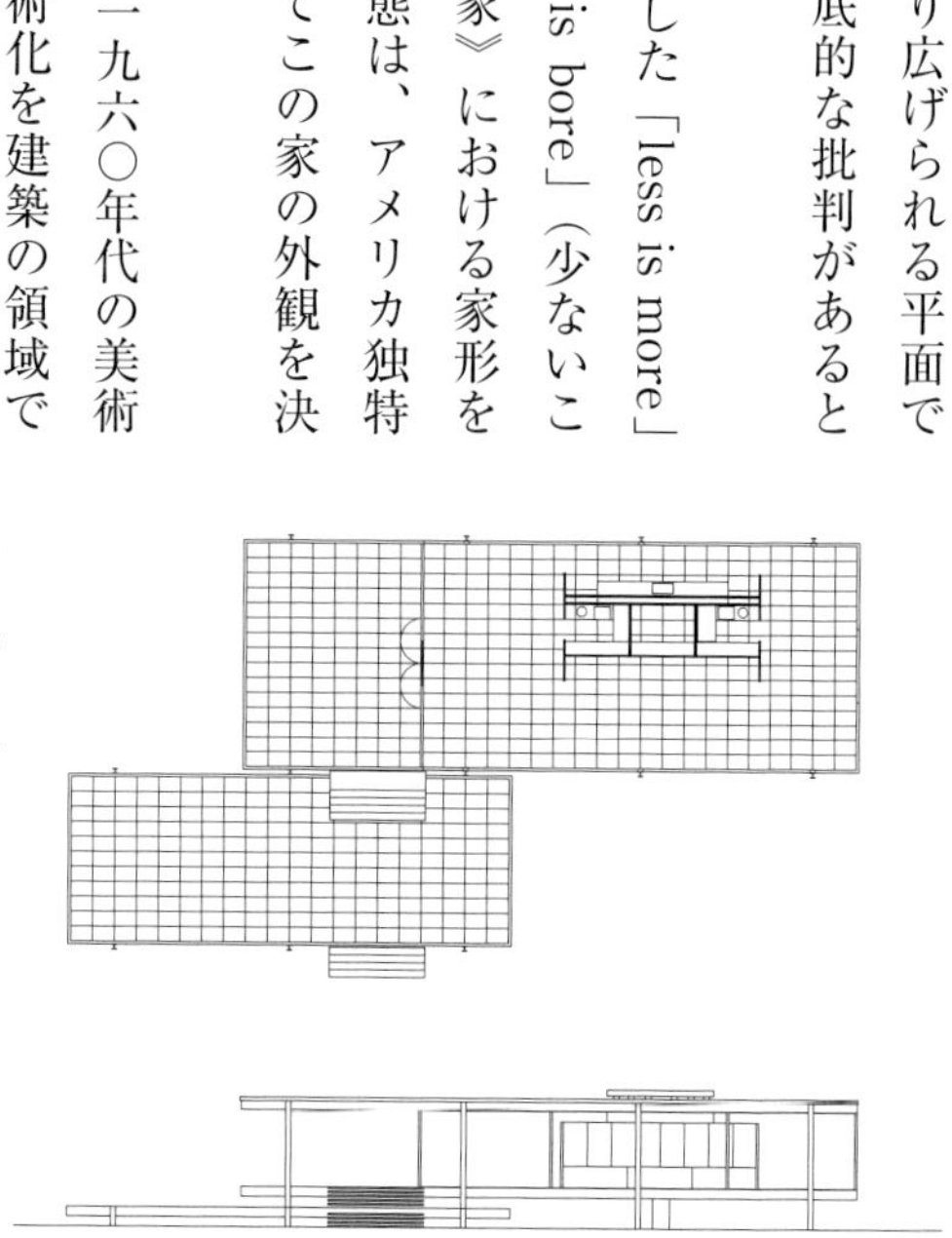

図2《ファンズワース邸》平面図（上）、立面図（下） S=1:600

注3　ポップアート：アメリカで流行した大衆社会のイコンを芸術の題材とする表現で、近代芸術がブルジョワの美学的な表現であるとすると、大衆社会の美学をアイロニカルに表現することで近代以降の大衆芸術のありようを示した。一九六〇年代にはアンディ・ウォーホールやロイ・リキテンシュタインによって黄金期を迎える。

スノッブな芸術的態度というべき問題を含んでいる。大衆社会におけるハイアート芸術は、本来非大衆的な概念、つまりエリートである芸術家が大衆社会に氾濫するアイコンを取り上げ、それを芸術の問題として着目するアイロニカルな視点を獲得することから始まる。フィリップ・ジョンソンは明らかに最初のポップアーキテクチャーを無意識に創造している。《ガラスの家》[図3]（一九四九年）は彼の自邸であり、建築のコレクションの一つでもあり、ゲストのためのプレゼンテーションとしての建築である。

第二次世界大戦の直前、ナチス・ドイツの芸術政策により退廃芸術として排斥されたモダニズム建築を推進していたバウハウスの二代目校長ミース・ファン・デル・ローエは、迫害を逃れるためにアメリカに渡る。ミース・ファン・デル・ローエをアメリカ合衆国に招聘するのに貢献したフィリップ・ジョンソンは、ニューヨークに建つ二〇世紀モダニズム建築のモニュメントである《シーグラムビル》の設計においてミースのアシスタントを務めている。《ガラスの家》はミース・ファン・デル・ローエの《ファンズワース邸》のスケッチに触発されたフィリップ・ジョンソンによって設計され、《ファンズワース邸》より早く完成した。

《ガラスの家》と名づけられたフィリップ・ジョンソンの自邸について、ミース・ファン・デル・ローエはモダニズムとは異なる何か、つまりそれはアメリカの文化としての芸術と建築の造形的戦略としてのアイロニカルな表現を嗅ぎ取っていたと解釈することができる。それは《ガラスの家》がすでにモダニズム建築の純粋性から離れ、古

注4　インターナショナルスタイル：近代建築をアメリカに紹介した一九三二年のニューヨーク近代美術館における近代建築展覧会で、フィリップ・ジョンソンとH・R・ヒッチコックは、「インターナショナルスタイル、一九二二年以降の建築」としてこの言葉を使用した。

注5　フィリップ・ジョンソン：アメリカの建築家、父親は弁護士で資産家。一九三二年の「インターナショナルスタイル、一九二二年以降の建築」展覧会以後、ポストモダニズムまでアメリカの建築思潮を牽引した。一九〇六～二〇〇五年。

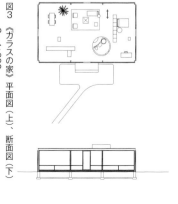

図3　《ガラスの家》平面図（上）、断面図（下）　S=1:600

典主義建築への接近と知的スノビズムへの傾斜を感じさせていたからであると考えることができる。

フィリップ・ジョンソンは、アメリカにおけるモダニズム建築の記号化としてインターナショナルスタイルを紹介する。モダニズムでなく、インターナショナルスタイルという言葉を用いた戦略である。スタイルという言葉は、様式というヨーロッパの古典建築を定義するような意味として解釈するよりも、記号としての形象をキャラクター化する言葉と解釈したほうがわかりやすい。キャラクターとは人格をいかにももったかのようなアメリカ文化独特の社会化され記号化された社会的存在のことであり、ミッキーマウスはその最も有名なものの一つである。ここにアメリカで発明された二〇世紀の大衆と連動した社会における記号のありようを見ることができる。ポップアートはこのような大衆社会におけるキャラクターを受け入れながら、それに対して知的な屈折した距離をとる芸術である。

これはヨーロッパ的なブルジョワ社会の芸術であるモダンアートの後、アメリカという大衆社会のなかで芸術を成立させる文化的価値の差異を創造（捏造）するための芸術における大衆社会の政治学のなかに成立するアイロニカルな方法と考えることができる。これはすでにマルセル・デュシャン（→p.73）がレディメイド（→p.79）という方法によって、ルネッサンス以降、ヨーロッパの近代ブルジョワ社会における芸術を終焉させた後である二〇世紀半ば以降の大衆社会における芸術としてのポップアートの方法である。

マルセル・デュシャンのレディメイドは、社会にありふれた事物を利用し、「泉」*という作品では工業生産品であるセラミック製の男性用便器を選び、美術館にサイン入り（しかもこれはR.MUTTという偽名のサイン）で展示されたことをメディア（当時は新聞紙上）に発表した。つまり芸術の社会化のメカニズムである捏造の仕組み（芸術家によってサインをされた作品が美術館に展示されること）をスキャンダラスな物（既製品の便器）を利用してトレースすることで、芸術という価値創造（捏造）のメカニズム、これはブルジョワ市民社会における芸術が美術館という近代における制度とともにつくられたことへの批判を通じて、近代的な社会制度における芸術を終焉させ現代芸術を切り開いたのである。

それに対してポップアートは、日常のありふれた有名なもの（誰でも知っているもの）のなかからイコンをとりあげる。一九六〇年代から七〇年代を代表するポップアーティストであるアメリカのアンディ・ウォーホール[注6]は、有名人、たとえば映画スターのマリリン・モンローや政治家の毛沢東の写真、さらにはキャンベルスープの缶*やコカ・コーラ*のボトルをコピーしてそれをシルクスクリーンで転写し彩色した作品に仕上げるという方法をとる。アンディ・ウォーホールの芸術が有名になるのではなく、最初から有名なものをシルクスクリーンという技法を通じて大衆社会に向けてメディア化することで芸術として流通させるのである。

ヴェンチューリの《母の家》は、大衆社会での家のイメージとしての家形をした家であること、つまりポップな芸術のイコンとして家形を家の形として使うことによっ

注6
アンディ・ウォーホール：アメリカの前衛芸術家。一九六〇年代から七〇年代のポップアートを代表する存在。近代社会が大衆に大量に供給する等質な商品や、メディアのなかに登場する有名人のイメージといった近代の普遍化されたイコンを独特の色彩感覚とシルクスクリーンの技法で表現した。ヨーロッパの近代芸術以降のアメリカ社会における大衆化された芸術の表現としてのポップアートを展開した。一九二八〜八七年。

て建築が芸術としてのポップでアイロニカルな表現となる。さらにヴェンチューリは、建築を芸術として語る知的建築家をアイロニカルに演じる。それは西洋のルネッサンス後期の方法であるマニエリスムの手法、つまり建築言語の知的操作を駆使することで、西欧起源の古典建築から脈々と続いてきた建築家の知的思考に基づく建築言語の操作そのものがアイロニカルに再提示されるのである。『建築の多様性と対立性』はその理論書であり、《母の家》や《ギルドハウス》*はその理論の最も優れた実現である。彼の建築の方法は、近代主義建築の純粋主義と抽象性の美学をことごとく批判した。

ミースの「less is more」に対して「less is bore」という言葉によって、近代主義建築の完成形としてのミースの《ファンズワース邸》の美学に対峙する作品として、ヴェンチューリの《母の家》を比較してみよう。《ファンズワース邸》では工業材料としての板ガラスとH鋼が建築素材として使用されていて、それが表現として明確に表されている。床スラブと屋根は本来、目的と表現が異なるものであるが、スラブ状の要素として同じ見つけとして視覚的に認識されるために、屋根の端部は巧みに処理されてどちらも柱によって固定された水平の板として空中に浮いている。外部空間との境界と開口はすべてサッシに支えられた透明な板ガラスによってつくられている。したがってこの建築では壁と窓は消失している。内部にも壁はなく、設備機器を必要とするキッチンとトイレはコアとしてまとめられ、それ以外は一室空間としてのヴォリュームに家具が置かれることで住宅として機能する。

図4　デコレイティッド・シェド

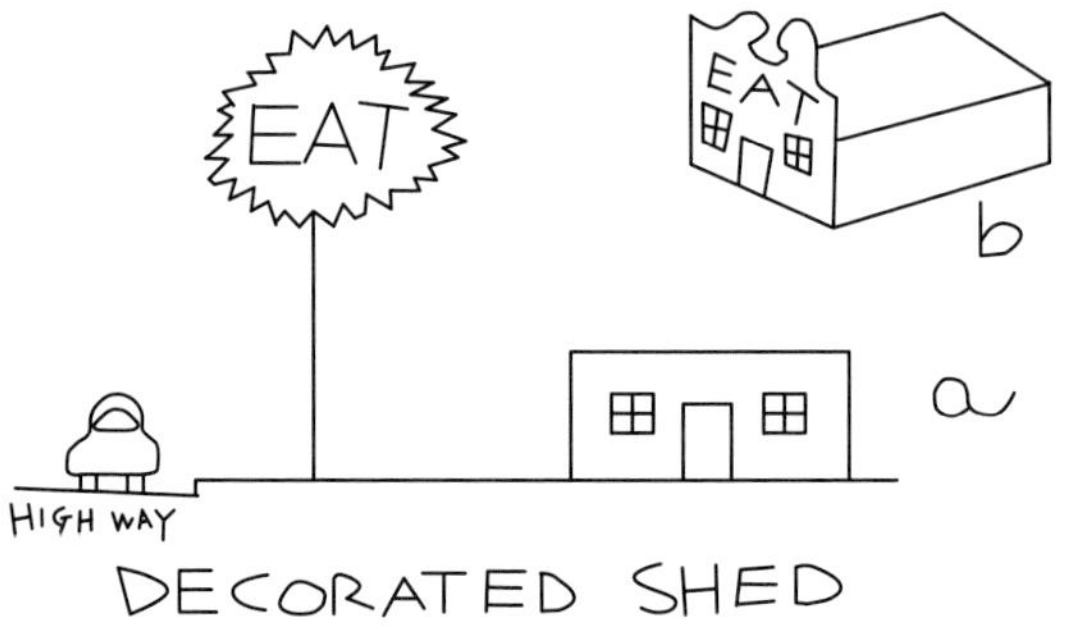

《母の家》は、大きな切妻の家の形をしたファサードの上部に切込みが加えられブロークンペディメントとなっており、その下の中央に入り口部分が切り込まれ正方形と矩形の窓が左右にあり、入り口の上にはアーチ形をした装飾が取り付けてある。家形をしたファサードに意図的な操作が加えられることで、正面は家のイコンとしての建築となっている。平面も幾何学的な整合性は日常の使用を配慮して注意深く、しかし意図的に不整合な全体としてつくられている。近代建築における要素と全体の整合性は意図的に排除されている。この家はまたデコレイティッド・シェド[図4]（装飾のついた小屋）として巧みにデザインされている。

ヴェンチューリの提示した問題は、モダニズム建築の後の方法としての現代のマニエリスムである。七〇年代における建築のデザインの方法として、近代建築の純粋性とミニマリズムの美学への批判として大きな意味をもっていた。建築の二つの定義として提示されたダック[図5]（あひるの形をした建物）とデコレイティッド・シェド（装飾された小屋）の問題は二一世紀の今日でも否定できない問題を含んでいる。それは大衆社会における建築が、イコンとしてしか理解されないという不条理な問題を指摘しているからである。同じアメリカの建築家であるフランク・ゲーリー[注7]は、ヴェンチューリの定義するダックを知的につくりつづけているといえる。スペインのビルバオの《グッゲンハイム美術館》*ではすでに内部空間と外観との整合性は放棄され、建物の外観は形のための形としてのみデザインされている。

この方法は、二一世紀になって石油の枯渇を予想して、国家的な戦略として建築の

図5　ダック

注7　フランク・ゲーリー：彫塑的外観が内部空間とずれをともなう統合として建築化されることで、外観の自律した建築としての現代建築を提示することで、近代以降の建築を展開する。ロバート・ヴェンチューリの定義によればダックとしての建築である。一九二九年〜。

力を利用して世界企業を誘致し経済的発展を目論むドバイの不動産開発に依拠した超高層建築のデザイン症候群につながっていく。大衆には建築の外形しか理解できない。内容など理解できないしまた理解する必要もないのである。ヴェンチューリは、知的エリートとしての建築家の作業をマニエリスムという方法をアイロニカルに用いることで、知の統合としての建築を提示している。彼の建築はアイロニーという屈折した知性によってのみ知的対象となるという意味で、二〇世紀の大衆社会にエリートとしての建築を逆説的につくりあげたと考えることができる。

九

記憶の都市のなかの建築

アルド・ロッシ

（一九三一―一九九七）

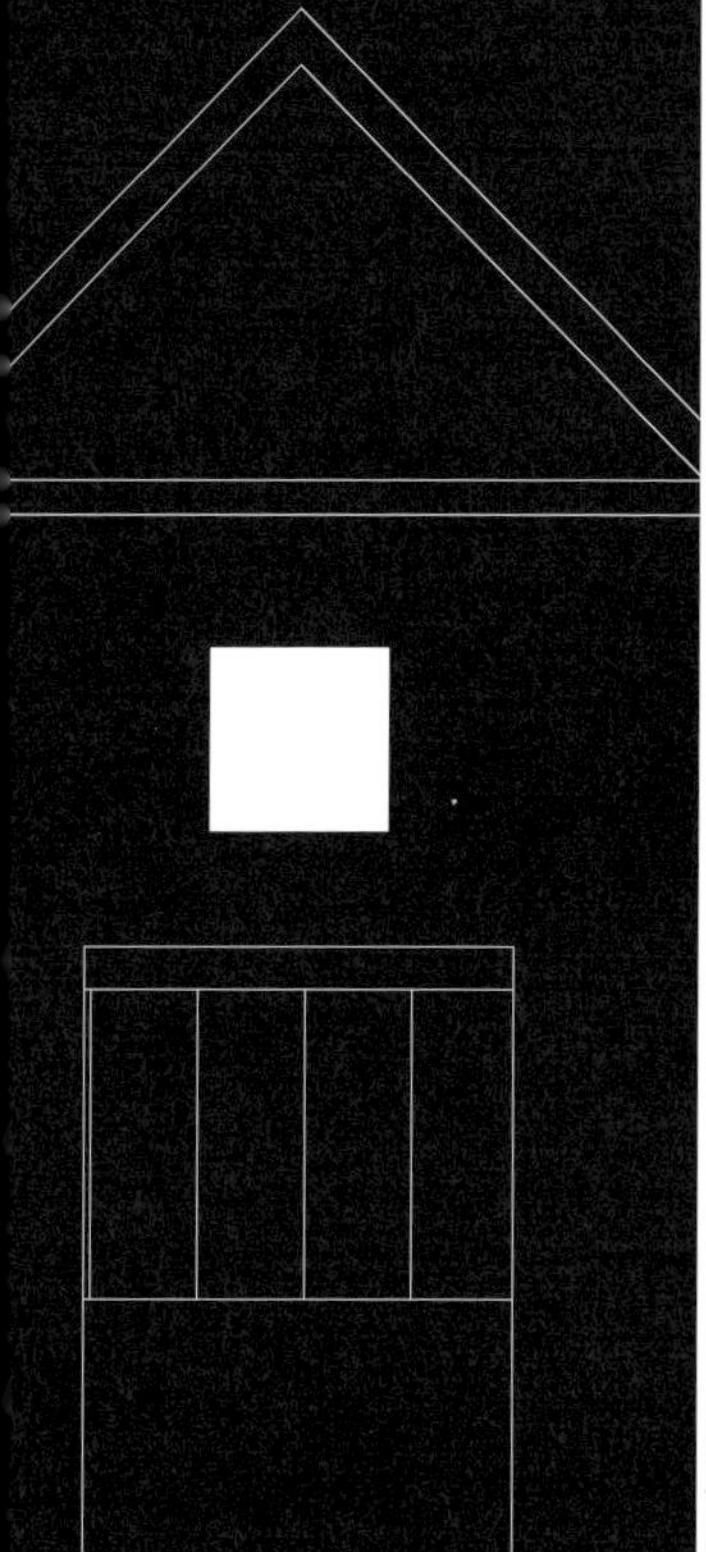

ミラノ工科大学卒業。一九六一－六四年まで“Casabella Continuita”の編集にたずさわるとともに都市の研究を進める。著書『都市の建築』（“L'architettura della citta”; 1966）や『学としての自伝』（“Autobiografia Scientifica”; 1981）で、都市のなかの建築における類型的な形態の時間のなかでの持続性について、集団的記憶としての建築形態の考察に基づく建築設計を展開する基礎となる探求を示している。テンデンツァ（La Tendenza）、新合理主義建築運動とよばれる厳密な幾何学的形態による建築は、一九七〇－八〇年代における世界的な近代建築批判のなかで西欧の建築の歴史の堆積の記憶から引き出された、純粋な幾何学の結合の生み出す詩的な永遠性としての建築であり、シュールレアリズムのメンバーであったジョルジュ・デ・キリコの描く形而上学的絵画に通じる西欧の都市空間と建築の哲学的神秘性にまで至る建築を現代につくり上げた。

アルド・ロッシは『アルド・ロッシ自伝』[注1]（"Autobiografia Scientifica", 1981）のなかで「私が最初に世に問うた〃都市の建築〃ではこうして浮かび上がった問題を形態と機能の関係として了解した。形態は、機能が絶えず変化する世界の中で、つねにあり続け、築かれた建物をつかさどるようになる。そして、形態の内側で材料が変化する。鐘の材料は砲弾へと改鋳される。円形劇場の形態は都市の形態へと変換される。都市の形態はそのまま宮殿の形態ともなる」と語っている。また『都市の建築』[注2]（"L'architettura della citta", 1966）は類型学の視点から都市と建築を分析するもので、この著書の論考は彼の建築の方法論の基礎をかたちづくった。

機能と形態の一元的関係を追求することは近代建築における機能主義の中心的問題であったが、この主題は近代建築の一つの神話的主題で、本質的には解答することが不可能であったと考えることができる。なぜなら機能と形態が一元的な関係である機械でさえも、たとえば飛行機や自動車でさえも様々な形態が存在しているからである。一九五〇年代になって、たとえばミース・ファン・デル・ローエはアメリカのシカゴ郊外で《ファンズワース邸》や《レイクショアドライブ・アパート》*を完成している。近代主義建築の神話は、ここで一つの完成を見たといってよいであろう。

ミース自身は機能と形態の一元的関係をユニヴァーサル・スペースという概念で、機能を特定しないことによって、つまり回避することで近代建築としての解答を提出したと考えてよいであろう。またル・コルビュジエは一九三〇年代にすでに「住む機械」としての建築の提示は終わり、五〇年代には《ロンシャンの教会》*や、イン

注1　『アルド・ロッシ自伝』：三宅理一訳、SD選書、鹿島出版会、一九八四年

注2　『都市の建築』：大島哲蔵・福田晴虔、大竜堂書店、一九九一年

ドの《シャンディガール》[*]において場所性、風土性のなかでの近代建築の問題に移行していると考えられる。さらに五〇年代には、近代工業の進展が提供する工業製品を用いた建築生産はモダン・バナキュラーとしてのミースの亜流の近代建築を匿名性の設計者により世界中のどの都市にでもつくりあげるという状況となっていた。その結果、六〇年代前半には機能と形態の一元的関係の追求という主題は、建築の新たな状況を展開する力を喪失していた。

このことは、建築の形態の根拠として機能を問題にすることで、新たな建築の可能性を切り開くことの限界を世界中の建築家たちが共有しはじめていたといい変えることができる。このときに、アルド・ロッシの前述の「形態は、機能が絶えず変化する世界のなかで、つねにあり続け、築かれた建物をつかさどるようになる」という都市の建築における分析は、古くて新しい、あるいは永遠に古くならない建築の探求の可能性を切り開いていくことになったと考えることができる。それはある意味で、建築の形態と機能の関係の永遠の謎と神秘についての探求ということができる。アルド・ロッシ自身は自伝でさらに次のように述べている。

「……建築は、われわれが欲する出来事に対して、たとえそれが実際に起ころうとも起こらずとも、その媒体となる。われわれが出来事を欲するとは、その出来事がヘーゲル的な意味で〃発展的〃な何物かになることである。この点については、後に触れることにする。ともかく、そうであるがゆえに机や住宅の規模なるものがきわめて重要である。むろん、このことは機能主義的な考えにもとづいて、そこにひとつの決定された機能が付与されているとみなすからではなく、かえって他のさまざまの機能がそこに許されるためである。つまるところ、人生で予知不能なものすべてがそこに可能だからである」

アルド・ロッシの《ガララテーゼの集合住宅》[図1]の出現は、一九七〇年代の建築デザインの多くの試みに比較すると最も静かなたたずまいに見えながら、しかし最強の衝撃力を秘めた出来事であった。単調に繰り返される正方形の開口は無音の生活を暗示し、繰り返される板状柱は神秘的な長い影を地上面に映しだし、建築は永遠に静止しているような時間のなかで空間の謎についての形而上学的問いかけの結晶化のように出現した。

超現実主義のメンバーであり、その後、形而上学的絵画の創始者として知られ、後年には古典的絵画を描き晩年再び回帰したギリシャ生まれのイタリアの芸術家ジョルジュ・デ・キリコがトリノの広場にたたずんでいたとき、「このイタリアの日常の風景から啓示を受けた神秘的な都市空間の謎」と語ったような神秘的な空間の啓示が現代建築によみがえったような風景がそこにはつくりあげられていた。日常の風景が神秘的に見える午後というものがあるのだろうか。幾何学の最小限の組合せによって厳格に注意深くつくられた何でもない建物が、建築家の夢のなかで建築になった瞬間がそのまま現実に存在している建築というものがあるとしたら、アルド・ロッシの初期の建築の静かな最強の建築的衝撃はそのような瞬間が永遠に結晶したものである。

《ガララテーゼの集合住宅》には、恣意的に造形されデザインされた形というものが存在しない。誰かがデザインしたものではない形、つまり正方形と直方体、円柱、対角線、それだけがこの建築を組み立てている形態のすべてである。「記憶の都市の建築」という言葉が、この建築の日常と空間の神秘の境界を知るための鍵を握っている。

記憶とは夢のなかの映像のようなものである。ここでは多くの人々の多様な記憶のなかにある都市に共通する何物かを提示するために、誰かがデザインしたものではない形、つまり正方形と直方体、円柱、対角線を引かれた正方形が用いられて建築は形づくられている。ここで選ばれた建築の要素の形態と比例には、この建物の謎に関わる興味深い問題が横たわっている。

夢のなかで見た映像を思いだしてみよう。私たちは夢を見たとき、そのときの映像はぼんやりと輪郭を思いだすことができるが、はっきりした映像を記憶していることは少ない。たとえば夢のなかで見た都市の建物は、ぼんやりと矩形で単調に窓が開いていたというようなレベルでしか記憶していないのである。しかし矩形であったことや窓が単調に開いていたという建物の基本的な構成ははっきり覚えている。これは建築においては基本的な形式といえるもので、個別の建築の形態ではなく抽象化されたレベルでの建築の形といえる。

睡眠中に夢で見た家は、アルド・ロッシによって現実のなかで再現されるとき、その形は幾何学的な形態として正方形の開口部、四五度の傾斜屋根が選択されている。

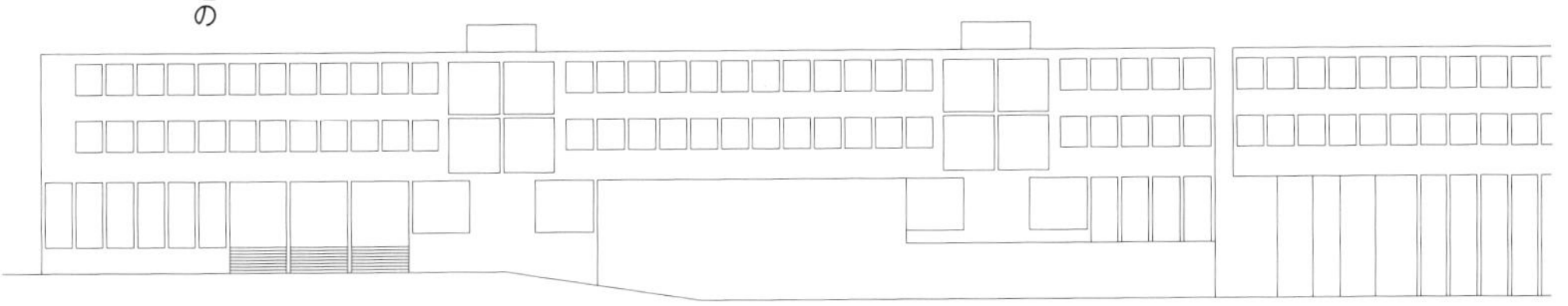
図1　《ガララテーゼの集合住宅》立面図　S=1：800

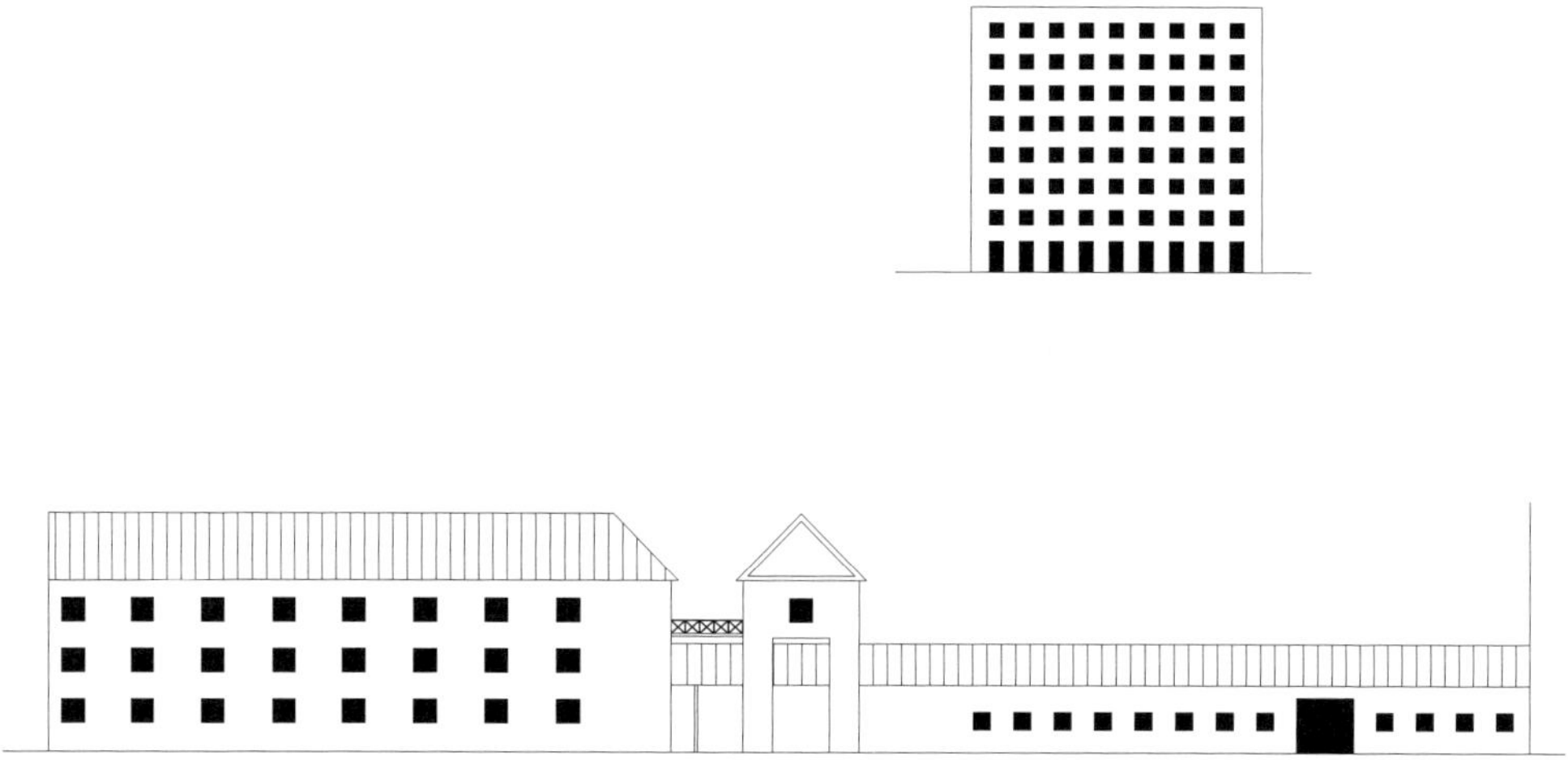

図2　《モデナの墓地》立面図　S=1:1800

この厳選された形態によって構成された家は、実は現実のなかには存在しない。この幾何学による記憶の形の現実への変換によって起こる逆説が、アルド・ロッシのデザインを現実に建ち上がった夢、または形而上学的な風景にしている。ここでいう形而上学とは、存在を問う哲学が最終的に到達する謎と神秘のことである。

　形而上学的絵画とよばれているジョルジュ・デ・キリコの絵[*]のなかの建物を見てみよう。イタリアの都市の単純化された建築の形態は、単純化されるとともにプロポーションと遠近図法の変形が行われている。都市の回廊は縦方向に引き伸ばされることで、その影は神秘的な陰影として画面を横切る。アルド・ロッシの《ガララテーゼの集合住宅》の回廊は、極端に縦に引き伸ばされ単純化された板柱が繰り返されてデザインされている。これも記憶の都市空間が幾何学として単純化され、プロポーションはデフォルメされ繰り返されることで、現実には存在しない都市空間の再現がなされている。夢のなかの風景の逆説の方法論である。

　幾何学性と比例と秩序、これが西欧的な建築の歴史の根幹に触れるすべての問題であることをアルド・ロッシは純粋に知っている。そして現代建築が、それは夢として見ることとしてしか実現できない虚体でしかないことも。そして夢を見ることは睡眠、つまり現実には仮の死の時間にしか可能でないことも。アルド・ロッシの《モデナの墓地》[図2]は死者のための都市である。ここでは死者は永遠に眠りにつくことによって、永遠に夢を見続けることができる存在として、つまり逆説としての夢の生を生きる人々のためにつくられた建築として扱われているのだろう。ここは永遠の睡眠のための都市としての構想である。

ここでのアルド・ロッシのデザインも、記憶のなかの睡眠中の夢の都市が静けさのなかに超現実の形而上学的な都市として立ち現れている。そこを訪れる人は、永遠の睡眠のなかで見る夢の都市としての記憶の風景としての都市に入り込む。ここには時間もなく、音もなく、停止した建築と空間だけがある。家の形は長く引き伸ばされ、板状の柱が繰り返される構造的な不可能性の極限を思わせるほど縦に伸ばされた薄い板状の列柱に支えられ、正方形の開口がただ繰り返されている永遠の眠りのための集合住宅である。ここで操作されている柱のプロポーションは、この建物を現実の建物としてよりも夢のなかに出てくる建物の現前という効果のために操作されていることに注意しなくてはならない。それはこの異様なプロポーションが増幅される風景が、記憶のなかで見る風景として現実とは異なる風景をつくりだしているからである。

アルド・ロッシは自伝のなかで、劇場のなかの出来事としての夢の空間を語っている。劇場もまた現実のなかに現前する一つの夢の空間である。ここでは演劇の背景としてつくられる大道具のセットや、パラディオによって設計された《テアトルオリンピコ》*の背景の都市空間を思いだしてみると、それらが現実の空間をデフォルメすることによって空間が誇張されていることに気づくであろう。記憶の風景はいつも映像として夢見られるとき、イメージは変形され、そのプロポーションはデフォルメされて記憶されているのである。

ディテールの不在もまた記憶のなかの映像である。ヴェネチアのヴィエンナーレのときにつくられた《テアトル・デル・モンド》図3（世界劇場）は最も美しく、夢のなかの建築と現実の都市との出会いである。この劇場はヴィエンナーレの期間だけバージの上に乗せられ、ヴェネチアの岸に接岸して使われた仮設の小さな劇場だが、このことがかえってアルド・ロッシの建築における本質的で純粋な建築性を現前させることになった。

ヴェネチアはもともと夢のなかで見るような都市である。それは街全体が海の浅瀬に杭を打ってその上に石を積んでできたという出来方に由来しているのだが、海の上に浮いて波の上にゆらぐ都市という状況そのものが夢のなかで見られる都市のようである。ここにバージの上に浮かべられた世界劇場は、遠方の河口にある造船所から海を旅してここにたどりついた。建築物が旅をする。旅する建築物とは夢のなかの出来事である。この建物の仮設性も夢のはかなさを演出することになった。

アルド・ロッシはその自伝のなかで、劇場について特別な意味を見出している。劇場とは夢を見るための空間装置である。ここで繰り広げられる演劇は夢の世界を人間が演じる、現実のすぐ横にあるもう一つの映像空間であり、舞台のセットは夢のなかに出てくる空間を演出する装置である。この舞台上の建築セットの感覚がアルド・ロッシの《テアトル・デル・モンド》に応用されていることで、現実の都市のなかに記憶の建物としての形而上的存在として現れているのである。一つは意識的なディテールの稚拙さと安価な材料による仕上げである。ペンキ塗りの仕上げによってつくられる

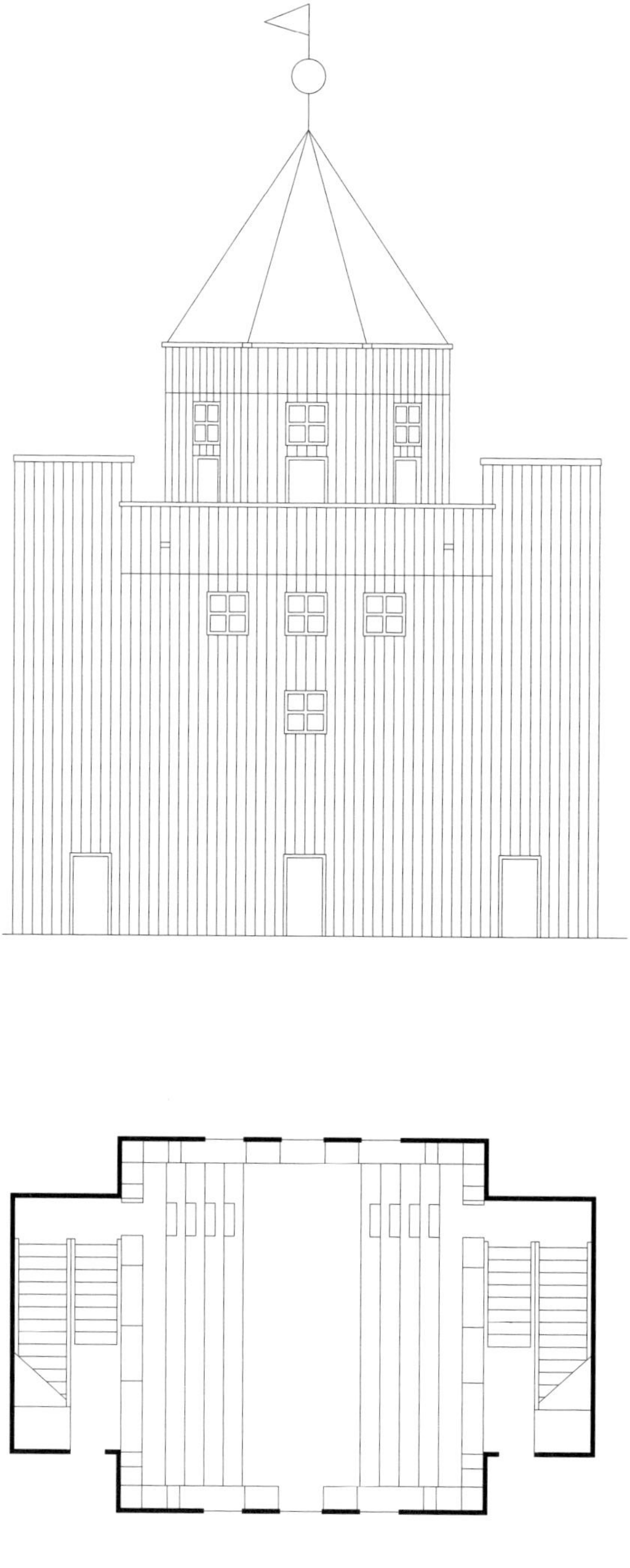

図3　《テアトル・デル・モンド》（世界劇場）
立面図（上）、平面図（下）　S=1:200

ことでセットのような建築が実現する。

初期の仕事に比較して、後期のアルド・ロッシの作品から形而上的哲学的不条理感を漂わせる存在感が失われていることに注目しなくてはならない。日本において一九八〇年代に後期の作品がいくつか実現している。これらは多くの建物が商業建築として実現されたものである。ここで使用された材料は、前期の作品である《ガララテーゼの集合住宅》や《オローナの小学校》*のような廉価なものと、稚拙とも見られるような単純なディテールによる建築物ではなく、タイル、石といった材料によって、しかも建築としての性能や商業建築としての商品性を考慮したディテールによってつくられている。

これは日本というイタリアから離れた場所での建設ということもあり、日本の設計事務所がローカルアーキテクトとして協力しているために、日本での一般的かつ常識的なディテールの使用によって不可避的に日常的な建物になってしまっていることが原因なのだろう。つまり記憶のなかでの建築のような映像性が獲得されずに、日常的な建築物に極めて近似した建物となっている。つまり、材料と建築のディテールのパラドックスによって、記憶の建物の形をしただけの日常の建物になってしまっているのである。

もう一つは異常に引き伸ばされたり繰り返される形という、初期のアルド・ロッシの建築に見られる形態の異常さが日本の作品には成立していない。それは多くの日本での作品が、細分化された敷地に建てられた商業建築ということから、無限遠方に焦点をもつ都市空間を形成する作品ではなく、単体のアルド・ロッシのデザインしたオブジェとしてしか都市のなかに存在することができないことが原因である。このことは根本的なイタリアと日本の都市建築の本質を暴きだしている。

ヴェネチア・ヴィエンナーレでの世界劇場の接岸によって浮かび上がるのは、ヴェネチアという都市が幾何学の蓄積によって成立している風景である。仮設であるが厳密な幾何学の組立てによってつくられた世界劇場の登場によって、ヴェネチアそのものが幾何学の劇場としての都市であることを浮かび上がらせている。それは根本的にイタリア都市の本質が、幾何学の劇場としてつくられてきたことを示している。これはつまり西欧の建築が、幾何学による形而上学のための劇場としての都市の演技者であることを示していると考えることができる。その意味でもアルド・ロッシの建築は、西欧の都市空間の風景としての幾何学の永遠性を提示しているといえる。アルド・ロッシの建築は、永遠の夢のなかの都市と建築の幾何学の謎解きである。

一〇

空間のプログラミング

ベルナール・チュミ

（一九四四—）

スイス連邦工科大学、ロンドンのAAスクールで教育を受ける。AAスクール、プリンストン大学、クーパーユニオンを経て、コロンビア大学建築学部長を歴任する。ピーター・アイゼンマンの主宰するニューヨークのIAUSでの研究を基にした空間論「マンハッタントランスクリプツ」（Manhattan Transcripts）は、ロシアの映画理論家であるセルゲイ・エイゼンシュテインのモンタージュ理論を基礎として空間論を提示したものである。一九八二年に、パリの《ラ・ヴィレット公園》のコンペで一等となった。ここではモンタージュ理論をさらに進化させた空間のプログラミングに基づく二一世紀の都市空間の生成システムを提示した。二〇世紀の前半の建築が機械のメカニズムとの関係で思考されたとすると、チュミはコンピューターのプログラミングを建築空間の生成の問題としたところに決定的な革新性を二〇世紀終盤にもたらし、二一世紀の建築空間への地平を開いた。

一九八三年の《パルク・デ・ラ・ヴィレット設計競技》の意味は、当時流行していたポストモダン・スタイルとよばれる歴史的な建築言語の操作を建築の表層にまとわせるという、建築デザインの状況を一気に別の流れに変えたということだけにとどまらない問題であった。二〇世紀前半のマシーンをモデルとした建築思考から、コンピューターという二〇世紀後半に実用化され普及した新たなテクノロジーを支える思考を建築に導入したことにあるだろう。それは建築空間のプログラミングという思考である。

この設計競技の実現案に選ばれた作品を提示したベルナール・チュミは、一九六〇年代の後半からロンドンのAAスクール（→p.67）を拠点としてアンビルドな建築家として活動していた。AAスクールでは、ベルナール・チュミの先生にあたる世代のアーキグラム（→p.68）グループが、すでにアンビルドな建築家としての活動を雑誌の発行という戦術を通して行っていた。アーキグラムの活動はポップなドローイングという視覚メディアの力を活用したものであったが、ベルナール・チュミには「言葉」と「概念」の力を駆使した思考実験としてのアンビルド建築の戦略としての新しさと思索の深さがあった。具体的な新しい建築のイメージを形態の新奇さとして提示するのではなく、建築の定義を拡張し問い直す作業をチュミは建築活動の初期に行っている。

'Architectural Manifest'（建築宣言）[注1]と題されたカタログでは、建築の再定義が一つずつ写真やドローイングとともに提示されている。そこでは九つのマニフェスト

注1　'Architectural Manifest'（建築宣言）：ロンドンのAAスクールからカタログが出版されたものの一部が『a＋u』一九八〇年六月号に紹介されている。

が写真と言葉の組合せで宣言されている。マニフェストは'Ropes and rules'（ロープとルール）という原則から書き始められている。

「マニフェストはそれ自身と社会の間で署名される契約に似ている。すべての契約と同じように、マニフェストは特定のルールと法、制度を含んでいる。しかしそれらはすぐにその著作者から独立する。この点において、著作者とテクストそれ自身の自虐的な関係が始まる。なぜならマニフェスト〝契約〟はその条項によって制約を受けるであろう、その人によって起草されているからである。

疑いなく、そのように注意深く考案された法はやがて犯されるであろう。この自己によって結ばれた法の違犯は、マニフェストに対して特定のゆがめられた次元を加えていく。加えてラブレターのようにそれらはファンタジーと現実の間にエロティックな距離を用意する。多くの点でこのマニフェストの状況は建築作品と共通点をもつ。それはイデアと現実の空間の間や、抽象的なコンセプトと含蓄された空間的経験の感覚の間の緊張の上に作用する。一九七八年三月」

・Manifesto1［Fireworks］（花火）

「良い建築は虚として考えられ、建てられ、もやさなければならない。すべてのうちで最も偉大な建築は〝花火〟である。それは完全な快楽の理由のない消費を示している。〝花火〟は一九七四年の建築の歴史主義がその頂点に達しはじめたときに行われた。それらと対象的に〝花火〟は完全な快楽の祝典である。花火はまた言葉とイメージ、サインと空間に対立する。なぜなら建築はいつでもこれらの補完的な可能性を含蓄しているからである。そのことは建築の歴史は書物や空間のドローイングによって、またそれらの建設された翻訳としてもつくられたからであるという事実を思い出させる。そこではattitude（身構え）は言葉と戯れ、論理はattitudeと戯れる」

• Manifesto2［Question of space, or The Box］（空間の問いまたはボックス・箱）

「建築的空間は思考によって、現実の壁と同じように定義されるであろう。建築は空間の概念と空間の経験の間に横たわる緊張である。一九七五年の四月二一日、ロンドンの中心部での建築展覧会に訪れると、観客は六六の質問を書くことを求められた。それは建築空間を物理的な境界物なしに定義することであった。空間はクエスチョンマークのついた文に似ていた。質問の通路が展覧会場の平面に配置されていた。この通路は見えない、しかしリアルな〝問いの空間〟を定義していた。空間の質問者がその短い時間の間に動いたその痕跡、または二者択一的にこの特別な建築的儀式のステージによって物質化された。観客の質問は〝箱〟のなかに納められた。それは空間の概念に対する質問と記憶のどちらも含んだものとなった。この作業では、建築は空間概念と遠く離れたロンドンの夕方の混み合った空間の記憶との間の緊張感であった。箱はフェティッシュである。他の展示もまた案出された。それは文字通り並置された。

一　出来事の写真的記憶

二　質問者の〝パフォーマンスの通路〟

三　パラディオの実現しなかったヴィラの平面図＊（六六の質問の一つについて照会している）

そこでは形式上の質問は形式上の建築要素に置き換えられている。ここでは建築的パラドックス（逆説）は概念的な狂気に向かう、つまり六六の質問は理想的ヴィラの壁に置き換えられ始めるといったように」

・Manifesto3［Advertisements for Architecture］（建築のための広告）

「建築の紙の上の表現は建築への欲望の引き金をひくというただ一つの目的をもつ。どういうものかこれらの広告の反語的なイメージはすべて雑誌の論説の文脈のなかで用意された。それは慣習的な方法では説明できないものである。結局、建築的なドローイングや写真は紙の上の空間にすぎない。現実の建築を雑誌のなかやドローイングを通じて演じる方法はない。唯一の方法は信じさせることである。つまり建築的制作物（あるいは、たばこやウイスキー）の広告はうわべを飾ったイラストレーションを越えた何かを欲望させる引き金を引かせるためにつくられる。これらの広告は同じ目的をもっている。建築への欲望の引き金を引かせるという」

・Manifesto4［Imports1977］（輸入一九七七）

「建築はその文化的孤立を打ち破るであろう。そしてその時代における建築の独自な知の形式をさらに押し進めていくであろう。それは輸入と輸出である。建物あるいは空間は一般的には機能または使用を与えられる。使えないことでさえもその用途をもっている。しかし機能というものは単に慣習的なことにすぎないことを覚えておかなくてはならないであろう。これらの慣習は日々の生活の特定のゾーニングを区切られた場所、たとえばダイニングルームとかベッドルームとかバスルームへと符号させる。しかし空間は時にはそれ以外の要求の結果である、儀式の社会的要求であったり、その時代の文化的な要求であったり。たとえば多くの文学的テクストは建築的な応答を要求する空間を提示してきた。カフカの“Burrow”（穴）、ボルヘスの“Library of Babel”（バベルの図書館）、ポーの“Masque of the Red death”（赤い死のマスク）などは建築的プロジェクトと等価であろう。仕様のリストや面積表、クライアントの要求と同じような。ここではfictionは機能（function）に置き換わる。時には言語とのアナロジーはより遠方へいくことになる。そして言語上の倒錯の探求も試みられることが可能である。建築の外部からの輸入が行われる。ジョイスの庭はそのようなものである。大スケールの都市計画、ジェイムズ・ジョイス[注2]の『フェネガンズ・ウェイク』にゆるやかに基礎をおき、しかしながらその計画は多くの文章技法への参照を含みながら、アンナリヴィア・プルーラベル（Annalivia Plurabelle）やシェム（Shem）とシャウン（Shaun）の双子の兄弟、二つの三日月とその消滅。それは状況としての小説と建築の部分の直接的関係を結ぶことを試みる。一方は単に他方の引き金を引くにすぎない。輸出は輸入の裏返しである」

• Manifesto5［Little Book］（小さな本）

「新しい本は想像的な建築を提出するであろう。それ自身の存在と、論理を引き換えに建築は本、つまり新しい概念の関係を提出するであろう。小さな本の目的である思考の建築（思考としての建築）に対して補強するという目的は、独立したそれ自身の実存を有する。それはもちろん一連のドローイングになりうるのだが、書物のため

注2　ジェイムズ・ジョイス：アイルランド出身の小説家、詩人で、二〇世紀の最も重要な作家の一人と評価される。小説『ユリシーズ』（一九二二年）が最もよく知られており、他の主要作品には短編集『ダブリン市民』（一九一四年）、『若き芸術家の肖像』（一九一六年）、『フィネガンズ・ウェイク』（一九三九年）などがある。

の書物はむしろ思考の引き金を引く大量に生産されたオブジェとして受け入れられるべきである。たとえばヴィトルヴィウスの『建築十書』やパラディオの『建築四書』は心のなかの思考の工場であり、苦心してつくられた多くのファンタスティックな夢の容器である。小さな本の中味はもちろん本の本質によって決定される。ページをめくること、それらが提出する時間と動きのスタディ、それはしばしばシークエンス（一連の場面）として読まれるが、必ずしも物語を含んでいる必要はない。小さな本は建築的ドローイングのセットではない。建築に関する本ではなく、建築の本である。いうまでもないことであるが、すべての本はそれらがアカデミックなそして大衆的な見せかけに疑問をなげかけたときや、慣習的な趣味や愛を妨害したときに最も快楽的なものとなる」

書物二：「出来事は出来事と空間の関係の困難さが理論的なレベルに存在するのではないことを想起させる。事実、建築のまさに本質は概念的空間と現実、抽象的なパラメーターと人間の経験の深さは〝建築的〟には独立していることを簡単に論証する。困難さはその実際的な適用にある。もしもあなたがデザインした空間がそのなかで起こる出来事によって影響されるかどうか疑問に思ったとしたら、ある空間の経験が言葉によって変えられるのを疑問に思ったとしたら、バースデーパーティは目覚めのリハーサルと反対である。そしてあなたがそのような疑問を臨時の出来事（恒久的な機能の反対になるのだが）を建築空間のなかに没入させることによって最終的な結論にもっていきたいのであろう。もちろん人々はそれらを空間がそのようにあるように巧みに操らせはしない。空間を決定する出来事があり、また出来事を決定する空間がある。この本は前者を取り扱う。なぜなら後者はいまだに二〇世紀初頭の行動主義の追憶を引きずっているからである。ここで出来事（ダンス、追跡、闘争）は部屋が形式化された空間であるのと同じ方法で形式化されるのである。〝出来事〟はこれらの空間を〝規定〟する。空間は規定された出来事によって決定される。それは他の時代の建築的歴史が〝指標線：トラセ・レギュラトゥール〟（→p.14）によって語られるのと同じ方法である。この例によって三つの平凡な出来事（儀式）は単離される。そして三つの連続して発生する空間が定義される」

・Manifesto6［Trnascript1］（転写Ⅰ）・［THE PARK 1977］（公園Ⅰ九七七）

「建築は単に受け入れられた機能的あるいは普通の規範の表現ではない。それよりも行為、禁止、あるいは否定が絶対必要な建築の要素である。結果として紋切り型の平面表記はすでに十分ではなく、新しいタイプの建築の表記が発明されるだろう。『マンハッタン・トランスクリプツ』(Manhattan Transcripts）の最初のパートである〝公園〟は二四の、描かれたり、写真に撮られたりした殺人の表記が含まれている。一定方式の殺人の筋書き。孤独な人影が犠牲者に忍びよる。殺人事件、追跡、殺人者をとりおさえるための手がかりの探求は、その目撃者の極端な行動とほどけないほどにつながれた建築が並置されている。特別な表記の様式である三つのスクエアの原則が、容疑者とつねに変化する建築的な出来事の間の逃走と探索の死のゲームにアンダーラインを引く。写真は行為を演出する。平面は二者択一に残酷でそして愛すべき建築的表明を暴き、ダイアグラムは主人公の動きを示す。そこでは〝身構え〞〝平面〞〝動き〞は分離できないよう連接されている。公園での殺人は大聖堂での殺人と異なる。同じように死の公園は愛の公園と異なる。公園はまた庭園の本質についての陳述である。その秘密の幾何学の、その引喩、その象徴。そう、建築的転写（Transcript）は装置である。それは映画の脚本や台本に比較されるべきものである。他の言葉で表せば、ドローイングは自己充足的な作品の一部として単に見られるべきではない。つまり、一つの独立したそれ自身の内在的な一貫性としてではなく、脚本が映画に関しているような方法と同じように見られるべきである。その理由は、それらは現実の建物や都市の現実の断片やそれらの場所で起こる現実の経験との関係のなかにおいてのみ存在する。それらは〝見るための方法〞である。それらは普通の紋切り型の建築の表示から隔てられるべきものである。もちろん、それはこれほど単純なことではない。これらの一片の紙は必然的にそれ自身として存在している。しかしそれら自身の外にあるものについて言及している。行為や、情熱や、空間について」

・Manifesto7［Trnascript2］（転写二）・［BORDER CROSSING 1978］（境界の横断一九七八）

「建築は現実が幻想に、理性が狂気に、生が死に遭遇する場所を定義するであろう。〝境界の横断はエロティックである〞。『マンハタン・トランスクリプツ』の第二の部分―境界の横断―は、ニューヨーク四二番街の実際のまたは想像上の空間を結んで進行した架空の歩行の記録である。その一連のイメージは小説か音楽の進行に相当するであろう。感覚の空間、欲望の空間、非実在の空間、快楽の空間が上品な東部地区の端から寂れた西部地区の埠頭の端までの、あるいは反対向きのこの行程のなかに規則的な間隔をもって現出する。局面から局面へと横断するのは地理学的な境界を横断するのに相当する。それは肉体の移動であるだけでなく、精神的な移動行程である。多くの境界がこの移動行程を特徴づけるが、各々は周囲の空間の必要不可欠な要素である。というのは、ここでは境界が二つの場所、二つの陸地、二つの道徳体系の間の境界線として現れるだけではなく、夢と現実、受容と拒否、理性と狂気の間にある禁じられた空間として現れるからだ。境界上に立つことは究極の快楽となる。境界の横断は建築を限界の体験として探査する。二つの経路が記されている。一つは優先的な空間の経路（建物の空間によって強調されている）で、他方は個人の現実の経路（建築もしくは文化的行為の秩序を侵犯する経路）である。それぞれの空間（そしてそれぞれの境界）は同一の外被のなかに存在する。内部の空間だけが互いに異なる。それらは使用する人（あるいは読み手？）と都市の間の関係により絶えず変更されている」

＊注解：それぞれの空間は秩序と暴力、理性と狂気、文化的自律と拘束の間のあいまいな位置で発生する。境界の横断は侵犯の一形態である。境界の横断は〝歩行〟されなければならないドローイングである。その読取りは、連続する境界のそれぞれに沿って動く観察者の体の動きから決して切り離すことはできない。境界の横断は現在の体験でもあり、過去の記憶でもある。各境界は先のドローイングの痕跡を含んでいる。

・Manifesto8［Rooms］（部屋）

「〝部屋〟は厳密な意味においては宣言ではない。主張というよりは実際の空間、実際の対象物であり、先の六つの部分のちょうど裏返しである。他のものが存在するための空間を欲望する筋書きや幻想であるのに対し、ここにあるのは筋書きを欲望する空間である。その空間の現実はどういうわけか感覚的な体験の主観的な現実を意味する。自分の肉体の実在性がその空間の実在性に一致するように」

＊注解一：表記法はドローイング（〝公園〟）の表記を反映する。ガラスを張りつけられたドア、部屋の後方に黒く塗りつぶされた窓の出っ張りがあり、注意深く位置を決められた鏡―部分的に幕で覆われている―が見る者を映す。遠くからの音が殺しの音楽に聞こえるかもしれない。空間表記法が可能な行為をほのめかす。しかしすべては宙吊りの状態である。何かが欠けている。物（たとえば一つの家具）が与えられた空間の目的を決定し、限定し、変更し、強化する。一方でそれら自身の目的がそれらの共通の〝類型〟を装う。手術台、解剖台、聖餐台、賭博台、食卓というように。

＊注解二：境界を横断するテーブルは可能な用途をほのめかす現実の物体である。しかしその目的はあいまいなままである。何かが足りない。現実のテーブルはページに印刷できない。

・Manifesto9［Screenplays 1978］（シナリオ一九七八）

「建築は物、出来事、空間の集合状態として定義されるだろう。そのような集合状態は、激化し、増大し、加速する。〝シナリオ〟はある出来事や出来事の短い連続をある空間や空間の短い連続に関係づける仮説の状況である。空間は普通の都市の類型から極端な建築の宣言にまで及ぶ。出来事は日常の出来事から極端な激情にまで及ぶ。それぞれのシナリオはこれらの出来事をその出来事を囲む空間（あるいは逆にこれらの空間をその空間を限定する出来事に）に選択的に対比させたり、適合させたり、並行させたりする。シナリオにおいて、出来事の描写は映画のシークエンスに源を発する（一般的には映画の出来事の儀式的形式化、また特殊な場合には凍りついた一コマ。これらは空間の建築的形態に厳密に相当する）。以下のことが強調されなければならない。すなわち、これらの出来事（たとえば叫んでいる女の姿）とこれらの建築（たとえば中庭の模範的ドローイング）は、それらの個々の意味とも結合した意味とも何の関係もない。シナリオは観る者の幻想によって二重焼付け（モンタージュ）されたもの以外のいかなる固定した意味をももたない。シナリオは状況しか扱わない」

＊注解：いかなる写真も、それが本質的にもっている多義性が、あらゆる種類の建築的（あるいは叙述的な）仮説の構築を許容する。これらのイメージが当然のことながら種々の解説に影響を受けやすいからである。同様にいかなる空間でも、その多義性が叙述的（あるいは建築的な）仮説を許容する。そこには原因も結果もなく、ただ集中、相違、挿入、あるいは侵入があるだけである。

建築の広告（Advertising for Architecture）では「紙の上に印刷された建築は、それを建築であると広告し、信じられ、建築への欲望の引き金を引ければ、それは建築である」と宣言される。つまり建築を物質の組み立てられたものであるという物理的な枠組みから解き放ち、建築を知の領域に拡散させる。花火（Fireworks）では「花火は建築であり、それは純粋に空間の快楽としての建築である」と宣言される。機能をもつもの、あるいは役に立つものとしての建築という概念をここでは破壊し純粋に建築とは空間の快楽として再定義される。ジョイスの庭（Joyce garden）ではジェイムズ・ジョイスの小説を設計図とした建築の試みが提示されている。建築の設計図は形の組合せによって作図されるのではなく、難解な言葉の組合せを設計図として建築がつくられる。これらの宣言によって行われているのは、知的な破壊をともなう建築という概念の再構築である。その意味で「建築的マニフェスト」は二〇世紀後半の最もラディカルな前衛として、ベルナール・チュミのアンビルドの時代の建築活動として位置づけることができるだろう。

　これに続いて建築的理論書である『マンハッタン・トランスクリプツ』[図1]において、さらに建築空間の探求が展開される。この本はピーター・アイゼンマン[注3]が主宰するニューヨークのＩＡＵＳ（Institute of Architecture and Urban Studies）におけるチュミの研究を理論書としてまとめたものである。『マンハッタン・トランスクリプツ』では、ニューヨークを舞台とした殺人事件の犯人の逃走劇というストーリーが展開されている。ここで提示されている物語にまつわる空間理論は二〇世紀の映画理論であ

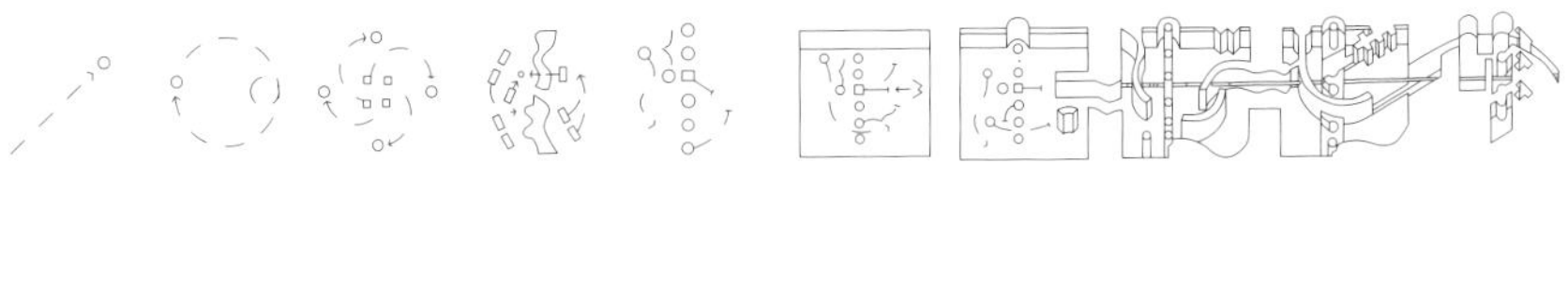

図1　『マンハッタン・トランスクリプツ』

るモンタージュを問題として、二一世紀の建築空間論の可能性を切り開く。

ここでは『マンハッタン・トランスクリプツ』の表記は、音楽のスコアのように時間軸にそって表記されるシークエンスの合成である。しかもその表記はアクション、スペース、ムーブメントの三つの要素が重ね合わされ展開していくモンタージュの結果としての建築空間が、時間軸にそって成立するというプログラムとして提示されている。ここでは「公園での愛の行為と公園での殺人は異なった建築である」ということが示される。

ベルナール・チュミ自身が一九九〇年の来日時、東京のタクシーのなかで、ロシアの映画作家で映像理論家のセルゲイ・エイゼンシュテインの映画理論書に私のためにオマージュの言葉を書き添えてくれながら話してくれたエピソードは次のようなものである。「ニューヨークのIAUSで二〇世紀の建築空間のことを考えつづけていた頃、ニューヨークの映画館でB級映画をよく見ていた。そんなとき映画館のなかで二〇世紀の空間とは、映画によって示されている空間のなかにあるのではないかというインスピレーションを得た。それがモンタージュ理論と建築空間の問題の探求として『マンハッタン・トランスクリプツ』にまとめられた。映画は背景、役者の身振り、セリフ（音楽）が映像として時間軸のなかで重ね合わされることで映画空間として意味が生産される。つまりこれが二〇世紀の空間であるというインスピレーションから建築空間の新しい問題を探求した」と説明してくれた。

チュミのこの思考は、西欧の空間概念の歴史を二〇世紀後半時点で一気に更新する

注3　ピーター・アイゼンマン：アメリカの建築家、フォルマリズムを徹底的に論理化した方法論で近代以降の建築の問題を探求する。

革新性をもつ。つまり、空間とはローマ時代に発明された建築内部のヴォリュームの形態から始まり、中世、ルネッサンス、バロック、ロココを通じて変形されつづけてきたが、それは時間軸をもたない静止した立体ヴォイドの形態の問題にすぎなかった。時間の概念が明確な論理として、モンタージュ理論を媒介としてここで建築空間の問題となったのである。《筑波センタービル》で磯崎新のポストモダニズムを代表するとされる作品を見た後、チュミはここで行われているのはフォトグラフィック・モンタージュであると説明した。チュミはシネマティック・モンタージュにより多くの関心があると語った。このエピソードは、さらにわかりやすくポストモダニズムの建築とチュミの建築空間の問題に対する解答となっている。つまり、建築の静止した形の問題と時間性のなかで出現する建築空間の問題である。

《パルク・デ・ラ・ヴィレット》[図2、3]では『マンハッタン・トランスクリプツ』で論理化されたモンタージュとしての建築空間の問題が都市空間のプログラミングとして展開される。《パルク・デ・ラ・ヴィレット》の設計競技は一九八三年、フランス大統領フランソワ・ミッテランの主導するパリの大改造計画《グラン・プロジェ》の一つとしてのパリの二一世紀への改造計画の一環として行われた。パリは一九世紀のナポレオン三世のとき、オスマンによる計画が完成して以来二〇世紀にオーギュスト・ペレー（→p.25）やトマス・マレ・ステファン[注4]、ピエール・シャロウ[注5]、ル・コルビュジエなどの近代建築の傑作のいくつかがつくられた革新的な都市である。しかし都市としては、ル・コルビュジエもパリ右岸を敷地とした《プラン・ヴォワザン》*などの

注4　トマス・マレ・ステファン：フランスのコンクリートによるアール・デコの最も洗練された建築家の一人。パリ一六区にマレ・ステファンの建築群による一画がある。

注5　ピエール・シャロウ：フランスの家具、建築デザイナー。パリの鉄とガラスブロックによる《ガラスの家》は、石のアパートのくりぬかれた部分に挿入された建築だが近代建築の傑作とされる。

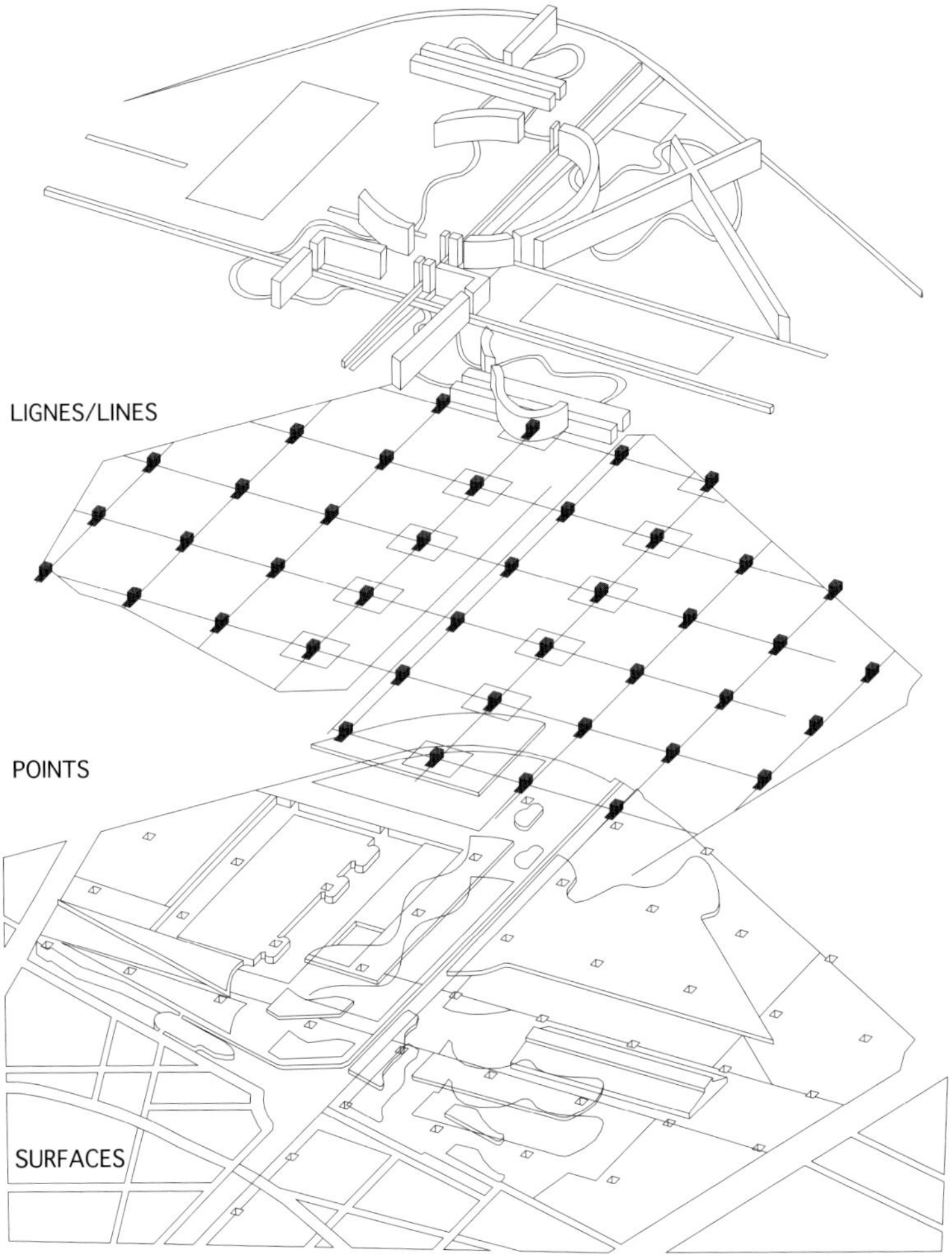

図2　《パルク・デ・ラ・ヴィレット》概念図モンタージュ

都市構想を残しているが、現実のパリでは都市そのものは全く新たな試みは二〇世紀を通じて実現しなかった。

《グラン・プロジェ》はパリのなかにいくつかの斬新な建築を配することで、パリを二一世紀に向けた都市として変革するというものである。《ルーブル美術館》*の改造、《デファンスの新凱旋門》*《新大蔵省庁舎》*《アラブ・イスラム会館》*《バスティーユの新オペラ座》*などがこのとき計画された。《グラン・プロジェ》は二〇世紀の都市計画、たとえばル・コルビュジエの《プラン・ヴォワザン》のように都市を面として計画しつくっていくのではなく、パリのなかに点のように斬新な建築をつくりその周辺は古い姿のまま周辺のアクティヴィティを二一世紀的に変革することでパリ全体を改造しようとするものである。

《パルク・デ・ラ・ヴィレット》の敷地はパリの東北部の五五haの屠殺・食肉加工場の跡地である。ここはパリの城壁の境界があったところでパリの最も周縁にあたる場所である。近くのクロード・ニコラ・ルドゥー（→p.75）の《税関門》*があることからもそのことがわかる。設計競技では、この敷地に二一世紀の都市空間の実験としての公園が求められた。この設計競技の審査委員の一人であった磯崎新は、自身がポストモダニズム建築を牽引し、さらに《ホンコン・ピークコンペティション》でザハ・ハディド[注6]の案をすくいだし、さらにレム・コールハース、ベルナール・チュミを《パルク・デ・ラ・ヴィレット》設計競技で二〇世紀終盤のコンピューターエイジのモダニズムに道を開くことになる重要な判断をすることとなった。

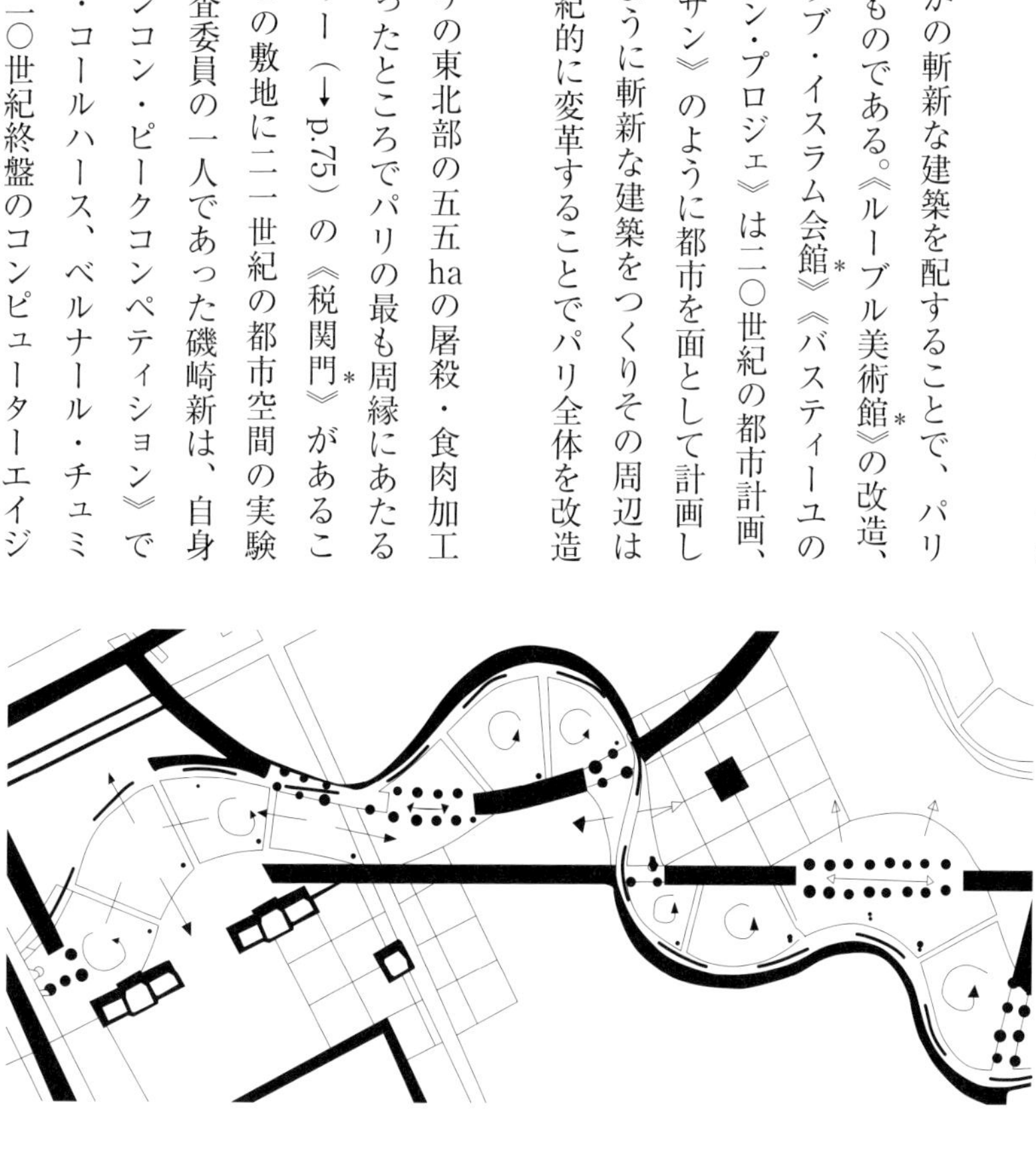

図3　《パルク・デ・ラ・ヴィレット》シネマティックプロムナード

ベルナール・チュミは公園を三つの要素、点、線、面に分解する。そして点の論理、線の論理、面の論理でこの公園の敷地の上に配される。点的要素としての公園内の建物、ここではフォリーという小さな公園の建物をグリッド状に一二〇m間隔で配する。線的要素としての遊歩道や並木は直線状に、幾何学的に、プロムナードは自由な曲線として公園内に配される。面的要素として、芝生広場や池やプールが公園内に配される。そしてこれらの独立した三種類の論理によって組み立てられた三つの平面図[図2]が公園の敷地の上に重ね合わされる、つまりモンタージュされる。

これが二一世紀の都市のプログラミングとして提示される。ここでは予期することのできない点、線、面の三つの要素の衝突が出来事として公園内で発生する。たとえばそれは「ジョッギングコースがプールに浮かんだ熱帯植物園のピアノバーのなかを突き抜けて行く」と説明される。二一世紀の都市のプログラミングとは、予期せぬ出来事を都市の様々な場所で生産するためのプログラミングである。ベルナール・チュミは、公園のデザインはいつも都市の計画を先駆けていると語っている。ルネッサンスの庭園はルネッサンスの都市計画の先駆けであり、バロックの庭園はバロック都市計画の先駆けである。《パルク・デ・ラ・ヴィレット》は、二一世紀の都市の先駆けとしてどのような意味をもつのであろうか。

《パルク・デ・ラ・ヴィレット》は二〇世紀的な都市計画の方法に対して決定的な問題を提示している。二〇世紀の都市計画における方法は、都市の要素を用途地域という機能別に分離し、それを道路によって結びつけながら都市を構成していくという

注6
ザハ・ハディド：アラブ人の女性建築家で、レム・コールハースの協力者として建築活動を開始し、《ホンコン・ピークコンペティション案》では世界的な衝撃をもってその造形力が評価される。一九五〇～二〇一六年。

方法である。その目的は都市の機能の効率化という二〇世紀的生産概念である。用途地域はこのとき都市を構成する部品と考えられている。機械が部品を組み合わせて機能を成立させる。しかしチュミは、時空間としての出来事を発生させるためにプログラミングは思考される、とする。

・クロスプログラミング（cross programming）：与えられた空間的な輪郭をそれぞれが意図されたのではない方向のプログラムにしようとする。たとえば教会の建物をボーリング場にすること。

・トランスプログラミング（trans programming）：二つのプログラムを結合させること。そこでは両立しがたい、それぞれの性質を考慮することなくそれぞれの空間的配列をいっしょくたにしてしまうこと。たとえば《パルク・デ・ラ・ヴィレット》で構想されたものの実現しなかったが、熱帯植物園のなかのピアノバーを走路が突き抜けて行ったりすること。

・ディスプログラミング（dis programming）：二つのプログラミングを結合させること。そこでは要求されるべきプログラムAの空間配列は、プログラムBとそしてその可能配列と混合される。新しいプログラムBは、プログラムAが固有に内包する矛盾のなかから引き出されるかもしれない。またプログラムBの要求されるべき空間的配列がプログラムAに摘要されたりする。

これが、ベルナール・チュミが提示した二一世紀の空間のプログラミングである。

二〇世紀の近代の建築が計画（プランニング）という最終結末に収束する思考であっ

たとすると、二〇世紀の後半にチュミによって提示されたプログラミングは建築の近代性に新たな時間次元を加える開かれた思考であるといえるだろう。

二

意味の零度あるいは制度からの距離としての建築

坂本一成

（一九四三―）

東京工業大学で篠原一男のもとで建築を学ぶ。武蔵野美術大学、東京工業大学で教鞭をとる。建築における意味の問題を探求することで、建築の自律した言語による建築性を語らせようとする。社会のなかで制度化されて流通し、価値づけられてしまう建築の通俗的で手垢にまみれた意味を相対化することで建築性を探求する。それは建築を成立させる要素の意味を消去したときに浮かび上がる建築固有の問題を探求するという方法をとってゆくことになる。初期の住宅で「家形」とよぶ家の形をした建築形態を外形として選択するが、家の形をあえて選ぶことによって住宅がもつ社会的な「家」という意味を相対化し、その意味から逃れようとすることであると説明する。逆説的で一見難解な思考によって、建築の制度に対する限りない問いかけがなされる。目指されているものは、非日常的な劇性として消費される建築ではなく、日常の詩学としての建築の現在のありようである。

住宅は生活を包み込むという意味では、自然や都市環境に対する物理的シェルターたらざるをえない。つまり生活のための境界を設定することである。その意味で、内部世界をつくりあげることは住宅においては不可避の問題である。物理的な内部世界をつくりあげることは建物をつくりあげることであるが、それを越えて建物をイデアつまり概念の表現対象とすることが建築化することである。しかし住宅を概念として表現対象としてつくることを問題とするとき、つまり住宅という建築を思考するとき、そこで繰り広げられるのは日常生活であるわけだから、建築という概念の表現を建築と考えれば、日常のための場はそのままでは建築にはならない。それならば日常を建築として概念化できるだろうか?

住宅は日常のためにつくられるかぎり建築たりえない。なぜなら建築とは概念の構築としての空間の創造であるからだ。建築と住宅はその意味で相反的な関係としてありつづける。建築という概念が空間化された場所に住まうことは可能である。それはイデアとしての建築を超越的なるものとして位置づけること、あるいは芸術として住宅がつくりあげられた場所に住むことであるが、そこでは日常性は住宅の問題としては排除しなければ建築は成立しない。つまり非日常性が建築であることを担保することになるという意味で、非日常性の純化に向かうことになる。

坂本一成は、そこでは排除されることになる日常を引き受けながら住宅を建築として思考する方法をとる。そこには六〇年代後半から始まった近代建築への様々な批判のなかで、近代建築のもつ排除性に対する批判、わかりやすくいえばロバート・ヴェンチューリ（→p.117）のいうディフィカルト・ホール（Difficult whole）に対する共感と住宅に対する誠実さがあると考えることができる。ミース・ファン・デル・ローエ（→p.27）が語ったとされる「less is more」という美意識は、それ以後ミニマリズム[注1]というスタイル（様式）として七〇年代以降社会化される。

まさに様式（スタイル）であるから、それは資本主義社会では商品化され流通することになる。美意識が商品化されることは、ジャーナリスティックな意味で建築がポストモダンとよばれた七〇年代においてデザインによる物の消費運動を加速する、あるいは消費者の欲望を喚起する、あるいは時代の気分を消費するという資本主義社会の商品のデザイナーとしての位置づけとして建築家は二重、三重に囲い込まれがんじがらめになる。

ロバート・ヴェンチューリはポップアートとしての建築を生み出すことで、二〇世紀後半の大衆社会のなかでの芸術性を現代建築の問題として提示する。アンディ・ウォーホール（→p.123）の大衆社会のイコンを芸術の問題とする方法を建築に置き換えて、どこにでもある建築の形を芸術の問題とすることで現代建築を成立させることを試みた。そこにはロバート・ヴェンチューリの知的アイロニーとアメリカの知識階級のスノビズムが介在する。しかし坂本一成の家型はポップアートを成立させることでなく、アートとして建築を成立させることからも距離をおくことに向かう。

「家型」[注2]として坂本が扱った住宅の外観の形態は、たとえば篠原一男のように虚構あるいは芸術としての住宅としてのみ建築たりえる現代の「建築」という制度に対

注1　ミニマリズム：要素を最小限におさえた態度に基づく美学による表現方法で、一九六〇年代には建築、絵画、音楽など広い領域で表現された。

注2　「家形」：家の形を記号として認識して意識的に用いられる家の類型的な型としての形。

する批判的行為である。そしてそのことは、さらなる「建築」へ開かれていく可能性であるという認識ということができる。近代になって、神（超越性）が死に、芸術が終わって後、つまり現代になおかつ建築を思考し、現代における建築の創造のための坂本一成の一見屈折して難解な思考は、極めて誠実な建築への思考の必然的な帰結であると考えることができる。なぜなら超越的「建築」が死を迎えた後にも、建築家は存在しつづけ「建築」を創造することが新たな建築に向かうことだからである。

日常の生活空間は、社会的ハイアラキーに組み込まれている。わかりやすくいうと、価格のハイアラキーとしての物質の総和として住宅がある。つまり、価格の制度の空間として住宅を商品化し、我々をがんじがらめにしている。それは物として商品化されるとともに、メディアのなかで情報商品化される。ここから逃れ、自由としての住宅であることがいかに可能か、その問いかけから現代の建築が始まる。坂本一成は初期の住宅では様々なレベルで住宅における建築の意味の消去という方法をとる。初期の住宅作品である《水無瀬の町家》[図1]、《代田の町家》[図2]においては、その住宅が建てられている場所の名前と町家という呼び方によってこれらの作品の名称としている。これは住宅を作品化するために特別に詩的な名称による超越性、あるいは住宅の施主の固有名詞を用いることから生じる特別な位置づけから逃れ、「……の町家」とすることで、いわゆる建築家の設計した住宅における特別な位置づけや超越性から逃れようとしていると考えることができる。

これらの住宅を構成するいくつかの室は主室、側室、外室という名称がつけられ

図1　《水無瀬の町家》
平面図（右）、立面図（左）　S=1:250

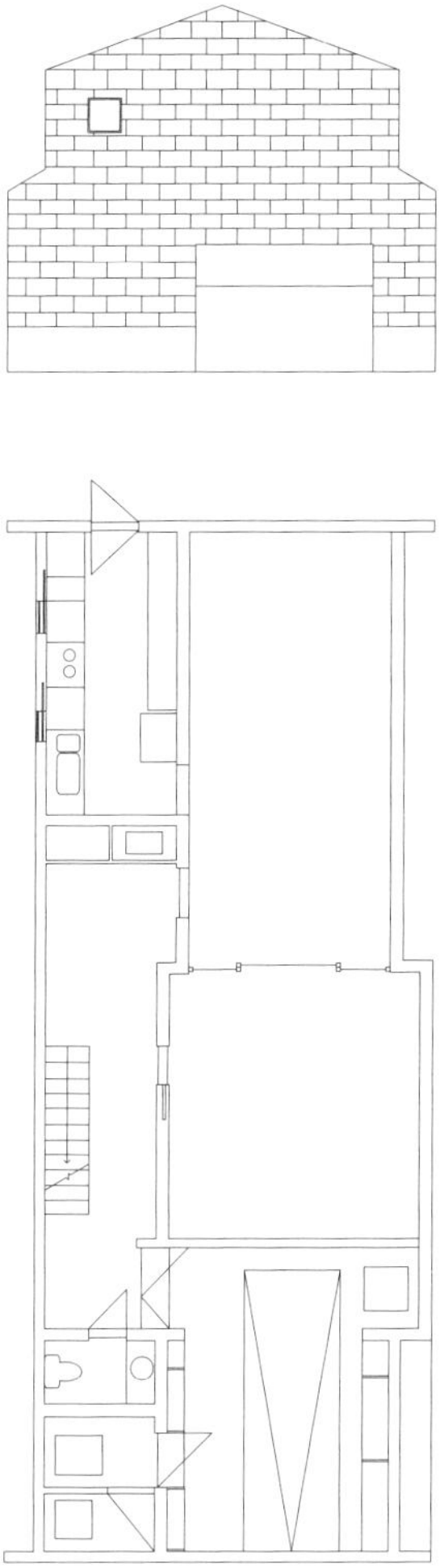

図2　《代田の町家》
立面図（上）、平面図（下）　S=1:200

ている。これはたとえば、住宅における居間という言葉がもつ制度的な意味づけをニュートラルに室の関係を中性化することが試みられていると考えることができる。外室という言葉が一般的には庭という言葉で示される、住宅の敷地内の塀で囲われた外部空間を示すものとしてもつ、住宅と外部敷地の関係を相対化しようとする試みであると考えることができると同時に、敷地全体を建築あるいは住宅の問題として考えるという思考を切り開いている。

《水無瀬の町家》における銀ペイントで塗られたコンクリート外壁は、コンクリートの建築の仕上げがもつ制度性、つまりコンクリートの白ペイントの平滑な塗装はル・コルビュジエの一九二〇年代の白い箱という表現が、すでに今日では建築の制度としてのいわゆるモダニズム建築の外観の仕上げという意味に拘束されてしまう。それに対してコンクリートの荒々しい打放しは五〇年代のブルータリズムの表現という建築の制度に拘束され、さらに打放し仮枠で平滑な表面をつくり、セパ孔までデザイン要素として間隔を調整したコンクリート外観は、七〇年代の建築家がデザインした日本の打放しコンクリート建築の一つのステレオタイプとして制度にとらえられてしまう。

そのような意味の拘束に対する表現の消去、あるいはコンクリートの建築という制度から逃れるために、銀ペイントで仕上げるという表層の操作が行われている。さらに銀ペイントという表層の仕上げは、一般にはガスタンクや配管パイプなどの錆び止めに使われる安価な材料である。住宅は何らかの豊かさを仕上げ材料の表層レベルで偽装することによって商品たりえている。

《水無瀬の町家》においては、商品化住宅とよばれている工業化され、偽装された豊かさの表層に見られるような社会的な制度を表現することで、商品化される住宅という制度に対しても距離と中立性を保つニュートラルな中性化の表現（非表現）がとられているということである。ここでは現代における「建築」の制度から逃れることが追求されていると考えることができる。

《代田の町家》においては、内部空間の壁が木製の板張りの上に白ペイントで塗られている。ここでは木の仕上げにまつわる意味が白いペイントによって消去されている。木という素材には、社会では自然の材料、暖かみのある材料、高級な仕上げ素材、やさしい感じの材料であるなど、様々な制度的な意味をまつわりつけている。これらの意味は社会のなかで階層化され、商品世界では我々はそれらの階層化された意味と価格が結びついたなかで規定された住宅という意味空間を生きざるをえない状況に閉じ込められている。建築もまたこれらの意味によって閉じ込められたなかで成立することを制度的な建築とよぶことにすると、坂本一成はこの建築という意味制度から距離をおくことで浮かび上がる「建築」を問題としていると理解することができる。

《代田の町家》のファサードは、家形の建築として外観が規定されることをあえてすることで、家の形の表現としての意味から逃れようとしている。その屋根勾配は、たとえば幾何学的に九〇度の二分の一である四五度のような明解な幾何学的な角度、つまり制度的な建築の角度として明解と解釈される勾配は避けられて、ある種のあいまいな角度が採用されている。さらに前面道路に面した下部では、隣地境界線までの袖壁がつけられ、ファサードをあいまいに看板あるいは面とする操作がなされている。家形が変形されている。これらのことも制度としての建築、あるいは家の記号としての表現を受け入れながら、そこから距離をおくことで制度としての意味から逃れようとする表現と考えることができる。家形について坂本は「家形を思い、求めて」(『新建築』一九七九年二月号)で以下のように論じている。

「[記憶の家]：それは単に家の形をしていたにすぎない、かといって具体的な形を思いだすこともできないのだが。町の一画にひどくあたりまえに、穏やかに、そしてそこにあることに何も疑いを持たせない何気なさの内にあった……。

[意味の消去の彼方]：住宅は人の住まう場であり、現実の家は日常の生活のために用意される。それは一義的にはその生活のための機能を求めるために計画されるわけ

だが、残念ながらその機能を得るために形態を必要とする。そこにさまざまな意味を生じることになる。つまり機能を得るために必要な形態はそれと必ずしも直接関係を持たない意味を社会的に発生させることになる。まさにその部分で建物は建築化され、文化と絡むことになる。あるいはそのことに関する思考の結果が建築と呼ばれるのかもしれない。しかし、私自身そのことに多くの疑いを持ってきた。つまり意味を形成する二次的機能を積極的に表現することで建築を問題にするのではなく、その意味を消去することによって残される、あるいは表れる機能の抽出の内に、建築としての住宅を求めようとしてきた。

［機能性記号としての家形］：二次的機能を家形というある種の形態に準拠させることで、逆にさまざまな意味を開放させることにならぬか。つまり住宅に家という人の住まう場の概念をトートロジー的に表徴されることで機能性記号化しよう（すなわち機能がそれゆえに発生する意味だけの記号に限定しよう）ということである。……ここでその家形は必ずしも具体的な家の形を意味するのではなく、具体的なものを通した家の概念を構成するさまざまな水準の関係を示していると理解されたい。……求めている家は零度の地平にさまようその家形なのであろう。その家形はさまざまな世界との対比と対立の内に漂っていると思えてならない」

これを六〇年代後半に始まった近代建築の批判以降に表現された家形の建築としてロバート・ヴェンチューリの《母の家》*（→p.119）やアルド・ロッシの《モデナの墓地》*（→p.132）と比較すると、ロバート・ヴェンチューリは家形のもつ二次的機能を大衆社会の家のイメージとして積極的に表現しながら、西欧ルネッサンス建築のマニエリスム的な形態操作をアイロニカルに表現することでポップアートの文脈のなかでの建築性を現代建築の問題にしていると考えることができる。アルド・ロッシは西欧都市の要素としての建築のタイポロジーのなかから集団的記憶の形態として家形をとりあげ、そこに形而上学的な詩学の凍結を現代建築の問題としていると考えることができる。

坂本一成が記憶の家というときには、日本のヴァナキュラーな家が問題にされている。篠原一男が日本の伝統の空間の方法を分割として抽象化することによって、西欧のモダニズムの受容変形としての日本の近代を乗り越える地平を切り開いたことの正統な連続的思考として、日本における建築の近代性を坂本一成は日本のヴァナキュラーな家の記憶と意味の問題の思考から導いたと位置づけることが可能である。これはポストモダン・モダニズムとしての建築思考のオリジナリティであるということもできるであろう。

さらにファサードという日本の建築には存在しなかった立面の概念について、坂本一成は「対比と対比」つまり「関係」という言葉をめぐって重要な思考をめぐらせている。《代田の町家》の南側の開口は主室への光と風を取り入れるためであるが、まずこのサッシュはどこにでもある既製品のアルミサッシュが用いられている。この開口は南に面する道路とその反対にある建物から内部への視界を塞ぐために主室のフロアレベルからかなり高い位置に取り付けてある。それがファサードに対して開けられたとき、一階の開口としては高く、二階の開口としては低いという一般的なファサードには見られない位置である。この南側のファサードは一見なんでもないように見えながら、実は極めて特異なファサードとして成立し、いわゆる住宅のファサードからの相対化、つまり「建築化」を成立させている。

《南湖の家》図3 におけるベニヤ板による棚の壁は制度としての建築、さらに住宅という生活を成立させる場という制度的概念に対してさらなる問いかけが行われている。建築の部位としての床、壁についての問いがこれらを展開している。道路に面して囲われた塀に開けられた開口からこの住宅の敷地に入ると、外室とよばれる外部のデッキの床に上がり、そこから建物内部の床に入り、さらにその床から少し高い位置にも床が設けてある。ベニヤでつくりつけられたテーブルは椅子を使ってちょうどよい高さ、高いほうの床ではテーブルは床に座してちょうどよい高さに設定してある。つまり、このテーブルの高さが顕在化しているのは、この住宅の床が一般的な住宅の床という制度を相対化して成立していることである。つまり床はあいまいに道路面から分離、連続する水平の高さの差異がつくりだす生活の場の身体的寸法の関係性として設定されることで、ここでは水平という意味が身体的スケールをともなって「建築化」されているのである。

　建築の壁という制度は、ここではすべての内部を囲うベニヤ板でつくられた棚状の要素とされた垂直部分とされることで問い直されている。つまりこの住宅には、いわゆる建築を境界づけるものとしての内壁というものがない。垂直面の棚あるいは壁に

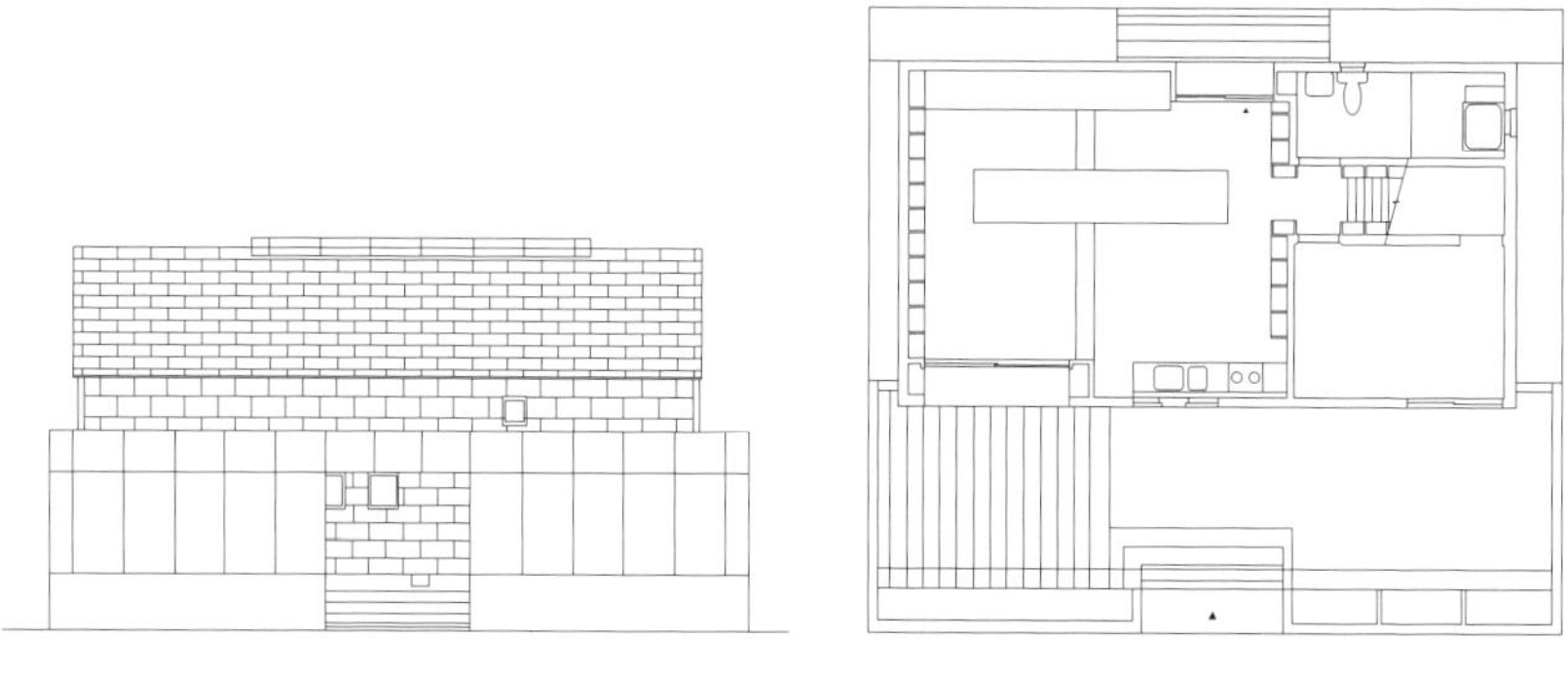

図3　《南湖の家》
平面図（右）、立面図（左）　S=1:250

は、日常生活を成立させる物がそのまま置かれることになる。日常生活は我々を取り巻く物との関係で成り立っている。しかし物は日常では収納に隠されるが《南湖の家》では日常的な物に覆われることによって、日常を新たに再構成することになる。

坂本一成には家の形の問題に対しては厳密な論及があるが、スケール（寸法）については論及していない。しかし坂本の建築のスケールには「建築性」として重要な問題が含まれている。伊東豊雄は「坂本一成氏の三つの住宅について―曖昧性の背後に浮かぶ概念としての家―」（『新建築』一九七九年二月号）のなかで「南湖の家……二階に設けられた室のひとつはわずか四畳に満たず、しかも壁際では七〇㎝の天井高しかない。ある種の日本の伝統的空間が持っていたようなきわめて技巧的な空間というこどもできようが、これは坂本氏にとってのスケールに対するぎりぎりの追求であり、このぎりぎりに抑えられたスケールをなお日常的なものによって分節しようと試みられた空間には、穏やかさに秘められたある緊張感を感じない訳にはゆかない」と記述している。

スケールの建築における位置づけは、西欧古典建築においては『ウィトルウィウスの建築十書』（→p.79）第一章では「神殿の構成はシュムメトリアから始まる。この理法を建築家は十分注意深く身に付けなければならぬ。これはギリシャ語でアナロギアといわれる比例から得られる。比例とは、あらゆる建物において肢体および全体が一定部分の度にしたがうことで、これからシュムメトリアの理法が生まれる。実に、シュムメトリアまたは比例を除外しては、すなわち容姿の立派な人間に似るように各肢体が性格に割り付けられているのでなければ、いかなる神殿も構成の手段をもちえない」としている。

同書第三書第四章のなかには「正面の階段は常に奇数であるように定められるべきである。なぜなら、右足で第一段を上る場合、同じく聖所の頂面にも最初の足がおかれなければならぬから。わたくしはこの階段の蹴上げ寸法の範囲を、それが六分の五ペースより厚くなく、四分の三ペースより薄くなく据えられるようにと、査定する。こうすれば登るに苦しくない。しかし、段の踏面は一ペース半より小さくなく二ペースより大きくなく造るべきであると思われる。同じく堂の周囲全体に階段が造られる場合も、これと同じように造られるべきである」という記述がある。図版は平面、オーダーの比例図が示される。

このような比例と人体の寸法に関する建築的問題は、近代においてはル・コルビュジエが「モデュロール」[注3、図4]という一連の探求においても比例と人体寸法の問題を近代的に探求している。さらにル・コルビュジエは、機械生産という近代的な問題の基礎としても寸法について探求している。坂本一成における寸法は、これらの西欧の建築における比例の調和とシステムを目指すという建築の美的問題として思考されているのではないことに注目しなくてはならない。

坂本一成において寸法は関係性の統合としての建築において、形態が形成されそのなかに生活という身体的な振舞いとの関係性そのものを成立させるために発見されるものとして位置づけられている。したがってそれは、あらかじめ全体を統合させる

注3　モデュロール：ル・コルビュジエが人体の寸法、フィボナッチ数列、黄金比から割り出した建築物の基準寸法。

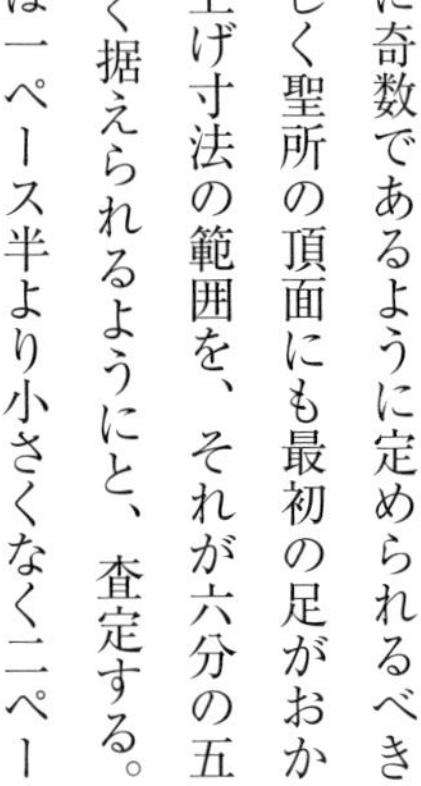

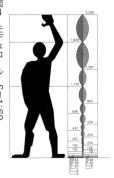

図4　モデュロール　S=1:60

ための道具として位置づけられる西欧建築における寸法が体系化というプロセスをとることと全く異なった問題として存在している。それはたとえばル・コルビュジエの「モデュロール」は、寸法のシステムとして建築のすべてを規定する強い制度として機能することで、建築をある意味でがんじがらめにする拘束力として働くという問題につきあたるのに対して、坂本一成のスケールは建築のある種の自由と空間の人間に対する緊張感に満ちた親近感を成立させるために機能する。

たとえば建築雑誌などに発表された外観写真ではわかりにくいが、坂本一成の住宅の外観の大きさは、周囲にある現代の一般的な住宅と比較すると、不思議な大きさで街並みのなかに存在する。たとえば《南湖の家》の外観は家型をした切妻、平入りであることが意識的にデザインされているが、その大きさを示す棟の高さは平屋の住宅にしては高すぎるものの二階建てにしては低すぎる、一般的な街にある住宅とは微妙に異なったスケールでつくられている。このときこの住宅のヴォリュームは、建物としてある種の親近感を抱かせる大きさとして立ち現れると同時に、このスケール感は概念的な大きさの存在として住宅が認識されるという作用をする。それは周囲の住宅との微妙な大きさとの関係によって生み出される差異による効果と、外装仕上げに用いられた銀色というニュートラルな色彩による周囲との差異との相乗効果による。

このような大きさの外形のなかに、身体的な寸法との関係で生活に関する様々な寸法が内部空間とのさらなる関係のなかから相対化され、探求されることで坂本一成の建築は成立しているように思われる。そのとき、予想できない新しい身体的スケールの場所や身体と事物との関係が創造的に生み出されている。このことは坂本一成の建築においては、寸法においても関係のなかから相対的な関係の零度、つまり制度的な関係を相対化して身体的な寸法に基づく建築要素の関係的発見が追求されることが目指されていると考えることができる。

寸法の制度からの相対化と同時に、建築の要素の位置の相対化が細心の注意を払いながら行われている。それは住宅というものが身体的なスケールのなかでの寸法の相対化を行わなくてはならない対象であることから、住宅を建築として思考するときには避けて通ることができない問題として立ち現れる。これはさらに日常を成立させる住宅の器具、たとえば照明器具として普通は机の上に置かれ使用される器具が壁につけられるという状況が出現する。アルミニウムの既製品の掃出し窓がファサードに通常とは異なる自由な位置に取り付けられる。これらはあらたな建築要素の関係として統合され、建築としての住宅は意味の零度のなかに漂う。日常を成立させる事物に対しても位置の相対化が行われることで、日常が建築性として立ち現れているということである。

三

レトロスペクティブ、モダニズム、アヴァンギャルド

レム・コールハース

（一九四四―）

アムステルダムで生まれ、建築を学ぶ前に映画の脚本の仕事をする。ロンドンのＡＡスクール、コーネル大学で建築を学ぶ。ニューヨークを批判的に分析した『錯乱のニューヨーク』（"Delirious New York", 1999）において、二〇世紀のモダニゼーションの意識下の問題を探求した。近代の過密都市であるニューヨークで繰り広げられた二〇世紀の建築活動を、テクノロジーによる非合理な欲望の実現場として再解釈した。パリの《ラ・ヴィレット公園コンペ》でチュミと一等を争った案では、ニューヨークの超高層ビルのスラブの断片的世界の積層を水平に置き換えて提示した。社会主義国家革命にともなうロシアの構成主義者の流産したモダニズムのプロジェクトを二〇世紀末の資本主義のなかで蘇生させるようなプロジェクトや、著書『S. M. L. XL＋、現代都市をめぐるエッセイ』（"S. M. L. XL", 1995）ではアジアやアフリカの近代化から未知の近代都市概念を導きながら、二〇世紀の批判的解釈による新たな二一世紀の建築を切り開く最も先端に位置し続けている。

レム・コールハースの《パルク・デ・ラ・ヴィレット》の設計競技（一九八三年）でのデビューは、二〇世紀後半の最終章での最先端のランナーの登場であった。一等案として選ばれなかった彼の案は、二〇世紀前半をマシンエイジ、それに続く後半をコンピューターエイジとすると、コンピューターの時代から分析されたマシンエイジの未完の計画の、コンピューターによって視点が分裂させられて提示されたパースペクティヴを初めて世界に認識させる出来事だった。この案の出現には、その数カ月前にアジアで開かれたいかがわしいコンペティションのエピソードという前置きがある。

ホンコンピークとよばれたそのコンペティションは、ホンコンのディヴェロッパーがホンコンの北に位置する山の峰にゴージャスなクラブをデザインすることを求めたものである。このとき審査委員であった磯崎新は、事前の審査チェックにおいて審査外にされていた図面のなかから一つの案を選びとりこれを一等にする。当時無名のアラブ系の女性建築家ザハ・ハディド（→p.156）の提出した案はロシアのシュプレマティズム[注1]の芸術家カシミール・マレーヴィッチのドローイング*がコンピューター回路のなかに迷いこんだあげくに、錯乱したキャドが描きだしたような建築であった。コンピューター・シュプレマティズムとでも表現すればよいのだろうか、傾斜した一本柱にバラバラになって破裂したスラブが捻れた速度をもったまま浮遊して停止しているという建築である。

平行定規と三角定規、コンパスと定点の透視図法ではイメージすることができない

注1　シュプレマティズム：一九一五年に、カシミール・マレーヴィッチが提唱した抽象的造形芸術。

この建築は、コンピューターのなかのデジタルな計算式が司る異空間を通り抜けてやってきたような建築であった。ザハ・ハディドとはなにものなのか？　それは多くの世界中の建築関係者が初めて聞く名前であった。ザハ・ハディドはロンドンのＡＡスクール（→p.67）に学び、レム・コールハースのスタジオで彼のプロジェクトのいくつかに参加している建築家であることがそのうち知れ渡るようになった。ロンドンのレム・コールハースの周辺でなにかが起こっていることを感じさせた。

レム・コールハースはすでに一冊の挑戦的な建築的書物を出版していた。それは『錯乱のニューヨーク』“Delirious New York”（鈴木圭介訳、筑摩書房、一九九九年）。それは「レトロスペクティヴ・マニフェスト」（懐古的透視宣言）という副題がついた、都市建築論とプロジェクトからなるこの書物はニューヨークの都市文明と建築の分析的理論書である。二〇世紀の都市文化の本質的な異常さをデリリアス（錯乱）と表現するこの書物の問題提議としてのマニフェスト性は、奇形のあるいはＢ級の、雑踏のなかの、ジャンクな、混乱した、異常な進化過程を経た、高密度で充血したニューヨークというモダニズムの孵化装置である都市の現象の分析を通じて解釈しなおすことで、二〇世紀前半では意識の上では提示されなかったもう一つの意識下のモダニズムの存在を暴きだしたことである。

一九七〇年代ポストモダニズムと名づけられた歴史的言語の引用や、地域主義的造形の記号的操作を方法とする建築デザインに代わって二〇世紀終盤の建築の問題、それはニューヨークの資本主義がつくりだした異常なモダニズムと、早産に終わったロシアのアヴァンギャルドとコンピューターの時代における感性が結合することで可能にする二〇世紀の建築の断片的イメージの不連続な結合から生じるモダニズムの変形のストーリーであった。彼自身自分のことをニューヨークのゴーストライターだと語っているように、レム・コールハースは建築活動を始める前に映画のシナリオライターの経験がある。

この書物では、ニューヨークの本質の始まりがどこにあるのかの解説を、今世紀初頭にニューヨーク近郊につくられた娯楽施設であるコニーアイランド*の分析から始めている。コニーアイランドは、電気仕掛けで夢が実物大の大きさにつくられた壮大な嘘と遊ぶ場所である。たとえば、ここにはぬいぐるみの犬が電気で競争するドッグレースがある。それを照らし出している電灯は電気の光で嘘の昼をつくりあげている。電気仕掛けの嘘の世界で遊ぶこと、このことは倒錯した、近代技術を駆使した大衆への快楽の生産運動としての二〇世紀のモダニズムのもう一つの姿の始まりである。

ニューヨークのスカイスクレイパーは、近代技術がつくりだした建築の進化としては異常なものとして存在する。ニューヨークでのその進化は、建築の合理や理性的なバランスを逸脱したものである。スカイスクレイパーはその積層の数が異常であるだけでなく、そのスラブ上で起こる出来事はさらにニューヨークの近代生活の異常さと倒錯性を加えていく。『錯乱のニューヨーク』には、分析に添えていくつかの架空のプロジェクトが添えられている。このなかに《プールの計画*》という不思議な計画があある。海に浮かんだプールで競泳するスイマーたちが前に向かって泳ぎつづけたあげくに、プールはその反作用で後ろに進みロシアを出発したプールがニューヨークにたどりつくというものである。

　コンピューターの回路でデジタルに分解され情報として記憶装置のなかに入力されたロシアのアヴァンギャルドたちの建築が、再びレム・コールハースの脳のなかのプログラムを通して変換され、モニター上に映し出されたような計画を次々に私たちに提示する。レム・コールハースの二〇世紀後半の活動はそのようなものとしてある。しかし、これはコピー・アンド・ペーストするような単純なコンピューターによる画像のコラージュが、日常化した今日の多くの凡庸な建築のつくられ方では決して提示できない不可能な世界の提示である。そのような世界が、テクノロジーを駆使してリアルな現実の光景として夢見ることができるという、根本的な建築の問題としての二〇世紀的建築の無意識の欲望の空間化が出現している。

《パルク・デ・ラ・ヴィレット》においては、水平のストライプによって敷地全体が切り分けられている。これをレム・コールハースは、水平にされたスカイスクレイパーであると説明している。『錯乱のニューヨーク』の表紙には、《エンパイアステートビル》と《クライスラービル》がベッドの上に横たわって、その側にグッドイヤーのゴム製品が描かれた意味ありげな絵が描かれているが、《パルク・デ・ラ・ヴィレット》において本来垂直に積み重ねられるスカイスクレイパーのスラブの線が敷地を帯状に水平に分割している。この垂直と水平の等価な変換は図面を垂直なモニター上で描くキャド・システムが日常化した今日では当たり前だが、図面を製図台の上で手描きしている時代にはイメージできないことで、まだそのような感覚が日常的でない時代にすでにレム・コールハースはこの空間感覚を提示している。

さらにこの計画は、ロシアのアヴァンギャルドの建築家イワン・レオニドフ[注2]の《リニアシティ計画》*のグリッドに分けられた都市は帯のなかに孤立した都市の断片として投影されている。都市計画の無機的でオートマティックで乾いた近代性が変換されて帯のなかに封じ込められている。さらにルナ・パーク、つまりニューヨークの胎児であるコニーアイランドのチープな宇宙感覚としての別世界的SF漫画感覚は、惑星軌道のシミュレーションとしてレイヤー、まさにコンピューター・キャドシステムによる図面の重ね合わせのように円形の様々な公園内の領域がストライプに分けられた公園のダイアグラムと無関係な、つまり分裂症的な楽しみとして重ねられてこの公園のなかに封じ込められている。この分裂症的混在もニューヨークを二〇世紀前半につくりあげた資本主義の快楽原則として、ここではコンピューター時代の公園の快楽のシミュレーションとして提示されている。

レム・コールハースにおけるデジタルな感性による変換操作は、スケールの変換においてコンピューターのモニター上において、形態からスケールの感覚が失われたまま作図する今日の製図作業における建築的スケール感覚を先取りしている。《ロッテルダムのオフィス計画一九七九〜八二》では、ロシア・アヴァンギャルドにおける特異な形態である斜めに建ち上がる斜線を建築のフォルムの問題としている。斜線はエル・リシツキーによる一九二〇年の《レーニンの演説塔計画》*に始まり、アレクサ

注2　イワン・レオニドフ：ソ連の建築家。スターリンにより失意の建築家となるが、《レーニン研究所》《重工業省計画案》など近代主義建築の最も先鋭な建築的イメージを提出している。一九〇二〜五九年。

ンドル・ヴェスニンによる一九二四年の《プラウダビル計画》*で提示された形態であるが、地上あるいは垂直面から斜め上方に建ち上がるという形態がもつ不安定感、つまり重力による垂直力と斜めによる水平力をつねに同時に荷重として受ける構造体は、垂直方向の柱や壁の構造によってのみ地上と接する基礎部分の重力を受けてきた建造物の歴史を振り切ろうとする二〇世紀の建築の欲望を提示した形態であるといえないだろうか？

《パリ国立国会図書館》図1では、《パルク・デ・ラ・ヴィレット》の計画の空間性であるストライプとヴォイドが再び水平と垂直の逆転操作をされ、三次元のヴォリュームのなかのマッスとヴォイドに変換されヨーロッパにおける超高層ビルとして夢想され、再び一九九〇年の《パリ国立国会図書館コンペ案》として変換されているのだ。二〇世紀の超高層ビルの原型であるミースの一九一九年のガラスの超高層ビルの深層に隠された欲望としての重力に抗して浮遊する上方へのスラブの繰返しは、このプロジェクトでは重力に抗して浮遊するスラブのなかにさらに浮遊するヴォイドという形で表現されることで、二〇世紀建築の意識下の欲望としての無重力への欲望を暴きだすことにより、無重力への欲望の空間機械としてモダニズム建築を再定義している。

ニューヨークの一九三〇年代のスカイスクレイパーは、鉄骨の構造体の外にタイルや金属によるアール・デコの外装を纏い、頭に高さを競う当時の流行の先端の形の帽子を乗せた塔であることにとどまっていた。第二次大戦後、ミースのアメリカへの

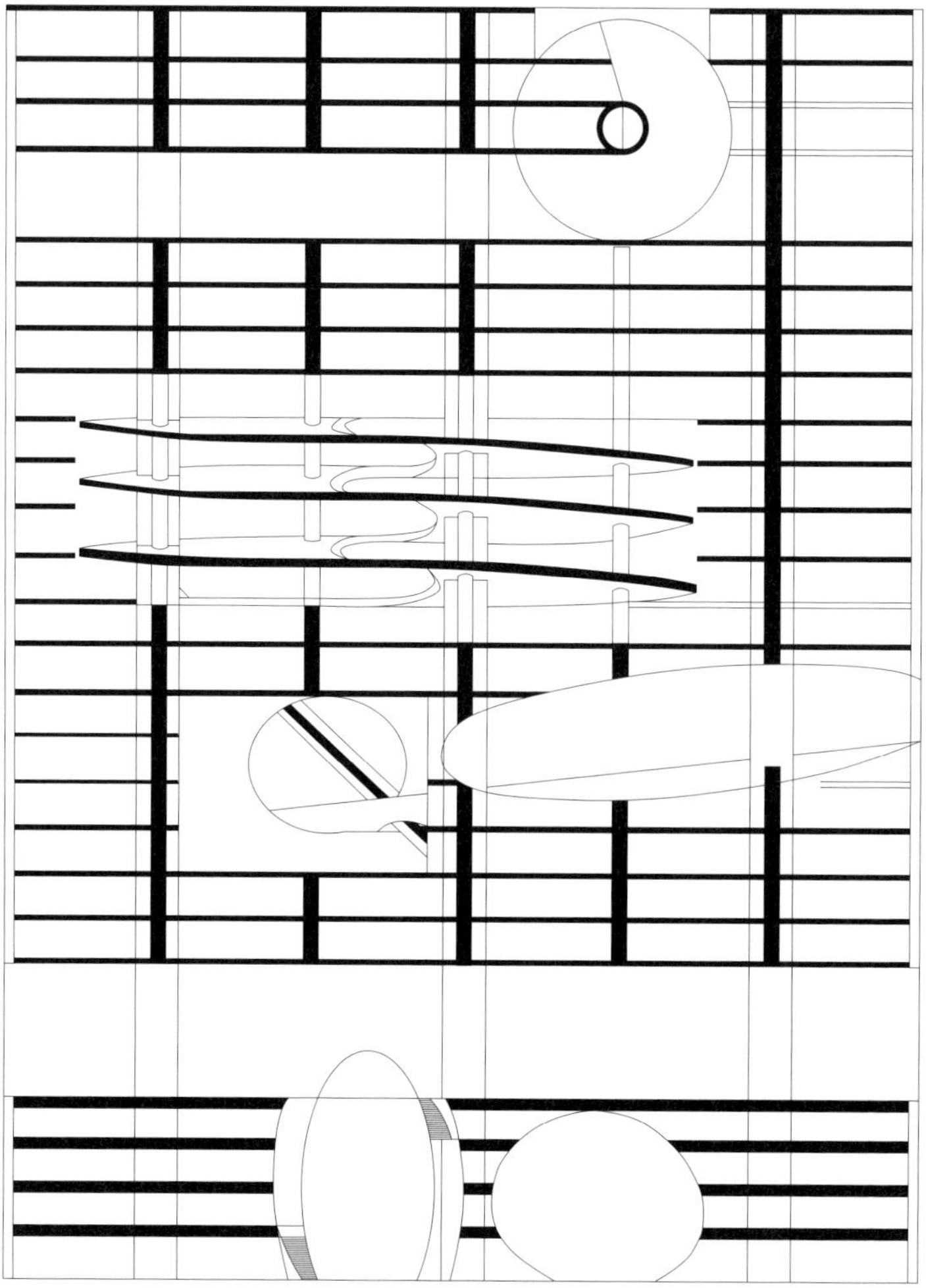

図1　《パリ国立国会図書館》断面図
S=1:800

移住によってもたらされた一九五八年の《シーグラムビル》*（→p.28）のブロンズのマリオンによるガラスのスカイスクレイパーでも、一九一九年のガラスのスカイスクレイパー*に表された純粋なスラブの浮遊は腰壁の処理によって隠蔽されたままであった。二〇世紀のモダニズムのスカイスクレイパーのデザインは、重力への反抗としてのスラブの浮遊の欲望を意識下の暗闇に鎮めたまま終焉を迎える。

コンピューターエイジの感性は重力のなかに空虚なヴォイドを無重力空間として閉じ込める。この計画のさらに重要な点は、スラブが繰り返されることで均質空間の複製が拡大再生産されるモダニズムの空間のなかに空虚を閉じ込めることで、ユニヴァーサルな空間に異次元を挿入して均質空間と空虚の共存する空間を提示している点である。均質空間と空虚の同時存在は、二〇世紀のモダニズムの究極的な空間であるミースが提示したユニヴァーサル・スペースを更新する。ここで提示されている空間性は、ミースが提案した二〇世紀の決定的な建築であるガラスのスカイスクレイパー計画のコンピューター時代の空間性への変換と考えることができる。

パリ郊外に建つ《ヴィラ・ダラッヴァ》図2は、ル・コルビュジエの《ヴィラ・サヴォア》*に隠されたモダニズムの住宅の意識下の欲望を暴きだす。ここでは建築とは太陽の下のヴォリュームの戯れとしてではなく、白日のもとに照射されたモダニズムの欲望と定義されるべきだろう。《ヴィラ・ダラッヴァ》では、データの組替えによるモダニズムの遺伝子操作が行われているとしてみると、鍵型の平面は《バウハウス校舎》*の構成原理であり、ナチス・ドイツのハーケンクロイツの断片の形態であるが、この

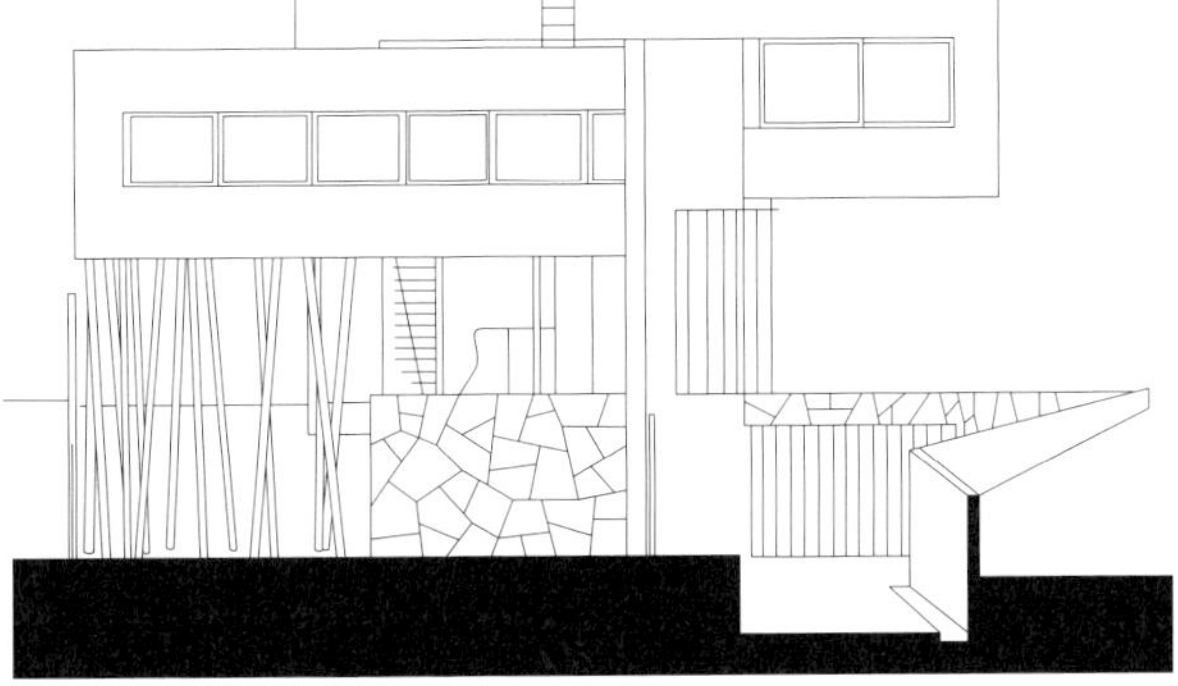

図2　《ヴィラ・ダラッヴァ》断面図
S=1:300

住宅を構成するヴォリュームはモダニズムのヴォリューム構成としての鍵型のデータが用いられている。《ヴィラ・サヴォア》のピロティはまるでパルテノン神殿*の列柱のようにヴォリュームを支えているが、ここに隠されているのは重力に対するヴォリュームの浮遊というモダニズムの欲望である。

《ヴィラ・ダラッヴァ》では、コンクリートの一本柱と極端に細く傾斜してランダムに配された柱がヴォリュームをあやうく支えているように見せかけている。ピロティのデータはこれらの処理によって不可能のピロティという超現実的な構造として、さらに後ろのヴォリュームはカーテンによって支えられたヴォリュームという超現実的で不可能な構造の見せかけに変換されている。斜路はここでも建築的プロムナードを結ぶ経路をつくりあげているが、ここではスラブとスラブを結びつける機能としてではなく、大地の上に置かれていることによって上階への上昇が不可能の斜路に変換されることで斜路の機能は裏切られたまま平面を行き来する。

屋上庭園はル・コルビュジエのモダニズムの無意識の欲望が最も見え隠れする場所である。《ヴィラ・サヴォア》の屋上庭園は、本来の近代建築の五つの原則として都市の住宅における庭の近代的な有り様の提案であるという機能的な説明は、この広がりに満ちた敷地に建つ《ヴィラ・サヴォア》の機能的解決としては矛盾する。つまり《ヴィラ・サヴォア》の屋上庭園は、空間の組替えによりありえない空間同士の関係をつくりだすという近代の空間性への意識下の欲望が隠されている。それは庭園が空中にあるということだけにとどまらない。

この庭園には窓（水平連窓）があるのである。「この庭園には窓がついていた」あるいは「窓のなかには庭園があった」あるいは「部屋の内部には庭園があり、その上には天井ではなく、空が広がっていた」という記述は、超現実主義者の詩のなかの一説のような現実には普通ありえない不可能な場所の記述となる。《ヴィラ・ダラッヴァ》には屋上庭園ではなく屋上プールがある。このプールは「水の上を泳ぐ」体験というより、「空中をエッフェル塔に向かって泳ぐ」という睡眠中の夢のなかでしか思い描くことのできない体験を可能にしている。空間の組替えとは、夢のなかでのみ可能な意識下で欲望される現実にはありえない体験を現実に可能にするという近代の意識下の欲望である。

　建築的プロムナードとガラスのスカイスクレイパーという二〇世紀の建築のデータが、ここでは図書館という機能のための空間《Jussiu図書館案一九九三》[図3]として変換されている。その変換のされかたは、スラブの傾斜と溶解による螺旋上昇運動としてのモダニズムのスラブの地形への変換というプログラムである。水平なスラブの垂直方向への繰返しは、近代建築の最も基本的な構成方法である。これは人工の大地の垂直方向への増殖であり、外皮を取り除くとすべての近代建築はみなこのスラブの垂直方向への繰返しによって建築がつくられていると考えてよい。水平なスラブが均質な空間と場所の再生産として繰り返された二〇世紀初期的なモダニズムの空間であることに対して、ここでは人工的な地形あるいは人工大地のうねりと起伏がキュービックな囲いのなかに封じ込められることで、キューブのなかに均質な空間の広がりでは

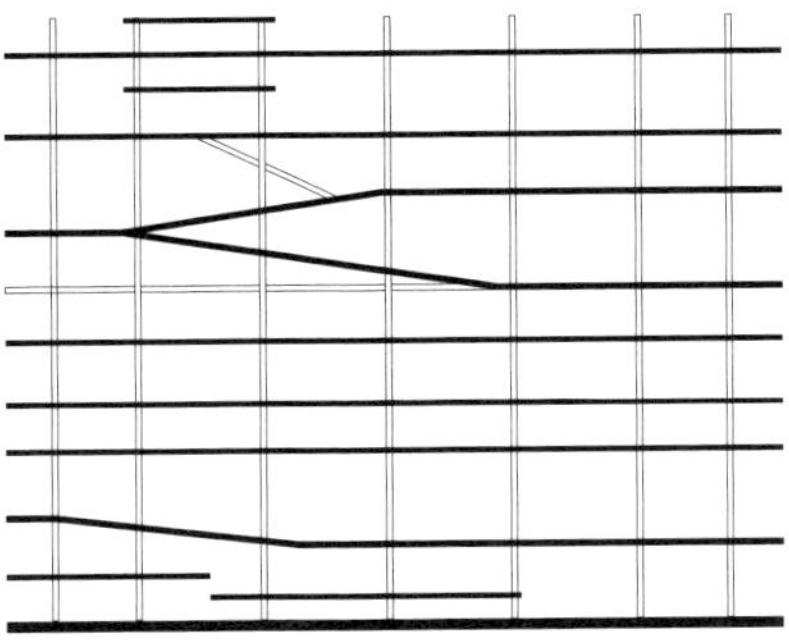

図3　《Jussiu図書館案》断面図　S=1:1000

なく、起伏があり傾斜する地形が人工的に生み出されている。

　ヴォリュームの構成という建築における計画の方法は、モダニズムにおける空間の組立てと機能という概念を結ぶ基本的方法である。機能という極めて近代的な用途概念の建築化は、空間の量として室のヴォリューム（広さ×高さ）を規定し、その室の組立てという方法によって近代建築を形成する。近代建築の機能的方法とは、ヴォリュームという部品によって組み立てられた全体をつくることといいかえることができる。この極めて単純な方法は、ヴォリュームを近代的な美学として建築全体を構成されたフォルムとすることにより成立させる。この構成のプログラムは水平と垂直のカルテジアングリッドに基づくが、《シアトル公立図書館》[図4]ではここに垂直方向にずれをともなう矩形ヴォリュームの積層、空白をともなう積層、上下の矩形ヴォリュームの四点の連結というプログラム変換によって、全体のヴォリュームと形態がつくられている。近代の論理にズレが加わりカルテジアングリッドに屈折が表れる。ズレをともない屈折したヴォリューム全体が建築となる。

　二〇〇八年に完成した北京の《ＣＣＴＶ本部》[*]のデザインは、斜めに空に向かう二本の超高層ビルが空中で水平にＬ字につながり全体で一つの輪（ループ）を形づくるというもので、このような連結超高層ビルはニューヨークにも実現していない。どのようにこのビルはデザインされたのか理解不能なほどの斬新さに見えるが、このビルも二〇世紀初頭のロシアの構成主義者エル・リシツキーの《空の鐙》[*]というプロジェクトのデータ変換によって可能な形態操作と考えることができる。ロシアの構成主義

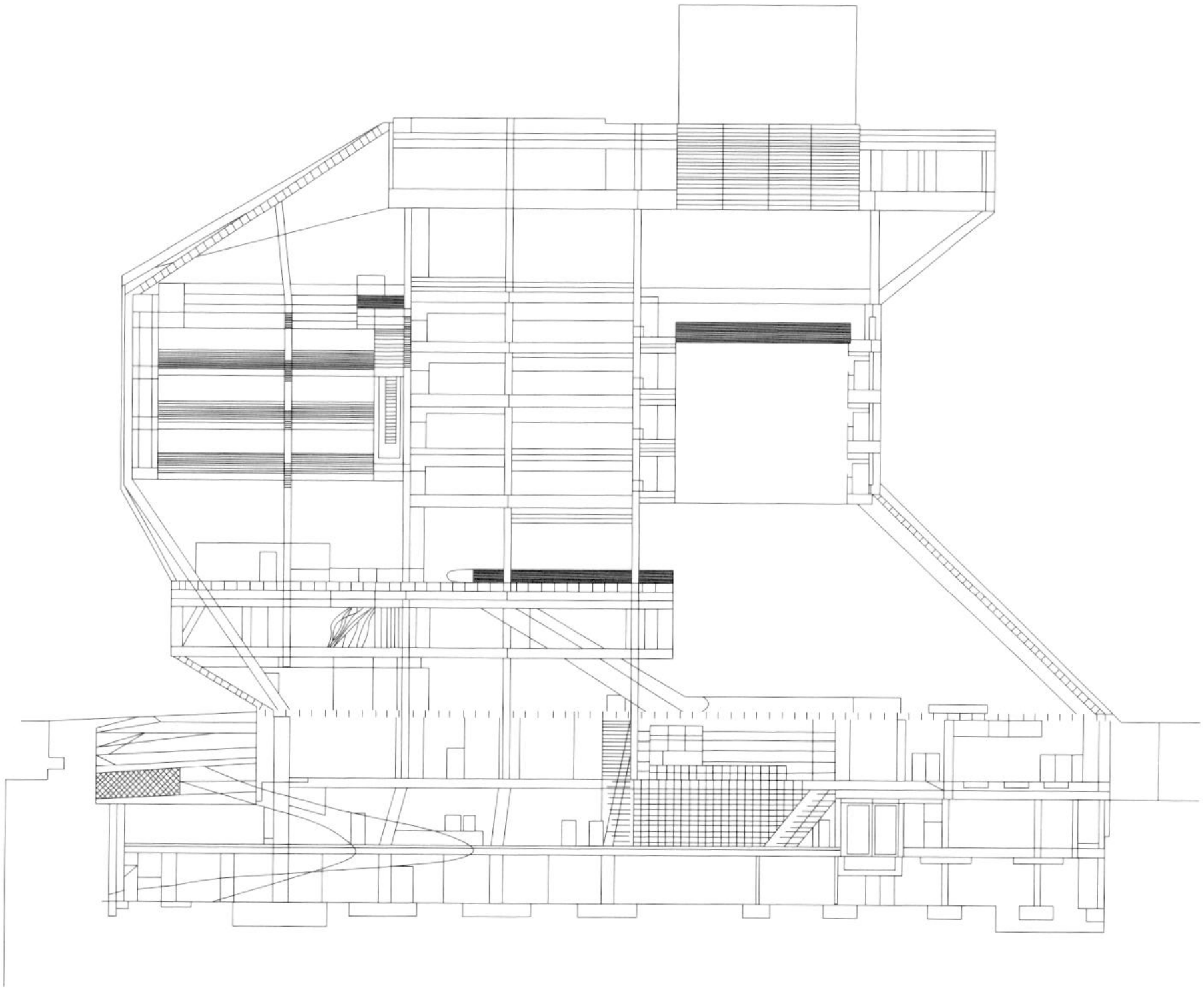

図4　《シアトル公立図書館》断面図
S＝1：600

者たちの情熱は、革命後ソヴィエト・ロシアという社会主義の経済システムに基づく近代的人工国家のイメージを二〇世紀のテクノロジーを表現手段とする建築形態を用いて表現することにあったと考えることができる。たとえばイワン・レオニドフによる《重工業省プロジェクト》*は、まさに二〇世紀経済の原動力である重工業という産業を主導する国家のテクノクラートの事務所を二本の超高層ビルの並立で象徴する。

ル・コルビュジエによる《ソヴィエトパレス》*は、彼のすべての作品のなかでも最も構成主義的なプロジェクトであるが、同様の主題によってさらにダイナミックな構造の表現が放物線アーチから鋼鉄の張力によって屋根が吊り下げられて建築が形づくられるという方法である。この方法は一九六〇年代に、日本という国家の表現として丹下健三による《代々木オリンピックプール》*で戦後の日本を象徴するイメージとして実現する。さらにタトリンの《第三インターナショナル記念塔計画》*は、《代々木第二体育館》*に巧みに変形されている。

ソヴィエト・ロシアにおいて建築は、革命後、労働者による国家建設のイメージを建築デザインにおいて表現することを目的に近代技術の表現として革新的な形態が模索された。そのとき斜線は新しいアヴァンギャルドのイメージを表現する形として多くのロシア・アヴァンギャルドの建築家のプロジェクトにおいても採用されているが、この形態のもつ不安的なダイナミズムは建築として実現されることはなくスターリンの時代を迎える。スターリンは国家の表現として、スターリン・デコ[注3]とよばれるロシ

注3　スターリン・デコ：スターリン時代の建築に見られる装飾様式で、体制も思想も異なるアメリカのアール・デコに通じる幾何学的形態による装飾。

アテイストのアール・デコ・クラシシズムの建築を採用した。ロシア・アヴァンギャルドの早産したモダニズムの形態をレム・コールハースは七〇年後に取り上げる。これはコンピューター時代におけるロシア・アヴァンギャルドの造形のレム・コールハースというプログラムによる変換として再提示される。

このプログラムはどのようなプログラムなのであろうか。ロシア・アヴァンギャルドの未完の造形をコールハースはモダニズム建築の未完のデータとして用い、データを整理したのち錯乱した変形として出力する。レム・コールハースというプログラムとは何なのか？　二〇世紀の建築の意識下の欲望をコンピューターのモニター上に映し出し、それを暴き二〇世紀後半から二一世紀の情報資本主義社会のなかで建築情報商品として流通させ、二〇世紀の建築の意識下の欲望の拡大模造を二一世紀初頭の世界に原寸大で実現する。それがレム・コールハースというプログラムである。

そして二〇世紀の建築データを変換するレム・コールハースというプログラムが暴きだしているのは、二〇世紀建築の意識下のモダニズムの深層の欲望である。これを乗り越えるには、この欲望つまり世界を人工化しようとする根源を問う思考作業がなされなくてはならないだろう。それはテクノロジーを進化させた人類が、テクノロジーとどう向き合うかという問いかけから始まるであろう。まさにそれが二一世紀のモダニズムへの予感である。

主要作品・著書リスト一覧

凡例
●住宅、集合住宅
■美術館、図書館、博物館、大学、小中学校、幼稚園、保育園、病院、市庁舎、寺院、警察署、大使館、公園、インフラ、スタジアム、体育館
▲商業、オフィス、研究所、銀行
★構想、プロジェクト（実現）
☆構想、プロジェクト（実現せず）

堀口捨己

作品　記号+No.

●1	小出邸	1925	東京都文京区
●2	紫烟荘	1926	埼玉県蕨市
●3	双鐘居	1927	不明
●4	吉川邸	1930	東京都品川区
●5	徳川邸	1931	不明
●6	塚本邸	1932	不明
●7	岡田邸	1934	東京都品川区
●8	永井邸	1934	不明
●9	荒尾邸	1935	不明
●10	銀座の小住宅	1936	東京都中央区
●11	中西邸	1936	不明
●12	聴禽寮	1937	不明
●13	内藤邸	1937	不明
●14	山川邸	1938	不明
●15	若狭邸	1939	東京都目黒区
●16	西郷邸	1941	東京都港区
●17	岩波茂雄の墓	1946	神奈川県鎌倉市
●18	美似居	1951	東京都台東区
●19	大森の小住宅	1956	東京都大田区
●20	岩波邸	1957	東京都文京区
●21	白川邸	1964	東京都世田谷区
●22	大原山荘	1968	京都府京都市
■1	平和記念東京博覧会交通館	1922	東京都台東区
■2	九州気象台	1931	不明
■3	中央気象台品川測候所	1933	東京都品川区
■4	水戸測候所	1935	茨城県水戸市
■5	神戸海洋気象台	1938	兵庫県神戸市
■6	大島測候所	1938	東京都大島
■7	日吉丘高等学校木造校舎	1951	京都府京都市
■8	サンパウロ日本館	1954	ブラジル、サンパウロ
■9	明治大学駿河台大教室	1955	東京都千代田区
■10	国立近代美術館の庭	1955	東京都千代田区
■11	明治大学和泉体育館	1956	東京都杉並区
■12	静岡雙葉学園講堂・体育館	1957	静岡県静岡市
■13	日吉丘高等学校本館	1957	京都府京都市
■14	明治大学駿河台第六第七号館	1958	東京都千代田区
■15	明治大学駿河台図書館	1959	東京都千代田区
■16	明治大学和泉第二校舎	1960	東京都杉並区
■17	常滑陶芸研究所	1961	愛知県常滑市
■18	静岡サンモール修道院・礼拝堂	1962	静岡県静岡市
■19	明治大学工学部生田校舎第一号館	1964	神奈川県川崎市
■20	明治大学工学部生田校舎第四号館	1964	神奈川県川崎市
■21	静岡雙葉学園校舎普通教室棟	1964	静岡県静岡市

	■22 明治大学工学部生田校舎第二号館	1965	神奈川県川崎市
	■23 明治大学工学部生田校舎第三号館	1965	神奈川県川崎市
	■24 茶室磵居	1966	東京都港区
	■25 福岡雙葉学園小学校校舎・講堂体育館	1966	福岡県福岡市
	■26 有楽苑	1972	愛知県犬山市
	■27 茶室清恵庵	1972	佐賀県佐賀市
	▲1 大阪災害科学研究所	1936	大阪府大阪市
	▲2 取手競馬場観覧席	1936	茨城県取手市
	▲3 八勝館みゆきの間・残月の間（八事店）	1950	愛知県名古屋市
	▲4 大河内家合同墓	1952	不明
	▲5 八勝館八事店 湯殿	1953	愛知県名古屋市
	▲6 八勝館旧中店	1953	愛知県名古屋市
	▲7 末桑相互銀行岡山支店	1954	岡山県岡山市
	▲8 和辻（哲郎）家の墓	1955	神奈川県鎌倉市
	▲9 万葉館（万葉公園）	1955	神奈川県湯河原町
	▲10 万葉亭（万葉公園）	1955	神奈川県湯河原町
	▲11 三朝温泉旅館後楽	1955	鳥取県三朝町
	▲12 料亭植村	1955	東京都中央区
	▲13 八勝館さくらの間・きくの間（八事店）	1958	愛知県名古屋市
	▲14 八勝館音聞ごるふくらぶ	1958	愛知県名古屋市
	▲15 八勝館中店	1967	愛知県名古屋市
著書	◆1 現代オランダ建築	1924	岩波書店
	◆2 茶室おこし絵図集〈第１集〉	1963	墨水書房
	◆3 茶室おこし絵図集〈第２集〉	1963	墨水書房
	◆4 茶室おこし絵図集〈第３集〉	1964	墨水書房
	◆5 茶室おこし絵図集〈第４集〉	1964	墨水書房
	◆6 茶室おこし絵図集〈第５集〉	1964	墨水書房
	◆7 茶室おこし絵図集〈第６集〉	1965	墨水書房
	◆8 茶室おこし絵図集〈第７集〉	1965	墨水書房
	◆9 茶室おこし絵図集〈第８集〉	1966	墨水書房
	◆10 茶室おこし絵図集〈第９集〉	1966	墨水書房
	◆11 茶室おこし絵図集〈第10集〉	1967	墨水書房
	◆12 茶室おこし絵図集〈第11集〉	1967	墨水書房
	◆13 茶室おこし絵図集〈第12集〉	1967	墨水書房
	◆14 草庭—建物と茶の湯の研究	1968	筑摩書房
	◆15 堀口捨己作品・家と庭の空間構成	1974	鹿島研究所出版会
	◆16 庭と空間構成の伝統	1974	鹿島研究所出版会
	◆17 建築論叢	1975	鹿島研究所出版会
	◆18 現代の建築家　堀口捨己	1983	鹿島出版会
	◆19 堀口捨己の「日本」—空間構成による美の世界	1997	彰国社

村野藤吾

作品	●1 中山半邸	1940	兵庫県神戸市
	●2 中橋武一邸	1940	大阪府大阪市
	●3 中林仁一郎邸	1941	京都府京都市
	●4 村野自邸	1942	兵庫県宝塚市
	●5 牧野山の家	1946	滋賀県高島市
	●6 松寿荘	1979	東京都港区
	■1 綿業会館	1931	大阪府大阪市
	■2 谷口病院	1936	大阪府大阪市
	■3 宇部市民館 ※現宇部市渡辺翁記念会館	1937	山口県宇部市
	■4 大庄村役場 ※現 尼崎市大庄公民館	1938	兵庫県尼崎市

■5	橿原神宮駅舎 ※現 橿原神宮前駅	1940	奈良県橿原市
■6	海軍将校倶楽部	1943	三重県鈴鹿市
■7	公楽会館	1949	京都府京都市
■8	世界平和記念聖堂	1954	広島県広島市
■9	八幡市立図書館	1955	福岡県北九州市
■10	関西大学 第一学舎、簡文館	1955	大阪府吹田市
■11	神戸新聞会館	1956	兵庫県神戸市
■12	読売会館	1957	東京都千代田区
■13	米子市公会堂	1958	鳥取県米子市
■14	八幡市民会館	1958	福岡県北九州市
■15	横浜市庁舎	1959	神奈川県横浜市
■16	小倉市民会館	1959	福岡県北九州市
■17	輸出繊維会館	1960	大阪府大阪市
■18	尼崎市庁舎	1962	兵庫県尼崎市
■19	早稲田大学文学部校舎	1962	東京都新宿区
■20	熊本市水道局	1963	熊本県熊本市
■21	千里南センタービル・千里市民センター	1964	大阪府吹田市
■22	関西大学 円神館	1966	大阪府吹田市
■23	甲南女子大学	1966	兵庫県芦屋市
■24	原田の森ギャラリー	1970	兵庫県神戸市
■25	目黒区総合庁舎	1970	東京都目黒区
■26	宝塚カトリック教会	1970	兵庫県宝塚市
■27	ルーテル学院大学本館	1971	東京都三鷹市
■28	箱根樹木園休息所	1971	神奈川県箱根市
■29	シトー会西宮の聖母修道院	1971	兵庫県西宮市
■30	兵庫県立近代美術館	1972	兵庫県神戸市
■31	西山記念会館	1975	兵庫県神戸市
■32	迎賓館本館 改修	1975	東京都港区
■33	小山敬三美術館	1978	長野県小諸市
■34	宝塚市庁舎	1980	兵庫県宝塚市
■35	八ヶ岳美術館	1980	長野県原村
■36	谷村美術館	1983	新潟県糸魚川市
■37	近鉄大阪阿部野橋駅ターミナルビル	1988	大阪府大阪市
▲1	ダイビル本館	1925	大阪府大阪市
▲2	日本基督教団南大阪教会塔屋	1928	大阪府大阪市
▲3	あやめ池温泉場	1929	奈良県奈良市
▲4	近江帆布三瓶工場	1931	愛媛県西伊予市
▲5	森五商店東京支店	1931	東京都中央区
▲6	加能合同銀行本店	1932	石川県金沢市
▲7	中島商店	1932	石川県金沢市
▲8	大阪パンション	1932	大阪府大阪市
▲9	キャバレー赤玉	1933	大阪府大阪市
▲10	そごう百貨店大阪本店	1935	大阪府大阪市
▲11	大丸神戸店	1936	兵庫県神戸市
▲12	近鉄本社旧社屋	1936	大阪府大阪市
▲13	叡山ホテル	1937	京都府京都市
▲14	大阪商船高砂丸	1937	
▲15	大阪商船浮島丸	1937	
▲16	宇部銀行本店	1939	山口県宇部市
▲17	大阪商船あるぜんちんな丸	1939	
▲18	大阪商船ぶら志゛る丸	1939	
▲19	宇部窒素工業事務所	1942	山口県宇部市

	▲20	大阪商船護国丸	1942	
	▲21	そごう難波店	1946	大阪府大阪市
	▲22	食品市場そごう阿倍野店	1947	大阪府大阪市
	▲23	観光ホテル丸栄・丸栄ピカデリー劇場	1949	愛知県名古屋市
	▲24	近畿映画アポロ劇場	1950	大阪府大阪市
	▲25	百貨店ヤマトヤシキ	1951	兵庫県姫路市
	▲26	志摩観光ホテル	1951	三重県志摩市
	▲27	高島屋東京店増築	1952	東京都中央区
	▲28	宇部興産中央研究所	1952	山口県宇部市
	▲29	丸栄百貨店	1953	愛知県名古屋市
	▲30	フジカワ画廊	1953	大阪府大阪市
	▲31	コムラードドウトンビル	1955	大阪府大阪市
	▲32	心斎橋プランタン	1956	大阪府大阪市
	▲33	冨田屋	1957	京都府京都市
	▲34	東京丸物	1957	東京都豊島区
	▲35	大阪なんば新歌舞伎座	1958	大阪府大阪市
	▲36	新ダイビル	1958	大阪府大阪市
	▲37	佳水園	1959	京都府京都市
	▲38	都ホテル新館	1960	京都府京都市
	▲39	日本生命日比谷ビル ※日生劇場	1963	東京都千代田区
	▲40	名古屋都ホテル	1963	愛知県名古屋市
	▲41	梅田換気塔	1964	大阪府大阪市
	▲42	村野・森建築事務所	1966	大阪府大阪市
	▲43	北九州八幡信用金庫本店	1971	福岡県北九州市
	▲44	東光庵	1974	東京都千代田区
	▲45	高輪プリンスホテル貴賓館 改修	1974	東京都港区
	▲46	日本興業銀行本店 現みずほCB	1975	東京都千代田区
	▲47	麹町ダイビル	1976	東京都千代田区
	▲48	箱根プリンスホテル	1980	神奈川県箱根市
	▲49	黒田電気名古屋支社	1981	愛知県名古屋市
	▲50	内幸町ダイビル	1983	東京都千代田区
	▲51	宇部興産ビル	1983	山口県宇部市
	▲52	都ホテル大阪	1985	大阪府大阪市
	▲53	京都宝ヶ池プリンスホテル	1986	京都府京都市
	▲54	三養荘新館	1988	静岡県伊豆の国市
	▲55	天寿園 瞑想館	1988	新潟県新潟市
	▲56	横浜プリンスホテル	1990	神奈川県横浜市
著書	◆1	迎賓館―赤坂離宮	1975	毎日新聞社
	◆2	村野藤吾和風建築集	1978	新建築社
	◆3	村野藤吾作品集―1928-1963	1983	新建築社
	◆4	村野藤吾―1964-1974	1984	新建築社
	◆5	村野藤吾　日本現代建築家シリーズ	1984	新建築社
	◆6	村野藤吾―1975-1988	1991	新建築社
	◆7	村野藤吾―イメージと建築	1991	新建築社
	◆8	和風建築秀粋―村野藤吾の住宅建築撰集	1994	京都書院
	◆9	村野藤吾の造形意匠 3 壁・開口部	1994	京都書院
	◆10	村野藤吾の造形意匠 2	1994	京都書院
	◆11	村野藤吾の造形意匠 1	1994	京都書院
	◆12	インテリア（村野藤吾の造形意匠）	1995	京都書院
	◆13	村野藤吾の造形意匠 5	1995	京都書院
	◆14	装飾の躍動	2000	建築資料研究社
	◆15	様式の上にあれ	2008	鹿島出版会

	◆16	ある日の村野藤吾―建築家の日記と知人への手紙	2008	六耀社
	◆17	村野藤吾著作集全一巻	2008	鹿島出版会
	◆18	建築を作るものの心	2011	ブレーンセンター

白井晟一

作品	●1	河村邸	1938	
	●2	歓帰荘	1938	長野県軽井沢町
	●3	近藤浩一路旧邸	1938	東京都豊島区
	●4	山中山荘	1941	不明
	●5	関根邸	1941	東京都杉並区
	●6	嶋中山荘	1941	長野県軽井沢町
	●7	清沢山荘	1941	長野県軽井沢町
	●8	滝瀬邸	1951	東京都練馬区
	●9	白井旧邸（滴々居）	1951	東京都中野区
	●10	白井アトリエ	1952	東京都中野区
	●11	土筆居	1952	東京都豊島区
	●12	試作小住宅	1953	東京都世田谷区
	●13	半宵亭	1953	秋田県湯沢市
	●14	H氏邸	1953	東京都練馬区
	●15	知宵亭	1953	不明
	●16	小平の家	1954	東京都東村山市
	●17	アトリエNo.6	1955	東京都練馬区
	●18	中山邸	1955	東京都品川区
	●19	奥田邸	1957	秋田県大仙市
	●20	増田夫妻のアトリエ	1959	東京都世田谷区
	●21	木村邸	1959	埼玉県所沢市
	●22	鹿子木邸	1965	千葉県流山市
	●23	呉羽の舎	1965	富山県富山市
	●24	海山居	1968	千葉県富津市
	●25	虚白庵（自邸）	1970	東京都中野区
	●26	昨雪軒	1971	秋田県横手市
	●27	雲伴居	1984	京都府京都市
	■1	羽後病院	1948	秋田県雄勝郡
	■2	旧秋ノ宮村役場	1951	秋田県湯沢市
	■3	大館木材会館	1953	秋田県大館市
	■4	雄勝中央病院	1953	秋田県湯沢市
	■5	旧雄勝町役場	1956	秋田県湯沢市
	■6	旧松井田町役場	1956	群馬県安中市
	■7	善照寺本堂	1958	東京都台東区
	■8	湯沢酒造会館	1959	秋田県湯沢市
	■9	萩島邸および萩島小児科医院	1959	東京都調布市
	■10	飯塚邸および飯塚病院	1962	長野県長野市
	■11	横手興生病院 病棟	1962	秋田県横手市
	■12	茨城キリスト教大学サン・セバスチャン館	1972	茨城県日立市
	■13	茨城キリスト教大学サンタ・キアラ館	1974	茨城県日立市
	■14	渋谷区立松濤美術館	1980	東京都渋谷区
	■15	芹沢銈介美術館	1981	静岡県静岡市
	▲1	稲住温泉浮雲	1953	秋田県湯沢市
	▲2	煥乎堂	1954	群馬県前橋市
	▲3	料亭岡本	1956	長野県長野市
	▲4	鳴子ホテル	1958	宮城県鳴子町
	▲5	四同舎	1959	秋田県湯沢市

	▲6	日本電業工作株式会社	1960	東京都練馬区
	▲7	近藤浩一路墓碑	1962	東京都台東区
	▲8	親和銀行東京支店	1963	東京都中央区
	▲9	親和銀行大波止支店	1963	長崎県長崎市
	▲10	稲住温泉浮雲離れ	1963	秋田県湯沢市
	▲11	親和銀行本店	1970	長崎県佐世保市
	▲12	尻別山寮	1972	北海道留寿都村
	▲13	ノアビル	1974	東京都港区
	▲14	親和銀行懐霄館	1975	長崎県佐世保市
プロジェクト	☆1	原爆堂計画	1955	
	☆2	半僧坊計画	1955	
著書	◆1	白井晟一の建築	1974	中央公論社
	◆2	西洋木造建築	1975	形象社
	◆3	現代の建築家　白井晟一	1977	鹿島出版会
	◆4	顧之居書帖	1978	形象社
	◆5	無窓	1979	晶文社
	◆6	懐霄館―白井晟一の建築	1980	中央公論新社
	◆7	石水館―建築を謳う	1981	かなえ書房
	◆8	白井晟一スケッチ集	1992	同朋舎出版
	◆9	白井晟一 精神と空間	2010	青幻舎
	◆10	白井晟一、建築を語る―対談と座談	2011	中央公論新社
	◆11	白井晟一の手と目	2011	鹿島出版会
	◆12	白井晟一の建築Ⅰ懐霄館	2013	めるくまーる
	◆13	白井晟一の建築Ⅱ水の美術館	2013	めるくまーる
	◆14	白井晟一の建築Ⅲ虚白庵と雲伴居	2014	めるくまーる
	◆15	白井晟一の建築Ⅳ 初期の建築	2015	めるくまーる
	◆16	白井晟一 の建築Ⅴ 和風の建築	2016	めるくまーる

丹下健三

作品	●1	丹下健三自邸	1953	東京都世田谷区
	●2	新光人壽信義サービスアパートメント	2005	台湾、台北
	●3	リニア・コンドミニアム	2007	シンガポール
	■1	岸記念体育会館	1941	東京都千代田区
	■2	広島平和会館原爆記念陳列館（現・広島平和記念資料館本館〈旧・西館〉）	1952	広島県広島市
	■3	広島子供の家（広島市児童図書館〈現・広島市こども図書館〉）	1953	広島県広島市
	■4	愛媛県県民文化会館	1953	愛媛県松山市
	■5	清水市庁舎	1954	静岡県清水市
	■6	津田塾大学図書館	1954	東京都小平市
	■7	広島平和会館本館	1955	広島県広島市
	■8	広島市公会堂	1955	広島県広島市
	■9	広島平和記念公園	1955	広島県広島市
	■10	旧東京都庁舎	1957	東京都中央区
	■11	倉吉市庁舎	1957	鳥取県倉吉市
	■12	駿府会館／静岡市体育館	1957	静岡県静岡市
	■13	墨記念館（現・墨会館）	1957	愛知県一宮市
	■14	香川県庁舎（現・東館）	1958	香川県高松市
	■15	今治市役所庁舎・今治市公会堂	1958	愛媛県今治市
	■16	旧草月会館	1958	東京都港区
	■17	倉敷市市庁舎（現・倉敷市立美術館）	1960	岡山県倉敷市
	■18	立教大学図書館	1960	東京都豊島区
	■19	今治信用金庫本店（現・愛媛信用金庫今治支店）	1960	愛媛県今治市
	■20	戸塚カントリークラブ・クラブハウス	1961	神奈川県横浜市

■21	日南市文化センター	1962	宮崎県日南市
■22	香川県立体育館	1964	香川県高松市
■23	東京カテドラル聖マリア大聖堂	1964	東京都文京区
■24	国立代々木競技場第一・第二体育館	1964	東京都渋谷区
■25	戦没学徒記念館	1966	兵庫県南あわじ市
■26	山梨文化会館（山日 YBS グループ 14 社）	1966	山梨県甲府市
■27	ゆかり文化幼稚園	1967	東京都世田谷区
■28	新北市八里・聖心女子大学台湾	1967	台湾、新北
■29	ニューヨーク・フラッシング・メドウ・スポーツ・パーク	1967	アメリカ、ニューヨーク
■30	東京聖心インターナショナル・スクール	1968	東京都渋谷区
■31	日本万国博覧会会場基幹施設計画・お祭り広場	1970	大阪府吹田市
■32	在日クウェート大使館	1970	東京都港区
■33	アルジェリア・オラン総合大学・病院および寮	1971	アルジェリア、オラン
■34	ミネアポリス・アート・コンプレックス	1974	アメリカ、ミネオポリス
■35	在日ブルガリア大使館	1974	東京都渋谷区
■36	在メキシコ日本大使館	1976	メキシコ、メキシコシティ
■37	東京大学理学部 5 号館（現・東京大学第二本部棟）	1979	東京都文京区
■38	在日トルコ大使館	1977	東京都渋谷区
■39	草月会館	1977	東京都港区
■40	東京大学本部棟	1979	東京都文京区
■41	クウェート国際空港	1979	クウェート、クウェート
■42	ダマスカス国民宮殿（現・シリア大統領官邸）	1981	シリア、ダマスカス
■43	サウジアラビア王国国家宮殿・同国王宮殿	1982	サウジアラビア、リヤド
■44	兵庫県立歴史博物館	1983	兵庫県姫路市
■45	愛媛県県民文化会館	1985	愛媛県松山市
■46	在サウジアラビア日本国大使館	1995	サウジアラビア、リヤド
■47	広島厚生年金会館（現・広島市文化交流会館）	1995	広島県広島市
■48	シンガポール・南洋理工大学	1986	シンガポール
■49	桐蔭学園幼稚園・小学校・中学校	1986	神奈川県横浜市
■50	シンガポール・インドア・スタジアム	1989	シンガポール
■51	広島国際会議場	1989	広島県広島市
■52	横浜美術館	1989	神奈川県横浜市
■53	君津市民文化ホール	1990	千葉県君津市
■54	新東京都庁舎	1991	東京都新宿区
■55	グラン・テクラン（パリ・イタリア広場）	1992	フランス、パリ
■56	国際連合大学	1992	東京都渋谷区
■57	兵庫県立人と自然の博物館	1992	兵庫県三田市
■58	広島平和記念資料館東館	1994	広島県広島市
■59	横須賀芸術劇場	1994	神奈川県横須賀市
■60	山口県立萩美術館・浦上記念館	1996	山口県萩市
■61	ニース国立東洋美術館	1998	フランス、ニース
■62	新香川県庁舎	2000	香川県高松市
■63	ベアズパウ・ジャパン・カントリークラブ	2000	滋賀県甲賀市
■64	国立広島原爆死没者追悼平和祈念館	2002	広島県広島市
■65	南アルプス芦安山岳館	2003	山梨県南アルプス市
■66	国保直営総合病院君津中央病院	2003	千葉県木更津市
■67	ルクセンブルク大使館	2003	東京都千代田区
■68	癌研究会有明病院	2005	東京都江東区
▲1	図書印刷原町工場（現・図書印刷沼津工場）	1955	静岡県沼津市
▲2	電通大阪支社	1960	大阪府大阪市
▲3	コクヨ東京支店	1961	東京都千代田区
▲4	静岡新聞・静岡放送東京支社ビル	1967	東京都中央区

	▲5	電通旧本社ビル（現・電通テック本社ビル）		東京都中央区
	▲6	静岡新聞・静岡放送本社ビル（静岡新聞放送会館）	1970	東京都中央区
	▲7	ハナエ・モリビル	1978	東京都港区
	▲8	キングファイサル財団本部	1982	サウジアラビア、リヤド
	▲9	赤坂プリンスホテル新館	1982	東京都千代田区
	▲10	シンガポール・OUBセンタービル（現・ワン・ラッフルズ）	1986	シンガポール
	▲11	びわ湖大津プリンスホテル	1989	滋賀県大津市
	▲12	アップリカ本社ビル	1989	大阪府大阪市
	▲13	アメリカ医師会本部ビル	1990	アメリカ、シカゴ
	▲14	幕張プリンスホテル（現・APAホテル＆リゾート東京ベイ幕張）	1993	千葉県千葉市
	▲15	新宿パークタワー	1994	東京都新宿区
	▲16	日光東照宮客殿・新社務所	1995	栃木県日光市
	▲17	シンガポール・UOBプラザ	1995	シンガポール
	▲18	FCGビル（フジテレビ本社ビル）	1996	東京都港区
	▲19	WHO神戸センター	1998	兵庫県神戸市
	▲20	BMWイタリア本社ビル	1998	イタリア、ミラノ
	▲21	アップリケア試験研究センター	2001	奈良県山辺郡
	▲22	東京ドームホテル	2001	東京都文京区
	▲23	サルヴァトーレ・フェラガモ銀座本店	2003	東京都中央区
	▲24	スナム・オフィスタワー・プロジェクト	2004	韓国、スナム
	▲25	上海銀行本社ビル	2005	中国、上海
	▲26	統一台北本社ビル	2005	台湾、台北
	▲27	東京プリンスホテルパークタワー（現・ザ・プリンス・パークタワー東京）	2005	東京都港区
	▲28	御茶ノ水NKビル	2006	東京都千代田区
	▲29	キャセイ複合施設再開発プロジェクト	2006	シンガポール
	▲30	ロメオ・ホテル	2008	イタリア、ナポリ
プロジェクト	★1	戦災復興都市計画	1946	群馬県前橋市、伊勢崎市
	★2	広島市復興都市計画	1946	広島県広島市
	★3	福島地区都市計画	1947	福島県福島市
	★4	立川基地跡地文化都市計画	1947	東京都立川市
	★5	北海道稚内市の都市計画	1950	北海道稚内市
	★6	上武広域都市開発基本計画	1964	群馬県前橋市、他
	★7	京都都市軸計画	1964	京都府京都市
	★8	静岡清水地域都市基本計画	1965	静岡県清水市
	★9	盛岡都市基本計画	1965	兵庫県淡路島
	★10	ユーゴスラビア（現・マケドニア共和国）スコピエの震災復興都市計画	1965	旧ユーゴスラビア、スコピエ
	★11	ルンビニ釈尊生誕地聖域計画	1969	ネパール、ルンビニ
	★12	ボローニャ・フィエラ地区センター計画	1971	イタリア、ボローニャ
	★13	リブリーノ新住宅地区都市計画	1971	イタリア、カターニャ
	★14	アルジェリアセンター・オラン	1971	アルジェリア、オラン
	★15	北摂ニュータウン南地区第五住区計画	1972	兵庫県三田市
	★16	バルティモア都市再開発	1972	アメリカ、ボルティモア
	★17	アンダルース湾リゾート総合計画	1973	アルジェリア、マドラク
	★18	フィエラ地区センター基本計画	1975	イタリア、ミラノ
	★19	マドラグリゾートコンプレックス	1973	アルジェリア、マドラク
	★20	ミネアポリスアートコンプレックス	1974	アメリカ、ミネアポリス
	★21	ダマスカスパブリックガーデン	1975	シリア、ダマスカス
	★22	ヤルムーク大学総合計画	1976	ヨルダン
	★23	フィエラ地区センター建築計画	1980	イタリア、ミラノ
	★24	リブリーノ新住宅地区都市計画	1980	イタリア、カターニャ
	★25	ナポリ市新都心計画	1980	イタリア、ナポリ
	★26	新首都アブジャの都市計画	1981	ナイジェリア、アブジャ

	★27	ボローニァ北部開発計画	1984	イタリア、ボローニャ
	★28	マリーナサウス都市設計	1984	シンガポール
	★29	トランクアブドララーマン通り都市再開発計画	1995	マレーシア、クアラルンプール
	★30	ルンビニ生誕地聖域計画	1995	ネパール、ルンビニ
	★31	バンダラセリベカワン市マスタープラン	1987	ブルネイ、バンダラセリベカワン
	★32	川の手新都心構想	1987	東京
	★33	ミラノフィオーリマスタープラン	1989	イタリア、ミラノ
	★34	セーヌ左岸都市計画	1993	フランス、パリ
	★35	ユナイテッドオーバーシープラザⅠ・Ⅱ	1993	シンガポール
	★36	台中市干城商業地区マスタープラン	1994	台湾、台中
	★37	ホーチミン市新都心計画	1996	ベトナム、ホーチミン
	★38	スービックベイ中心地区都市計画	1997	フィリピン、スービック
	☆1	マサチューセッツ25,000人のためのコミュニティ計画	1959	アメリカ、マサチューセッツ
	☆2	東京計画	1960	東京都
	☆3	築地再開発計画	1964	東京都中央区
	☆4	磐梯猪苗代観光開発計画	1963	福島県猪苗代市
	☆5	イエルバ・ブエナ・センター再開発計画	1967	アメリカ、サンフランシスコ
	☆6	メッカ巡礼者のための聖地ムナ計画	1973	サウジアラビア、ムナ
	☆7	アバサバット新都市開発基本計画	1974	イラン、テヘラン
	☆8	東京計画	1986	東京都
著書	◆1	桂—日本建築における伝統と創造	1960	造型社
	◆2	東京1960—その構造改革の提案	1961	新建築社
	◆3	伊勢—日本建築の原形	1962	朝日新聞出版局
	◆4	日本列島の将来像—21世紀への建設	1966	講談社
	◆5	現実と創造—1946-1958	1966	美術出版社
	◆6	技術と人間—丹下健三+都市・建1955-1964	1968	美術出版社
	◆7	人間と建築—デザインおぼえがき	1970	彰国社
	◆8	建築と都市—デザインおぼえがき	1970	彰国社
	◆9	建築と都市	1975	世界文化社
	◆10	現代の建築家　丹下健三1	1980	鹿島出版会
	◆11	現代の建築家　丹下健三2	1984	鹿島出版会
	◆12	現代の建築家　丹下健三3	1988	鹿島出版会
	◆13	現代の建築家　丹下健三4	1994	鹿島出版会
	◆14	一本の鉛筆から	1997	日本図書センター
	◆15	染—「私の世界」—丹下健三作品集	1999	染織と生活社

磯崎 新

作品	●1	新宿ホワイトハウス	1957	東京都新宿区
	●2	N邸（中山邸）	1964	大分県大分市
	●3	矢野邸	1975	神奈川県川崎市
	●4	貝島邸	1977	東京都武蔵野市
	●5	林邸	1977	福岡県福岡市
	●6	辛島邸	1978	大分県大分市
	●7	青木邸	1979	東京都港区
	●8	伊良原邸	1980	福岡県北九州市
	●9	軽井沢磯崎別荘・書斎	1982	長野県軽井沢町
	●10	中上邸	1983	福井県勝山市
	●11	ベルリン集合住宅	1986	ドイツ、ベルリン
	●12	ビョルンソン・ハウス／スタジオ	1986	アメリカ、カリフォルニア
	●13	西戸山タワーホウムズ	1986	東京都新宿区
	●14	オプトハイツ	1993	兵庫県上郡町
	●15	イソザキ・アテア	2007	スペイン、ビルバオ

●16	オブスキュアド・ホライズン（砂漠の寝所）	2010	アメリカ、カリフォルニア
■1	大分医師会館	1960	大分県大分市
■2	岩田学園	1964	大分県大分市
■3	大分県立大分図書館	1966	大分県大分市
■4	久住歌翁碑	1967	大分県竹田市
■5	日本万国博覧会・お祭り広場の諸装置（ロボットの「デク」・「デメ」）	1970	大阪府吹田市
■6	群馬県立近代美術館	1974	群馬県高崎市
■7	大分富士見カントリー倶楽部ハウス	1974	大分県大分市
■8	北九州市立美術館	1974	福岡県北九州市
■9	北九州市立中央図書館	1975	福岡県北九州市
■10	大友宗麟の墓	1977	大分県津久見市
■11	西日本総合展示場	1977	福岡県北九州市
■12	旧神岡町役場	1978	岐阜県飛騨市
■13	末岡クリニック	1978	大分県大分市
■14	大分市視聴覚センター	1979	大分県大分市
■15	ハクビ教育文化会館	1979	東京都豊島区
■16	利賀山房富山県	1980	富山県南砺市
■17	衛藤クリニック	1981	大分県杵築市
■18	利賀村野外劇場	1982	富山県南砺市
■19	西脇市岡之山美術館	1983	兵庫県西脇市
■20	岩田学園体育館・学生寮	1985	大分県大分市
■21	ロサンゼルス現代美術館	1986	アメリカ、ロサンゼルス
■22	国立エジプト文明博物館展示計画	1987	エジプト、カイロ
■23	お茶の水スクエアA館（カザルスホール）	1987	東京都千代田区
■24	北九州市立美術館アネックス	1987	福岡県北九州市
■25	武蔵丘陵カントリークラブ	1988	埼玉県ときがわ町
■26	東京グローブ座	1988	東京都新宿区
■27	ハラ・ミュージアム・アーク	1988	群馬県渋川市
■28	東京基督教大学礼拝堂	1989	千葉県印西市
■29	レイク相模カントリークラブ	1989	山梨県上野原市
■30	ボンド大学図書館／人文学棟／管理棟	1989	オーストラリア、ゴールドコースト
■31	国際花と緑の博覧会 国際陳列館・国際展示水の館	1990	大阪府大阪市
■32	水戸芸術館	1990	茨城県水戸市
■33	パラウ・サン・ジョルディ	1990	スペイン、バルセロナ
■34	北九州国際会議場	1990	福岡県北九州市
■35	富山県立山博物館展示館・遥望館	1991	富山県立山町
■36	由布院駅駅舎	1991	大分県由布市
■37	有時庵	1992	東京都品川区
■38	東京造形大学	1993	東京都八王子市
■39	兵庫県立先端科学技術支援センター	1993	兵庫県上郡町
■40	奈義町現代美術館・奈義町立図書館	1994	岡山県奈義町
■41	京都コンサートホール	1995	京都府京都市左京
■42	ビーコンプラザ	1995	大分県大分市
■43	豊の国情報ライブラリー	1995	大分県大分市
■44	ラ・コルーニャ人間科学館	1995	スペイン、ラ・コルーニャ
■45	中谷宇吉郎雪の科学館	1995	石川県加賀市
■46	クラコフ日本美術技術センター	1995	ポーランド、クラコフ
■47	パラフォルス・レクリエーション施設	1996	スペイン、パラフォルス
■48	岡山西警察署	1996	岡山県岡山市
■49	静岡県コンベンションアーツセンター	1997	静岡県静岡市
■50	秋吉台国際芸術村	1998	山口県美祢市
■51	なら100年会館	1998	奈良県奈良市

	■52	オハイオ21世紀科学産業センター	1999	アメリカ、オハイオ
	■53	群馬県立ぐんま天文台	1999	群馬県高山村
	■54	カイシャ・フォールム	2002	スペイン、バルセロナ
	■55	セラミックパーク MINO	2002	岐阜県多治見市
	■56	山口情報芸術センター	2003	山口県山口市
	■57	パラスポーツ・オリンピコ	2005	イタリア、トリノ
	■58	北方町生涯学習センターきらり・岐阜県建築情報センター	2005	岐阜県北方町
	■59	深圳文化中心	2008	中国、深圳
	■60	中央美術学院美術館	2008	中国、北京
	■61	メガロン・コンサートホール	2010	ギリシャ、テサロニキ
	■62	中国国際建築芸術実践展 会議場	2011	中国、南京
	■63	上海征大ヒマラヤ芸術センター	2011	中国、上海
	■64	カタール国立コンベンションセンター	2011	カタール、ドーハ
	■65	アーク・ノヴァ	2011	宮城県福島市
	■66	上海交響楽団コンサートホール	2014	中国、上海
	▲1	福岡相互銀行大分支店	1967	大分県大分市
	▲2	福岡相互銀行大名支店	1969	福岡県福岡市
	▲3	福岡相互銀行東京支店	1971	東京都中央区
	▲4	福岡相互銀行長住支店	1971	福岡県福岡市
	▲5	福岡相互銀行六本松支店	1971	福岡県福岡市
	▲6	福岡相互銀行本店	1972	福岡県福岡市
	▲7	福岡相互銀行佐賀支店	1973	佐賀県佐賀市
	▲8	秀巧社ビル	1976	福岡県福岡市
	▲9	NEG 大津工場厚生施設	1980	滋賀県大津市
	▲10	ハウザーマン・ショールーム	1982	アメリカ、シカゴ
	▲11	つくばセンタービル	1983	茨城県つくば市
	▲12	グラスアート赤坂	1985	アメリカ、ニューヨーク
	▲13	国際舞台芸術研究所	1988	富山県南砺市
	▲14	ティーム・ディズニー・ビルディング	1991	アメリカ、フロリダ
	▲15	マルタン本社ビル	1992	神奈川県横浜市
	▲16	寿司割烹やま中本店	1997	福岡県福岡市
プロジェクト	☆1	新宿計画（淀橋浄水場跡地開発計画）孵化過程・空中都市	1960	東京都新宿区
	☆2	丸の内計画・空中都市	1963	東京都中央区
	☆3	スコピエ・ユーゴスラビア都市再建計画設計競技に参画	1965	旧ユーゴスラビア、スコピエ
	☆4	応答場としての環境計画	1969	
	☆5	コンピューター・エイデッド・シティ	1972	
	☆6	新都庁舎コンペ案	1986	東京都新宿区
	☆7	珠海／海市計画	1995	中国
	☆8	福岡五輪計画基本構想案	2005	福岡県福岡市
著書	◆1	空間へ	1971	美術出版社
	◆2	建築の解体	1975	美術出版社
	◆3	建築および建築外的思考／磯崎新対談	1976	鹿島出版会
	◆4	現代の建築家　磯崎新 1	1977	鹿島出版会
	◆5	建築の1930年代／系譜と脈絡	1978	鹿島出版会
	◆6	建築の修辞	1979	美術出版社
	◆7	手法が	1979	美術出版社
	◆8	建築の地層	1979	彰国社
	◆9	磯崎新著作集 4 巻	1984	美術出版社
	◆10	現代の建築家 磯崎新 2	1984	鹿島出版会
	◆11	週刊本 ポスト・モダン原論	1985	朝日出版社
	◆12	ポスト・モダンの時代と建築／磯崎新対談	1985	鹿島出版会
	◆13	いま、見えない都市	1985	大和書房

	◆14 建築の政治学 磯崎新対談集	1989	岩波書店
	◆15 バルセロナ・ドローイング バルセロナ・オリンピック建築素描集	1990	岩波書店
	◆16 見立ての手法 日本的空間の読解	1990	鹿島出版会
	◆17 イメージゲーム―異文化との遭遇	1990	鹿島出版会
	◆18 〈建築〉という形式1	1991	新建築社
	◆19 磯崎新の建築30模型、版画、ドローイング	1992	六耀社
	◆20 現代の建築家　磯崎新3、4	1993	鹿島出版会
	◆21 始源のもどき―ジャパネスキゼーション	1996	鹿島出版会
	◆22 磯崎新の仕事術 建築家の発想チャンネ	1996	王国社
	◆23 造物主議論―デミウルゴモルフィスム	1996	鹿島出版会
	◆24 建築家捜し	1996	岩波書店
	◆25 空間へ 根源へと遡行する思考	1997	鹿島出版会
	◆26 オペラシティの彼方に エッジを測量する17の対話	1997	NTT出版
	◆27 磯崎新の発想法 建築家の創作の秘密	1998	王国社
	◆28 栖十二 住まいの図書館出版局	1999	星雲社
	◆29 人体の影―アントロポモルフィスム	2000	鹿島出版会
	◆30 建築家のおくりもの	2000	王国社
	◆31 ル・コルビュジエとはだれか	2000	王国社
	◆32 神の似姿―テオモルフィスム	2001	鹿島出版会
	◆33 反回想1	2001	A.D.A.EDITA Tokyo
	◆34 反建築史／UNBUILT	2001	TOTO出版
	◆35 磯崎新の建築談議1～12	2001	六耀社
	◆36 建築における『日本的なもの』	2003	新潮社
	◆37 アントニ・ガウディとはだれか	2004	王国社
	◆38 磯崎新の思考力 建築家はどこに立っているか	2005	王国社
	◆39 Japan-ness in Architecture	2006	MIT Press
	◆40 Arata Isozaki, Ken Tadashi Oshima	2009	Phaidon
	◆41 気になるガウディ	2012	新潮社

原 広司			
作品	●1 伊藤邸	1967	東京都三鷹市
	●2 若林ハイホーム	1968	東京都世田谷区
	●3 粟津潔邸	1972	神奈川県川崎市
	●4 原邸（自邸）	1974	東京都町田市
	●5 工藤山荘	1976	長野県軽井沢町
	●6 倉垣邸	1977	東京都世田谷区
	●7 ニラム邸	1978	千葉県一宮町
	●8 秋田邸	1979	東京都練馬区
	●9 横沢邸	1981	東京都杉並区
	●10 中塚別邸・夢舞台	1982	静岡県伊東市
	●11 秋田県営住宅新屋団地	1984	秋田県秋田市
	●12 嶋邸	1985	東京都武蔵野市
	●13 北川邸	1986	新潟県上越市
	●14 小波蔵邸	1986	沖縄県宜野湾市
	●15 虔十公園林フォリストハウス	1987	宮城県加美町
	●16 中塚ハウス	1994	東京都中央区
	●17 松本邸	1998	和歌山県那智勝浦町
	●18 伊東邸	1998	長崎県雲仙市
	●19 折本邸	2002	愛媛県内子町
	●20 夢舞台アネックス・紅傳工房	2007	静岡県伊東市
	■1 佐倉市立下志津小学校（第一校舎）	1967	千葉県佐倉市
	■2 慶松幼稚園	1968	東京都町田市

	■3	松欅堂	1979	愛知県豊田市
	■4	末田美術館	1981	大分県由布市
	■5	鶴川保育園	1981	東京都町田市
	■6	森工房	1981	長野県坂城市
	■7	那覇市立城西小学校	1985	沖縄県那覇市
	■8	田崎美術館	1986	長野県軽井沢町
	■9	大沢屋茶室 游喜庵	1987	群馬県渋川市
	■10	飯田市美術博物館	1988	長野県飯田市
	■11	日専連仙台（ビーブ）	1989	宮城県仙台市
	■12	相鉄文化会館	1990	神奈川県横浜市
	■13	武蔵野大学グリーンホール	1990	東京都西東京市
	■14	つくば市立竹園西小学校	1990	茨城県つくば市
	■15	武蔵野大学附属幼稚園	1991	東京都西東京市
	■16	内子町立大瀬中学校	1992	愛媛県内子町
	■17	東京大学検見川セミナーハウス	1995	千葉県千葉市
	■18	国民宿舎丹沢ホーム	1996	神奈川県清川村
	■19	京都駅ビル	1997	京都府京都市
	■20	宮城県図書館	1998	宮城県仙台市
	■21	たかき医院	1998	新潟県十日町市
	■22	東京大学国際産学共同研究センター	1999	東京都目黒区
	■23	東京大学先端科学技術研究センター	1999	東京都目黒区
	■24	韮崎東ヶ丘病院 療養病棟	2000	山梨県韮崎市
	■25	広島市立基町高等学校	2000	広島県広島市
	■26	札幌ドーム	2001	北海道札幌市
	■27	東京大学生産技術研究所	2001	東京都目黒区
	■28	飯田高羽合同庁舎	2002	長野県飯田市
	■29	越後妻有交流館 キナーレ	2003	新潟県十日町市
	■30	しもきた克雪ドーム	2005	青森県むつ市
	■31	福島県立会津学鳳中学校・高等学校	2007	福島県会津若松市
	▲1	ヒルポートホテル	1982	東京都渋谷区
	▲2	ヤマトインターナショナル	1986	東京都大田区
	▲3	上田商会ゲストルーム	1992	東京都渋谷区
	▲4	梅田スカイビル	1993	大阪府大阪市
	▲5	新書館	1996	東京都文京区
	▲6	恵比寿のオフィス	2010	東京都渋谷区
	▲7	惠友遠見辦公大樓	2010	台湾、竹北
プロジェクト	★1	群馬・渋川駅前商店街83街区	1983	群馬県渋川市
	☆1	確立空間としての都市	1967	
	☆2	未来都市 500m × 500m × 500m	1992	
	☆3	地球外都市	1995	
著書	◆1	建築に何が可能か 建築と人間と	1967	学芸書林
	◆2	空間〈機能から様相へ〉	1987	岩波書店
	◆3	集落への旅	1987	岩波新書
	◆4	住居に都市を埋蔵する ことばの発見	1990	住まいの図書館出版局
	◆5	現代の建築家　原広司	1995	鹿島出版会
	◆6	集落の教え 100	1998	彰国社
	◆7	Hiroshi Hara』 Wiley-Academy	2001	Academy Press
	◆8	Essay 離散性について―連結可能性と分離可能性をめぐる小論	2004	TOTO出版
	◆9	「ディスクリート・シティ」と〈実験住宅ラテンアメリカ〉をめぐるディスクール	2004	TOTO出版
	◆10	Document 実験住宅モンテビデオ	2004	TOTO出版
	◆11	Drawings 実験住宅モンテビデオ	2004	TOTO出版
	◆12	（復刻版）住居集合論 I、II	2006	鹿島出版会
	◆13	Yet Hiroshi Hara	2009	TOTO出版

篠原一男

作品	●1	久我山の家	1954	東京都杉並区
	●2	久我山の家 その2	1958	東京都杉並区
	●3	谷川さんの家	1958	東京都杉並区
	●4	狛江の家	1960	東京都狛江市
	●5	茅ヶ崎の家	1960	神奈川県茅ケ崎市
	●6	から傘の家	1961	東京都練馬区
	●7	大屋根の家	1961	東京都大田区
	●8	城山の家	1961	福島県いわき市
	●9	土間の家	1963	長野県御代田町
	●10	花山北の家	1965	兵庫県神戸市
	●11	朝倉さんの家	1966	東京都渋谷区
	●12	白の家	1966	東京都杉並区
	●13	地の家	1966	東京都練馬区
	●14	山城さんの家	1967	神奈川県横浜市
	●15	花山南の家	1968	兵庫県神戸市
	●16	鈴庄さんの家	1968	神奈川県葉山町
	●17	未完の家	1970	東京都杉並区
	●18	篠さんの家	1970	東京都練馬区
	●19	直方体の森（現 中村正義の美術館）	1971	神奈川県川崎市
	●20	同相の谷	1971	東京都大田区
	●21	海の階段	1971	東京都練馬区
	●22	空の矩形	1971	東京都世田谷区
	●23	久ヶ原の住宅	1972	東京都大田区
	●24	東玉川の住宅	1973	東京都世田谷区
	●25	成城の住宅	1973	東京都世田谷区
	●26	直角3角柱	1974	山梨県山中湖村
	●27	谷川さんの住宅	1974	群馬県長野原町
	●28	軽井沢旧道の住宅	1975	長野県軽井沢町
	●29	糸島の家	1976	福岡県糸島郡
	●30	上原通りの住宅	1976	東京都渋谷区
	●31	花山第3の家	1977	兵庫県神戸市
	●32	愛鷹裾野の住宅	1977	静岡県沼津市
	●33	上原曲がり道の住宅	1977	東京都渋谷区
	●34	花山第4の家	1980	兵庫県神戸市
	●35	高圧線下の住宅	1981	東京都世田谷区
	●36	ハウスインヨコハマ	1984	横浜市港北区
	●37	テンメイハウス	1988	神奈川県横浜市
	■1	日本浮世絵博物館	1982	長野県松本市
	■2	東玉川コンプレックス	1982	東京都世田谷区
	■3	東京工業大学百年記念館	1987	東京都目黒区
	■4	ハネギコンプレックス	1988	東京都世田谷区
	■5	花山の病院	1988	兵庫県神戸市
	■6	熊本北警察署	1990	熊本県熊本市
	▲1	K2ビルディング	1990	大阪府大阪市
著書	◆1	住宅建築	1964	紀伊国屋書店
	◆2	住宅論	1970	鹿島出版会
	◆3	篠原一男―16の住宅と建築論	1971	美術出版社
	◆4	続住宅論	1975	鹿島出版会
	◆5	篠原一男2―11の住宅と建築論	1976	美術出版社
	◆6	SD7901 特集：篠原一男	1979	鹿島出版会
	◆7	篠原一男	1996	TOTO出版

	◆8	超大数集合都市へ	2001	A.D.A.EDITA Tokyo
	◆9	篠原一男経由 東京発東京論	2001	鹿島出版会
	◆10	住宅70年代・狂い咲き	2006	エクスナレッジ
	◆11	篠原一男住宅図面	2007	彰国社

Robert Venturi

作品	●1	Vanna Venturi House	1964	Philadelphia, USA
	●2	Guild House	1964	Philadelphia, USA
	●3	The Lieb House located in Barnegat Light	1967	New Jersey, USA
	●4	Trubek and Wislocki Houses	1971	Massachusetts, USA
	●5	Brant House	1972	Connecticut, USA
	●6	Coxe-Hayden House and Studio	1981	Rhode Island, USA
	●7	House in New Castle	1983	Delaware, USA
	●8	House in East Hampton	1990	New York, USA
	■1	Fire Station #4	1968	Indiana, USA
	■2	Dixwell Fire Station	1974	Connecticut, USA
	■3	Allen Memorial Art Museum modern addition	1976	Ohio, USA
	■4	Franklin Court	1976	Philadelphia, USA
	■5	Gordon Wu Hall	1983	New Jersey, USA
	■6	Sainsbury Wing, National Gallery	1991	London, England
	■7	Seattle Art Museum	1991	Washington, USA
	■8	Restoration of the Fisher Fine Arts Library	1991	Philadelphia, USA
	■9	Children's Museum	1992	Texas, USA
	■10	Charles P. Stevenson, Jr. Library	1994	New York, USA
	■11	University of Delaware, Trabant Student Center	1996	Delaware, USA
	■12	Museum of Contemporary Art	1996	California, USA
	■13	Rauner Special Collections Library, Dartmouth College	2000	New Hampshire, USA
	■14	Perelman Quadrangle, University of Pennsylvania	2000	Philadelphia, USA
	■15	Baker Memorial Library, Dartmouth College	2002	New Hampshire, USA
	■16	Dumbarton Oaks Library, Harvard University	2005	Washington, D.C., USA
	■17	Episcopal Academy Chapel	2008	Pennsylvania, USA
	▲1	BASCO Showroom	1976	Philadelphia, USA
	▲2	Best Products Catalog Showroom	1978	Pennsylvania, USA
	▲3	Lewis Thomas Laboratory	1986	New Jersey, USA
	▲4	Gordon and Virginia MacDonald Medical Research Laboratories	1991	California, USA
	▲5	Melparque Nikko Kirifuri Resort	1997	栃木県日光市
	▲6	Gonda (Goldschmied) Neurosciences and Genetics Research Center	1998	California, USA
	▲7	Provincial Capitol Building	1999	Toulouse, France
	▲8	Frist Campus Center	2000	New Jersey, USA
	▲9	Undergraduate Science Building, Life Sciences Institute and Palmer Commons complex	2005	Michigan, USA
	▲10	Biomedical Biological Science Research Building (BBSRB)	2005	Kentucky, USA
著書	◆1	Complexity and Contradiction in Architecture	1966	The Museum of Modern Art Press
	◆2	Learning from Las Vegas: The Forgotten Symbolism of Architectural Form	1978	The MIT Press
	◆3	ラスベガス	1978	鹿島出版会
	◆4	建築の多様性と対立性	1982	鹿島出版会
	◆5	View from the Campidoglio: Selected Essays 1953-1984	1986	The MIT Press
	◆6	Mother's House: The Evolution of Vanna Venturi's House in Chestnut Hill	1992	
	◆7	Two Responses to Some Immediate Issues	1993	Univercity of Pennsylvania of Contemporary Art
	◆8	Iconography and Electronics Upon a Generic Architecture: A View from the Drafting Room	1996	The MIT Press
	◆9	建築のイコノグラフィーとエレクトロニクス	1999	鹿島出版会
	◆10	Architecture as Signs and Systems: For a Mannerist Time	2005	Harvard University Press

Aldo Rossi

作品	●1	Villa ai Ronchi in Versilia	1960	Versilia, Italy
	●2	Residential Unit in the Gallaratese Quarter in Milan	1969-73	Milan, Italy
	●3	Single Family Housing in Broni	1973	Broni, Italy
	●4	Single Family Housing at Mozzo	1977	Mozzo, Italy
	●5	Single Family Housing at Goito	1979	Goito, Italy
	●6	Single Family Housing at Pegognaga	1979	Pegognaga, Italy
	●7	ヴィルヘルム通りの集合住宅	1984	Wiesbaden, Germany
	●8	旧アンビエンテ・インターナショナル	1991	東京都港区
	●9	シュッツェン通りの集合住宅	1994-98	München, Germany
	■1	Bridge for the Triennale in Milan	1964	Milan, Italy
	■2	City Hall Square and Memorial Fountain in Segrate	1965	Segrate, Italy
	■3	Secondary School at Trieste in the San Sabba Area	1968-69	Trieste, Italy
	■4	Renovation and Enlarging of the De Amicis School in Broni	1969-70	Broni, Italy
	■5	Elementary School in Fagnano Olona	1972-76	Fagnano Olona, Italy
	■6	Villa and a Pavilion in Borgo Ticino	1973	Borgo Ticino, Italy
	■7	Intermediate School in Broni	1979	Broni, Italy
	■8	Entrance Gateway to the Biennale Architecture Exhibition	1980	Venice, Italy
	■9	Monument to Sandro Pertini	1990	Milan, Italy
	■10	Bonnefanten Museum	1992-95	Maastricht, Germany
	▲1	Cemetery of San Cataldo	1971-84	San Cataldo, Italy
	▲2	Little Scientific Theater	1978	
	▲3	Theater of the World in Venice	1979	Venice, Italy
	▲4	Hotel Il Palazzo	1989	Milan, Italy
	▲5	Teatro Carlo Felice	1990	Genova, Italy
	▲6	Port Walk MINATO	1993	愛知県名古屋市
	▲7	門司港ホテル	1998	福岡県北九州市
	▲8	Ca'di Cozzi	1998	Velona, Italy
	▲9	ABCビル	2000	California, USA
プロジェクト	☆1	Competition for the Monument to the Resistance in Cuneo	1962	Cuneo, Italy
	☆2	Competition for the new Paganini theater and Piazza della Pilotta in Parma	1964	Parma, Italy
	☆3	Competitiom for the district of San Rocco in Monza	1966	Monza, Italy
	☆4	Competition for the City Hall in Scandicci	1968	Scandicci, Italy
	☆5	Competition for the City Hall of Muggio	1972	Muggio, Italy
	☆6	Competition for the Regional Office Building in Trieste	1974	Trieste, Italy
	☆7	Competition for the Students' Residence in Chieti	1976	San Cataldo Cemetery, Italy
	☆8	Competition for the Regional Library in Karlsruhe	1979	Karlsruhe, Germany
著書	◆1	L'architettura della citta	1966	Padua Marsillo
	◆2	Aldo Rossi, Teatro del mondo	1982	Cluva libreria
	◆3	A scientufic autobiography	1990	The MIT Press
	◆4	The architecture of the city	1996	Opposition Books
	◆5	Aldo Rossi: The Sketchbooks 1990-97	2000	Thames & Hudson
	◆6	Aldo rossi	2000	Quaderni Azzurri
	◆7	Autobiografia scientifica	2009	I Saggiatore
	◆8	Aldo Rossi: Opera Grafica, Etchings, Lithographs, Silkscreen, Prints	2015	Silvana

Bernard Tschumi

作品	●1	Villa Hague	1991	Hauge, Netherlands
	●2	Blue Condominium	2007	New York, USA
	■1	Parc de la Villette	1983-98	Paris, France
	■2	Strasbourg County Hall	1986	Strasbourg, France
	■3	227 West 17 Street Loft	1987	Esch, Luxembourg

	■ 4	Trace Spoortunnel	1987	Rotterdam, Netherlands
	■ 5	FMCP, Future Park	1988	New York, USA
	■ 6	AGB, Amerika-Gedenkbibliothek	1988	Berlin, Germany
	■ 7	Kansai International Airport	1988	大阪府
	■ 8	TGB, Bibiliotheque National de France	1989	Paris, France
	■ 9	Metropont, Ponts-Villes	1992	Lausanne, Switzerland
	■ 10	EPFL, Lausanne	1993	Lausanne, Switzerland
	■ 11	Le Fresony, International School of Contemporary Arts	1993	Tourcoing, France
	■ 12	le frenoy contemporary art center	1997	Frenoy, France
	■ 13	Alfred Lerner Hall	1999	New York, USA
	■ 14	New Acropolis Museum	2002-08	Athens, Greece
	■ 15	FIU School of Architecture	2003	Miami, USA
	■ 16	Vacheron Constantion Headquarters	2004	Geneva, Switzerland
	■ 17	Lindner Athletic Center	2006	Cincinnati, USA
	■ 18	Limoges Concert Hall	2007	Limoges, France
	■ 19	Alésia MuséoParc	2013	Dijon, France
	■ 20	Paris zoo	2014	Paris, France
	■ 21	Paul & Henri Carnal Hall	2014	Rolle, Switzerland
	▲ 1	NNTT, New National Theater and Operta House	1986	東京都新宿区
	▲ 2	ZKM, Center for Art and Media	1989	Karlsruhe, Germany
	▲ 3	Glass Video Gallery	1990	Groningen, Netherlands
	▲ 4	Amenagement du Centre du Quartier des Etats-Unis Lyon	1991	Lyon, France
	▲ 5	CAPC, Ponts-Villes	1991	Lausanne, Switzerland
	▲ 6	Salzburg Convention Center	1992	Salzburg, Austria
	▲ 7	OMM, Organisation Meteorologique Mondiale	1993	Geneva, Switzerland
	▲ 8	The Huge passage	2014	Hauge, Netherlands
プロジェクト	★ 1	Art et Publicite Exhibition	1990	Pompidou Center, France
	★ 2	Feu d'Artifice	1992	Paris, France
	☆ 1	Ponts-Villes	1988	Lausanne, Switzerland
	☆ 2	Arbed Headquarters	1990	Chicago, USA
	☆ 3	Kyoto JR Station	1990	Kyoto,Japan
	☆ 4	Jardin d'Entreprises	1991	Chartres, France
著書	◆ 1	Architecturalmanifestals	1979	Architectural Association
	◆ 2	a Casa Vide; la Villette	1985	Architectural Association
	◆ 3	CinegramFolie; Le Parc de la Villette	1987	Princeton Architectural Press
	◆ 4	Event Cities（Praxis）	1994	The MIT Press
	◆ 5	Architecture and Disjuctions; Collected Essays 1975-1990	1996	The MIT Press
	◆ 6	Architecture and Disjuction	1996	The MIT Press
	◆ 7	The Manhattan Transcripts	1996	Wiley; 2 版
	◆ 8	建築と断絶	1996	鹿島出版会
	◆ 9	in "AP"（Architectural Profile）Monograph	1997	Architecture Profile
	◆ 10	Tschumi: le Fresnoy	1999	Monacelli
	◆ 11	Event Cities2（MIT Press）	2001	The MIT Press; New. 版
	◆ 12	Event-Cities3; Concept vs, Context vs, Content	2003	The MIT Press
	◆ 13	Notations: Diagrams & Sequences	2014	Artifice Inc; New. 版

坂本一成

作品	● 1	散田の家	1969	東京都八王子市
	● 2	水無瀬の町家	1970	東京都八王子市
	● 3	登戸の家	1971	千葉県千葉市
	● 4	雲野流山の家	1973	千葉県流山市
	● 5	代田の町家	1976	東京都世田谷区

	●6	南湖の家	1978	神奈川県茅ケ崎市
	●7	坂田山附の家	1978	神奈川県大磯町
	●8	今宿の家	1978	神奈川県横浜市
	●9	散田の共同住宅	1980	東京都八王子市
	●10	祖師谷の家	1981	東京都世田谷区
	●11	House F	1988	東京都品川区
	●12	コモンシティ星田	1992	大阪府交野市
	●13	熊本市営託麻団地	1994	熊本県熊本市
	●14	幕張ベイタウン・パティオス四番街	1995	千葉県千葉市
	●15	House SA	1999	神奈川県川崎市
	●16	Hut T	2001	山梨県山中湖村
	●17	egota house A	2004	東京都中野区
	●18	水無瀬の別棟	2008	東京都八王子市
	●19	egota house B	2013	東京都中野区
	●20	改築 散田の家	2013	東京都八王子市
	●21	改修 代田の町家	2014	東京都世田谷区
	●22	Hut Ao	2015	神奈川県川崎市
	■1	東工大蔵前会館	2009	東京都目黒区
	■2	宇土市立網津小学校	2011	熊本県宇土市
	▲1	南堀江 COCUE	2003	大阪府大阪市
	▲2	QUICO 神宮前	2005	東京都渋谷区
プロジェクト	☆1	計画 A	1974	
	☆2	計画 N	1974	
	☆3	Project KO	1984	
	☆4	Project KA	1985	
	☆5	Project SH	1986	
	☆6	Project S	1986	
	☆7	Project UC	1987	
	☆8	House F	1988	
	☆9	Project NAS	1991	
	☆10	Project NAR	1991	
	☆11	青森県立体育館プロポーザル案	1999	青森県青森市
	☆12	中里村新庁舎プロポーザル案	2000	群馬県中里村
	☆13	シンガポール・マネージメント・ユニバーシティ プロポーザル案	2000	
著書	◆1	INAX ALBUM20 構成形式としての建築 コモンシティ星田を巡って	1994	INAX出版
	◆2	対話・建築の思考	1996	住まいの図書館出版局
	◆3	坂本一成 住宅—日常の詩学	2001	TOTO出版
	◆4	建築を思考するディメンション 坂本一成との対話	2002	TOTO出版
	◆5	坂本一成/住宅	2008	新建築社
	◆6	建築に内在する言葉	2011	TOTO出版

Rem Koolhaas

作品	●1	De Brink Apartments	1988	Groningen, Netherlands
	●2	Byzantium	1991	Amsterdam, Netherlands
	●3	Villa dall' Ava	1991	Saint-Cloud, France
	●4	Nexus World Housing	1991	福岡県福岡市
	●5	Dutch House	1995	Holten, Netherlands
	●6	Maison à Bordeaux	1998	Bordeaux, France
	●7	Breda Carré Building	2003	Breda, Netherlands
	●8	Anish Kapoor House	2005	Bahamas
	●9	Maggie's Centre-Gartnavel	2011	Grasgow, England
	■1	Police Station	1985	Almere, Netherlands

■ 2	Bus Terminal	1987	Rotterdam, Netherlands
■ 3	Video Bus stop	1991	Groningen, Netherlands
■ 4	Kunsthal	1993	Rotterdam, Netherlands
■ 5	Museumpark	1994	Rotterdam, Netherlands
■ 6	Educatorium	1997	Utrecht, Netherlands
■ 7	Guggenheim Hermitage Museum	2000	Las Vegas, USA
■ 8	Breda Chassé Parking	2002	Breda, Netherlands
■ 9	Lehmann Maupin Gallery-New York	2002	New York, USA
■ 10	Córdoba International Congress Center	2002	Cordoba, Spain
■ 11	McCormick Tribune Canpus Center, IIT	2003	Chicago, USA
■ 12	Seattle Central Library	2004	Seattle, USA
■ 13	The Children's Center, Leeum, Samsung Museum of Art	2004	Seoul, Korea
■ 14	Souterrain Tram Tunnel	2004	Hague, Netherlands
■ 15	Casa da Música	2005	Porto, Portugal
■ 16	Seoul National Univercity Museum of Art	2005	Seoul, Korea
■ 17	Serpentine Gallery Pavillion	2006	London, England
■ 18	Bryghusprojeketet, Dnish Architecture Centre	2008	Copenhagen, Denmark
■ 19	Milstein Hall, College of Architecuture, Art, and Planning	2009	Ithaca, USA
■ 20	Edouard Malingue Gallery	2010	Hong Kong, China
■ 21	Nai Schatkamer 2011 Rotterdam	2011	Rotterdam, Netherlands
■ 22	Parc des expositions de Toulouse	2011	Toulouse, France
■ 23	Miami Performing Arts Center	2012	Hudson, USA
■ 24	Marina Abramovic Institute	2012	Hudson, USA
■ 25	Lehmann Maupin Gallery-Hong Kong	2013	Hong Kong, China
■ 26	Jean-Jacques Bosc Bridge	2013-	Bordeaux, France
■ 27	Garge Museum of Contemporary Art	2014	Moscow, Russia
■ 28	Endurance Community Village	2014-	Alhamia, Qatar
■ 29	Small Hermitage	2016	Saint Petersburg, Russia
■ 30	Taipei Performing Arts Center	2017-	台湾、台北
▲ 1	Woningbouw Festival	1986	Hague, Netherlands
▲ 2	Netherlands Dance Theater	1987	Hague, Netherlands
▲ 3	Patio Villa	1988	Rotterdam, Netherlands
▲ 4	Checkpoint Charlie Apartments	1990	Berlin, Germany
▲ 5	Furka Blick	1991	Furka Pass, Switzerland
▲ 6	Congrexpo	1994	Lille, France
▲ 7	Euralille, Lille Grand Palais	1994	Lille, France
▲ 8	Alliance Française	1996	Rotterdam, Netherlands
▲ 9	Breuninger	1999	Stuttgart, Germany
▲ 10	Second stage Theatre	1999	New York, USA
▲ 11	Het Paard van Troje	2003	Hague, Netherlands
▲ 12	Netherlands Embassy Berlin	2003	Berlin, Germany
▲ 13	Retail design for Prada stores	2004	Las Vegas, USA
▲ 14	Almere Block6	2004	Almere, Netherlands
▲ 15	Shenzhen Stock Exchange	2006	Shenzhen, China
▲ 16	Torre Bicentenario	2007	Mexico City, Mexico
▲ 17	Fondazione Prada	2008-	Milan, Italy
▲ 18	Dee and Charles Wyly Theatre	2009	Dallas, USA
▲ 19	CCTV HQ	2009	Beijing, China
▲ 20	23 East 22nd Street	2010	New York, USA
▲ 21	New Court, St. Swithn's Lane	2010	London, England
▲ 22	Viktor & Rolf Men's Store	2011	London, England
▲ 23	Syracuse Greek Theatre Scenography	2012	Italy

	▲ 24	UN North Delegates Lounge	2012	New York, USA
	▲ 25	Lab City	2012-	Paris, France
	▲ 26	De Rotterdam	2013	Rotterdam, Netherlands
	▲ 27	G-Star Raw HQ 2014 Amsterdam	2014	Amsterdom, Netherlands
	▲ 28	Axcel Springer Campus	2014-	Belrin, Germany
	▲ 29	RAI NHow Hotel	2014-	Amsterdam, Netherlands
	▲ 30	Il Fondaco dei Tedeschi	2016	Venice, Italy
プロジェクト	★ 1	Il Plein Masterplan, School and Gymnasium	1988	Amsterdam, Netherlands
	★ 2	Breda Chassé Campus	2000	Breda, Netherlands
	★ 3	Hermitage 2014	2008	ST. Petersburg, Russia
	☆ 1	Parc de La Villette	1982	Paris, France
	☆ 2	Exposition Universelle	1983	Paris, France
	☆ 3	De Bol	1985	Rotterdam, Netherlands
	☆ 4	Trenstraat	1985	Hague, Netherlands
	☆ 5	Netherlands nu als Ontwerp	1986	Ontwerp, Netherlands
	☆ 6	Bijlmermeer Redevelopment	1986	Amsterdam, Netherlands
	☆ 7	Unitof	1986	Utrecht, Netherlands
	☆ 8	Ville Nouvelle Melun Senart	1987	Melun, France
	☆ 9	Frankfult Flughafen	1989	Frankfult, Germany
	☆ 10	Stad An de Stroom	1989	Antwerp, Belguim
	☆ 11	Yokohama Masterplan	1991	神奈川県横浜市
	☆ 12	Il Oever	1991	Amsterdam, Netherlands
	☆ 13	Mission Grand Axe	1991	Paris, France
	☆ 14	Transferia	1991	Randstand, Netherlands
	☆ 15	Pointcity/Southcity	1993	Netherlands
	☆ 16	C3 Maastowers	1994	Rotterdam, Netherlands
	☆ 17	MCA Masterplan	1995	Los Angeles, USA
	☆ 18	A4 Corridor	1995	Amsterdam, Netherlands
	☆ 19	New Seoul International Airport	1995	Seoul, Korea
	☆ 20	Oostelijke Handeiskade	1995	Amsterdam, Netherlands
	☆ 21	Mercedes Office Village	1997	Dusseldolf, Germany
	☆ 22	Genoa Port	1997	Genoa, Italy
	☆ 23	Hanoi New Town Masterplan	1997	Hanoi, Vietnam
	☆ 24	Papendorp	1997	Utrecht, Netherlands
	☆ 25	Tenerife Link Quay	1998	Tenerife, Spain
	☆ 26	Inchon Song-Do New Tower	1998	Inchon, Korea
	☆ 27	El Baijo	1998	Guadalajara, Mexico
	☆ 28	Breuninger	1999	Stuttgart, Germany
	☆ 29	Philips	1999	Eindhoven, Nethelands
	☆ 30	Downsview Park	2000	Toronto, Canada
	☆ 31	Très Grande Bibliothèque	2001	New York, USA
	☆ 32	Union Station	2001	Toronto, Canada
	☆ 33	Prins Clausplein	2001	Hague, Netherlands
	☆ 34	Harvard	2001	Cambridge, USA
	☆ 35	Delta Metropool	2002	Randstand, Netherlands
	☆ 36	Les Halles	2003	Paris, France
	☆ 37	Beijing Central Business District	2003	Beijing, China
	☆ 38	Het Paard van Troje	2003	Hague, Netherlands
	☆ 39	White City	2004	London, England
	☆ 40	S Project	2004	Seoul, Korea
	☆ 41	Logroño	2004	Lagrono, Spain
	☆ 42	Baltic Pearl	2004	Russia

	☆43	Gent Forum	2004	Ghent, Belgium
	☆44	Almere Masterplan	2005	Almere, Netherlands
	☆45	Balandra Bay	2005	Baja, Mexico
	☆46	City in The Desert	2006	UAE
	☆47	Gazprom Headquarters	2006	ST. Petersburg, Russia
	☆48	Jebel Al Jais Moutain Resort	2006	Ras Al Khaimah, UAE
	☆49	Kuwait Al Rai Masterplan	2006	Kuwait City, Kuwait
	☆50	Bovisa Masterplan	2007	Milan, Italy
	☆51	Sant'Elia	2008	Cagliari, Italy
	☆52	La Defense Masterplan	2008	Paris, France
	☆53	Waterfront City	2008	Dubai, UAE
	☆54	Plaine Du Var	2009	Côte d'Azur, France
	☆55	Ile Seguin	2009	Paris, France
	☆56	Rue de la Loi	2009	Brussels, Belgium
	☆57	Hong Kong Boundary Crossing Facilities	2010	Hong Kong, China
	☆58	Qianhai Port City	2010	Shenzhen, China
	☆59	West Kowloon Cuitural District	2010	Hong Kong, China
	☆60	Zllverein Masterplan	2010	Essen, Germany
	☆61	Grobal Finacial Centre On The Bound	2011	Shanghai, China
	☆62	Bordeaux Euratlantique	2011	Bordeaux, France
	☆63	Umm Abirieh Farm	2011	Doha, Qatar
	☆64	Darling Harbour Live	2012	Sydney, Australia
	☆65	Quartier Joliot Curie Masterplan	2012-	Paris, France
	☆66	Hia Airport City	2013-	Doha, Qatar
著書	◆1	Delirious New York: A Retroactive Manifesto of Manhattan	1978	Oxford Univercity Press
	◆2	S, M, L, XL	1995	010 Publishers
	◆3	Living Vivre Leben	1998	Birkhauser
	◆4	錯乱のニューヨーク	1999	筑摩書房
	◆5	OMA@work.a+u Rem Koolhaas-a+u Special Issue	2000	a + u
	◆6	Content	2004	Taschen America
	◆7	建築家の講義 レム・コールハース	2006	丸善
	◆8	Serpentine Gallery. 24 Hour Interview Marathon	2007	Trolly
	◆9	レム・コールハースは語る	2008	筑摩書房
	◆10	ヴィラ・ダラヴァ／ボルドーの住宅	2009	A.D.A.EDITA Tokyo
	◆11	Project Japan, Metabolism Talks..	2010	Taschen
	◆12	プロジェクト・ジャパン メタボリズムは語る…	2012	平凡社
	◆13	S, M, L, XL+：現代都市をめぐるエッセイ	2015	筑摩書房

あとがき

二〇世紀も残り一〇年となった一九九〇年に、建築における現代の意味の追求として設計活動を始めて、いくつかの大学で非常勤で講師をしていました。そこでの建築を学ぶ学生と接する機会は、設計製図関係の講義がほとんどでした。二一世紀初頭に、大学で学生と建築を研究するために用意されたのは、建築設計学研究室という教育科目でした。ここで学として、建築設計を思考することを始めることになりました。

私が建築を学んだ一九七〇年代半ばでは、計画系では建築のデザインや理論に関する研究のためには意匠学の研究室があり、その一つは歴史意匠の研究室でした。もう一つの研究室では、建築家である教官が建築設計を勉強したい学生のために論文の指導をするもので、その研究室に入り卒業論文を研究しながら建築設計を勉強しました。その頃は建築設計学という講義はありませんでした。建築論など建築設計に関わる学問としての研究は意匠論のなかに含まれており、建築設計そのものは建築設計製図という演習によって学ぶということでした。

意匠論で学ぶ建築論の対象は歴史的にすでに評価の定まった建築家に限られ、現代の建築家の現在進行形の建築論の講義は大学には存在しませんでした。設計製図の非常勤の建築家と製図の課題を通して現代建築の問題を認識するということはありましたが、当時大学では建築家の教官も講義で自身の建築設計の問題について話すことはまずありませんでした。研究室のなかでは、学生どうしは現代建築に関する議論をしながら、建築を設計すること、建築を思考することを始めるようになりました。

二〇世紀初頭に近代建築は西欧に誕生しました。二〇世紀前半はモダニズムが建築設計の中心的追求課題でした。一九六〇年代後半から、現代建築の問題としてモダニズム建築に対する批判が浮上し、一九七〇年代には近代建築の一元的な価値観の崩壊が広まりますが、それと並行して一般化した近代建築設計（ジェネリックモダニズムによる建築設計）はモダニズムの理念と美の追求からは無関係に資本主義の台頭と結びつきながら、特にアジアの諸都市を一般化した大都市へと変質させていきました。

建築設計を学として捉えなくては、時代精神ではなく時代感覚に、理念でなく資本の力による建築しか生まれないのではないでしょうか。つねづね、現代にふさわしい建築設計の基礎となる思考が必要であろうと考えていました。そのようなときに鹿島出版会の坪内文生さんとお会いする機会があり、出版企画としてご相談させていただき、ここに出版の運びとなりました。編集者である相川幸二さんとは、『ＳＤ』誌の「テクノスケープ」特集号においてゲスト・エディターとして参加し出版したことがありましたが、本書では多くのアドバイスをいただきました。図面作製には広島大学建築設計学研究室生の協力を得ました。本書が未来のために建築を学ぶ多くの人に、少しでも役に立てることができれば存外の喜びです。

二〇一七年春

［著者略歴］

岡河 貢（おかがわ・みつぐ）

一九五三年広島県生まれ。

一九七九年東京工業大学工学部建築学科卒業。

一九八一年同大学院修士課程修了。

一九八三〜一九九八年設計事務所パラディサス主宰。

一九八五〜一九八六年パルク・デ・ラ・ヴィレット／ベルナール・チュミ事務所。

一九八六年同大学院博士課程単位修了。

東洋大学、東海大学非常勤講師を経て、一九九八年広島大学工学部助教授。

二〇〇一年広島大学大学院工学研究科社会環境システム専攻助教授。

二〇一〇年広島大学大学院工学研究科社会環境システム・建築学専攻准教授、現在に至る。

二〇一五年工学博士。

建築《けんちく》設計《せっけい》学《がく》講義《こうぎ》

発　行　二〇一七年五月二五日　第一刷発行

著　者　岡河《おかがわ》貢《みつぐ》

発行者　坪内文生

発行所　鹿島出版会

〒一〇四-〇〇二八　東京都中央区八重洲二丁目五番一四号

電話　〇三-六二〇二-五二〇〇

振替　〇〇一六〇-二-一八〇八八三

ブックデザイン　田中文明

印刷・製本　三美印刷

ISBN 978-4-306-04650-4 C3052

Printed in Japan

本書の内容に関するご意見・ご感想は左記までお寄せください。

URL: http://www.kajima-publishing.co.jp

E-mail: info@kajima-publishing.co.jp